書山有路勤為徑
學海無崖苦作舟

文經閣

書山有路勤為徑
學海無崖苦作舟

文經閣

黃金增訂版

厚黑學大全 壹

李宗吾◎著

絕處逢生處世篇

世間學說，每每誤人，惟有厚黑學絕不會誤人，就是走到了山窮水盡，當乞丐的時候，討口，也比別人多討點飯。厚黑學這種學問，原則上很簡單，運用起來卻很神妙，小用小效，大用大效。知己而又知彼，既知病情，又知藥方。讀過中外古今書籍，而沒有讀過李宗吾「厚黑學」者實人生憾事也！　——林語堂

出版者的話：為什麼今天要讀這本書

李宗吾的《厚黑學》被有些人稱為天下「奇書」，自發表以來，經歷了近百年滄桑歲月，可說是眾說紛紜，褒貶不一，雖然有其糟粕，但它至今能流傳下來，說明其有一定的價值和一定影響力。

這本書寫於軍閥混戰時期，當時國家積弱、軍閥混戰、時局動盪、民不聊生，許多仁人志士都在探索富國強民的道路。李宗吾先生就是在極度苦悶、報國無門的情況下，奮筆著述了《厚黑學》，透過分析古代封建統治階級內部為爭權奪利而勾心鬥角、爾虞我詐的種種權術的運用，諷刺當時國民黨政府的腐敗和那些醜態百出的官員，用正話反說的方式，揭穿了千年官場的黑幕，振聾發聵。厚黑學最重要的是把中國幾千年帝制後面的文化心理中，陳芝麻爛穀子的東西全部晾曬了出來，有學者評價說厚黑理論是「對漢民族腐朽文化和墮落人性的考古報告」。

本書是著譯者引用古今中外大量的經典資料，全面介紹和闡述李宗吾的「厚黑學」，側重在中國文化心理下的為人處世之道，詳細分析了各種為人技巧和處事經驗，對當下處於激烈競爭社會現實環境中的人去適應複雜多變的人際關係和調整心態有一定的參考價值。

生活需要有正確的原則指導。不管社會競爭多麼激烈殘酷，人際關係多麼複雜陰暗，為人講誠信，做人講品格是我們安身立命的最基本原則。在市場經濟條件下，我們同樣要「君子愛財，取之有道」，靠誠實勞動發跡致富，而不能損人利己，損公肥私。古人說，歷史以厚德載物，高尚的品德是社會發展的動力和民族的骨髓，是文明的基石。如果你擁有了品德，你會使你從事的任何職業成為榮耀，也會使你所處的任何工作崗位具有價值。

我們今天看這本書，目的是呼喚誠信，高樹廉恥大旗，一方面吸收其好的地方，另一方面看清那些小人之道的真面目，向歪風邪氣開戰，把醜陋拒之大門之外，而不是效仿它，拋棄應有的高尚品德。希望此書能幫助廣大的讀者探索自己的人生之路，尋求到更本真的為人處事之道。

前言：順應天道，九命之身

人生在世，時刻也離不開與人打交道，上至「天子」，下至「百姓」，莫不如此。要想在社會上有所成就，就要好好研究為人處世的學問。可是，對於如何為人處世，世上存在著兩套截然不同的理念和兩種相互矛盾的行為：有的要求世人「威武不能屈，富貴不能淫」，卻又要「大丈夫能屈能伸，好漢不吃眼前虧」；有的要求世人「君子坦蕩蕩，小人常戚戚」，卻又要「見人只說三分話，未可全拋一片心。」然而有時種瓜得瓜，種豆得豆，好人終得好報，有時卻好人不長命，壞人享天年；有時良臣身享美名，奸臣遺臭萬年，有時卻忠臣慘遭殺戮，佞臣飛黃騰達……這些現象使人備感困惑，難道為人處世之道真的是可望而不可即，可欲而不可求嗎？

二十世紀之初，川人宗吾終於揭開了古今英雄豪傑之所以成功的秘訣，一番「振聾啟聵」之論，正是為人處世中左右逢源、克敵制勝，並且處處佔上風的無上絕學。

在宗吾看來，人生就是戰場，處世就是戰鬥，戰鬥必有權謀。可以說，每個人時刻都站在自己的戰鬥序列中，每一行事都處在明爭暗鬥之中，稍一疏忽便會被人擠倒。在這種險惡的競爭環境中，只有拋開了道德規範的束縛，才可以發揮人生權謀的威力，這就使你具備了一種高明的處世智慧。這種智慧如同一把無形的刀子，深深隱藏在每個人的腦子裡，捨之則藏，用時便會閃閃地伸出刀尖兒。政治家利用它縱橫捭闔，軍事家利用它運籌帷幄，生意人靠它發財致富，讀書人靠它飛黃騰達……

如果留心的話，肯定可以發現，日常生活中總有那麼一些人，表面上誠實謙恭，大講「誠實待人」，骨子裡卻是損招不斷。儘管在世人口中，他們的行徑一文不值，但卻每每見他們揚眉吐氣，活得瀟灑風光，令你不時地冒出羨慕的眼光。這正說明宗吾這套「為人處世之道」，是一種極有實用價值的學說。上至廟堂，下至市井，可以說無處不適，無往不通。「法子很簡單，用起來卻很神妙，小用小效，大用大效。世間學說，每每誤人，唯有宗吾之說絕不會誤人，就是走到了山窮水盡，當乞丐的時候，討口飯，也比別人多討點飯。」

宗吾的這套「為人處世之道」，自古就有踐行之人。如春秋時期的范蠡，在朝堂上能夠縱橫捭闔，運籌帷幄，輔佐勾踐報仇雪恨，乃至功成身退，泛舟五湖。如把這套人生權謀與智慧用到商場上，積聚生息，竟然能在短短二十九年內三聚三散家財，造福一方，成為受世人敬仰的「商聖」陶朱公。宗吾正是在透析了幾千年中國歷史上王侯將相的成功與失敗案例基礎上，概括出了「九」大為人處世的訣竅！

世上有「十律」、「八戒」，宗吾之處世訣竅為什麼不是六條、八條，或十條，而偏偏歸納為九條呢？九者，天之道象，反映出了大自然的「生成之功，和諧之美」，正是世間萬物運行的規律所在。

《易》云：「九五：飛龍在天。」

「九」為陽爻，喻指君子處世得意，其事業如日中天。《象》曰：「用九天德，不可為首也。」「九」為天的品德的最集中反映，是至高無上的，不可能再有別的首領了。因此，「六」、「八」儘管是大順之數，但比不上「九」那樣「至大」、「至剛」；「十」儘管完美無缺，但是「日中則昃，月盈則虧」，與「九」相比，在「盛滿」之中已蘊藏著「衰頹」的景象。

因此，在這個世上，要立而不倒，行而不滯，不論是積極進取、果決行動，還是講究把握良機、進退有度，歸根到底，都要以「九」之精神為根基。總之，宗吾認為，善於行世者應具有：九藏之心、九忍之功、九偽之法、九變之策、九奇之術、九柔之德、九狠之道、九爭之利、九公之義，方可順應天道！

厚黑學 本文

我自讀書識字以來，就想為英雄豪傑，求之四書五經，茫無所得，求之諸子百家，與夫廿四史，仍無所得，以為古之為英雄豪傑者，必有不傳之秘，不過吾人生性愚魯，尋他不出罷了。窮索冥搜，忘寢廢食，如是者有年，一日偶然想起三國時幾個人物，不覺恍然大悟曰：得之矣，得之矣，古之為英雄豪傑者，不過面厚心黑而已。

三國英雄，首推曹操，他的特長，全在心黑：他殺呂伯奢，殺孔融，殺楊修，殺董承伏完，又殺皇后皇子，悍然不顧，並且明目張膽地說：「寧我負人，毋人負我。」心子之黑，真是達於極點了。有了這樣本事，當然稱為一世之雄了。

其次要算劉備，他的特長，全在於臉皮厚：他依曹操，依呂布，依劉表，依孫權，依袁紹，東竄西走，寄人籬下，恬不為恥，而且生平善哭，做三國演義的人，更把他寫得維妙維肖，遇到不能解決的事情，對人痛哭一場，立即轉敗為功，所以俗語有云：「劉備的江山，是哭出來的。」這也是一個有本事的英雄。他和曹操，可稱雙絕；當著他們煮酒論英雄的時候，一個心子最黑，一個臉皮最厚，一堂晤對，你無奈我何，我無奈你何，環顧袁本初諸人，卑鄙不足道，所以曹操說：「天下英雄，惟使君與操耳。」

此外還有一個孫權，他和劉備同盟，並且是郎舅之親，忽然奪取荊州，把關羽殺了，心之黑，彷彿曹操，無奈黑不到底，跟著向蜀請和，其黑的程度，就要比曹操稍遜一點。他與曹操比肩稱雄，抗不相下，忽然在曹丞駕下稱臣，臉皮之厚，彷彿劉備，無奈厚不到底，跟著與魏絕交，其厚的程度也比劉備稍遜一點。

他雖是黑不如操，厚不如備，卻是二者兼備，也不能不算是一個英雄。他們三個人，把各人的本事施展開來，你不能征服我，我不能服你，那時候的天下，就不能不分而為三。

後來曹操、劉備、孫權，相繼死了，司馬氏父子乘時崛起，他算是受了曹劉諸人的薰陶，集厚黑學之大成，他能欺人寡婦孤兒，心之黑與曹操一樣；能夠受巾幗之辱，臉皮之厚，還更甚於劉備；我讀史見司馬懿受辱巾幗這段事，不禁拍案大叫：「天下歸司馬氏矣！」所以到了這個時候，天下就不得不統一，這都是「事有必至，理有固然」。

諸葛武侯，天下奇才，是三代下第一人，遇著司馬懿還是沒有辦法，他下了「鞠躬盡瘁，死而後已」的決心，終不能取得中原尺寸之地，竟至嘔血而死，可見王佐之才，也不是厚黑名家的敵手。

我把他幾個人物的事，反覆研究，就把這千古不傳的秘訣，發現出來。一部二十四史，可一以貫之：「厚黑而已。」茲再舉漢的事來證明一下。

項羽拔山蓋世之雄。咽嗚叱吒，千人皆廢，為什麼身死東城，為天下笑！他失敗的原因，韓信所說：「婦人之仁，匹夫之勇」兩句話，包括盡了。婦人之仁，是心有所不忍，其病根在心子不黑；匹夫之勇，是受不得氣，其病根在臉皮不厚。鴻門之宴，項羽和劉邦，同坐一席，項莊已經把劍取出來了，只要在劉邦的頸上一劃，「太高皇帝」的招牌，立刻可以掛出，他偏偏徘徊不忍，竟被劉邦逃走。垓下之敗，如果渡過烏江，卷土重來，尚不知鹿死誰手？他偏偏又說：「籍與江東子弟八千人，渡江而西，今無一人還，縱江東父兄，憐我念我，我何面目見之。縱彼不言，籍獨不愧於心乎？」這些話，真是大錯特錯！他一則曰：「無面見人」；再則曰：「有愧於心。」究竟高人的「面」，是如何長起得，高人的「心」，是如何生起得？也不略加考察，反說：「此天亡我，非戰之罪」，恐怕上天不能任咎吧。

我們又拿劉邦的本事研究一下，史記載：項羽問漢王曰：「天下洶洶數歲，徒以吾兩人耳，願與漢王挑戰決雌雄。」漢王笑謝曰：「吾寧鬥智不鬥力。」請問笑謝二字從何生出？劉邦見酈生時，使兩女子洗腳，酈生責他倨見長者，他立刻輟為之謝。還有自己的父親，身在俎下，他要分一杯羹；親生兒女，孝惠魯元，楚兵追至，他能夠推他下車；後來又殺韓信，殺彭越，「鳥盡弓藏，兔死狗烹」，請問劉邦的心子，是何狀態，豈是那「婦人之仁，匹夫之勇」的項羽，所能夢見？太史公著本紀，只說劉邦隆準龍顏，項羽是重瞳子，獨於二人的面皮厚薄，心之黑白，沒有一字提及，未免有愧良史。

劉邦的面，劉邦的心，比較別人特別不同，可稱天縱之聖。黑之一字，真是「生和安行，從心所欲不逾矩」，至於厚字方面，還加了點學歷，他的業師，就是三傑中的張良，張良的業師，是圯上老人，他們的衣缽真傳，是彰彰可考的。圯上受書一事，老人種種作用，無非教張良臉皮厚罷了。這個道理，蘇東坡的留候論，說得很明白。張良是有夙根的人，一經指點，言下頓悟，故老人以王者師期之。這種無上妙法，斷非鈍根的人所能了解，所以史記上說：「良為他人言，皆不省，獨沛公善之，良曰，沛公殆天授也。」可見這種學問，全是關乎資質，明師固然難得，好徒弟也不容易尋找。韓信求封齊王的時候，劉邦幾乎誤會，全靠他的業師在旁指點，彷彿現在學校中，教師改正學生習題一般。以劉邦的天資，有時還有錯誤，這種學問的精深，就此可以想見了。

劉邦天資既高，學歷又深，把流俗所傳君臣、父子、兄弟、夫婦、朋友五倫，一一打破，又把禮義廉恥，掃除淨盡，所以能夠平蕩群雄，統一海內，一直經過了四百幾十年，他那厚黑的餘氣，方才消滅，漢家的系統，於是乎才斷絕了。

楚漢的時候，有一個人，臉皮最厚，心不黑，終歸失敗，此人為誰？就是人人知道的韓信。胯下之辱，他能夠忍受，厚的程度，不在劉邦之下。無奈對於黑字，欠了研究；他為齊王時，果能聽蒯通的話當然貴不可言，他偏偏繫念著劉邦解衣推食的恩惠，冒冒昧昧地說：「衣人之衣者，懷人之憂；食人之食者，死人之事。」後來長樂鐘室，身首異處，夷及九族。真是咎由自取，他譏誚項羽是婦人之仁，可見心子不黑，作事還要失敗的，這個大原則，他本來也是知道的，但他自己也在這裡失敗，這也怪韓信不得。

同時又有一個人，心最黑，臉皮不厚，也歸失敗，此人也是人人知道的，姓范名增。劉邦破咸陽，繫子嬰，還軍壩上，秋毫不犯，范增千方百計，總想把他置之死地，心子之黑，也同劉邦彷彿；無奈臉皮不厚，受不得氣，漢用陳平計，間疏楚君王，增大怒求去，歸來至彭城，疽後背死，大凡做大事的人，那有動輒生氣的道理？「增不去，項羽不亡」，他若能隱忍一下，劉邦的破綻很多。隨便都可以攻進去。他忿然求去，把自己的老命，把項羽的江山，一齊送掉，因小不忍，壞了大事，蘇東坡還稱他為人傑，未免過譽？

據上面的研究，厚黑學這種學問，法子很簡單，用起來卻很神妙，小用小效，大用大效，劉邦司馬懿把它學完了，就統一天下；曹操劉備各得一偏，也能稱孤道寡，割據爭雄；韓信、范增，也是各得一偏，不幸生不逢時，偏偏與厚黑兼全的劉邦，並世而生，以致同歸失敗。但是他們在生的時候，憑其一得之長，博取王候將相，炫赫一時，身死之後，史傳中也占了一席之地，後人談到他們的事跡，大家都津津樂道，可見厚黑學終不負人。

上天生人，給我們一張臉，而厚即在其中，給我們一顆心，而黑即在其中。從表面上看去，廣不數寸，大不盈掬，好像了無奇異，但，若精密的考察，就知道它的厚是無限的，它的黑是無比的，凡人世的功名富貴、宮室妻妾、衣服車馬，無一不從這區區之地出來，造物生人的奇妙，真是不可思議。鈍根眾生，身有至寶，棄而不用，可謂天下之大愚。

厚黑學共分三步功夫，第一步是「厚如城牆，黑如煤炭」。起初的臉皮，好像一張紙，由分而寸，由尺而丈，就厚如城牆了。最初心的顏色，作乳白狀，由乳色而炭色、而青藍色，再進而就黑如煤炭了。到了這個境界，只能算初步功夫；因為城牆雖厚，轟以大炮，還是有攻破的可能；煤炭雖黑，但顏色討厭，眾人都不願挨近它。所以只算是初步的功夫。

第二步是「厚而硬，黑而亮」。深於厚學的人，任你如何攻打，他一點不動，劉備就是這類人，連曹操都拿他沒辦法。深於黑學的人，如退光漆招牌，越是黑，買主越多，曹操就是這類人，他是著名的黑心子，然而中原名流，傾心歸服，真可謂「心子漆黑，招牌透亮」，能夠到第二步，固然同第一步有天淵之別，但還露了跡象，有形有色，所以曹操的本事，我們一眼就看出來了。

第三步是「厚而無形，黑而無色」。至厚至黑，天上後世，皆以為不厚不黑，這個境界，很不容易達到，只好在古之大聖大賢中去尋求。有人問：「這種學問，哪有這樣精深？」我說：「儒家的中庸，要講到『無聲無臭』方能終止；學佛的人，要講到『菩提無樹，明鏡非臺』，才算正果；何況厚黑學是千古不傳之秘，當然要做到『無形無色』，才算止境」。

總之，由三代以至於今，王侯將相，豪傑聖賢，不可勝數，苟其事之有成，無一不出於此；書冊俱在，事實難誣，讀者倘能本我指示的途徑，自去搜尋，自然左右逢源，頭頭是道。

厚黑教主 李宗吾

李宗吾（1879～1943）自貢市自流井人，原名世銓，入學後改名世楷，字宗儒，意在宗法儒教，尊奉孔夫子，25 歲思想大變，與其宗法孔孟之道，不如宗法自己，故改名宗吾。其為人正直，為官清廉，其職位本油水豐厚，而離任時清貧潦倒。

世間學說，每每誤人，惟有厚黑學絕不會誤人，就是走到了山窮水盡，當乞丐的時候，討口，也比別人多討點飯。厚黑學這種學問，原則上很簡單，運用起來卻很神妙，小用小效，大用大效。知己而又知彼，既知病情，又知藥方。讀過中外古今書籍，而沒有讀過李宗吾「厚黑學」者實人生憾事也！

——林語堂

第一篇 神龍見尾不見首

第二篇 臥薪嘗膽為出頭

第三篇 一本正經哄著玩

第四篇　涉世圓轉善權變

第五篇　虛虛實實猜不透

第六篇　以柔克剛獲大利

第七篇　心如鐵石無後患

第八篇　好處該爭別客氣

的只能「大公無私」了。

第一篇　神龍見尾不見首

◆天龍的神威更多的是在於「神秘」，而非實力，為人處世也是如此。藏是為了顯，隱是為了更輝煌地復出。「神龍」尚知「匿跡」，何況凡人。學會給自己罩上一層神秘面紗，既讓人捉摸不透，又令人暗生惜憐之情。比如，在文字上，凡是批呈詞、出文告，都要空空洞洞的；在辦事上，不管辦什麼事情，都要學會活搖活動，東倒也，西歪也可。有時雷厲風行，其實暗藏退路，如果見勢不妙，也能抽身而退，絕不會把自己死死地套在那裡糾纏不清。對於別人的詬罵，亦塞耳不聽、閉眼不看。「笑罵由他笑罵，好人我自為之。」一旦實力聚足，重新復出又宛如飛龍沖天，展臂雄飛。

厚黑處世一　深藏好惡，無懈可擊

■面對別人充滿敵意挑釁的目光時，當你處於劣勢時，根本沒必要用雞蛋碰石頭，不妨裝聾作啞，視而不見，不與人計較，相信你會獲得重生的機會。

世人的普遍想法是，做君子就要「快意恩仇」，「恩怨分明」；做小人要睚眥必報。這樣一來，雖然表面上看自己是出了氣，心裡是痛快了，但實際上最後什麼也沒撈到，到時八方責難，反而使自己陷入了說不清道不明的泥潭之中，既當不成君子也做不了小人。面對別人充滿敵意的眼光，不妨裝聾作啞，視而不見，不與人計較，相信你會獲得重生的機會。這就是深藏好惡，無懈可擊的道理。這也說明了，世人的有些想法不必過多地考慮，否則世人不都成了處世「大家」了？那又何至於看到現在如此之多的世人因不善做人而苦惱不堪？因而做人不應生搬硬套，方能避免少走彎路。

【宗吾真言】　自己被別人穿小鞋，而一旦有了一官半職，也整起別人，以讓別人唯命是從為樂……如果跳不出這種死胡同，結局就只能是「循環死」。

「職場如戰場」，這句話是不準確的，它混淆了「敵我矛盾」和「內部矛盾」。我們可以試想，同事也好，上下屬也好，都是每天必須面對的「一家人」，最佳的處世態度是古人所說的「不癡不聾，不成姑公」，尤其是對上司更應該如此。

南北朝宋文帝時有一個規定：吏部官員不得在吏部尚書家過夜。可是一天，吏部尚書庾炳之因有事和部下商量，談話晚了，庾炳之就讓部下在家裡住了一晚，以為沒人知道。誰知竟被人告了一狀。執法犯法，更應依法治罪。左丞相萬禮為庾炳之解脫，在早朝之上說出了如下高明的見解：「不癡不聾，不成姑公」，意思是說皇帝有時候糊塗也是一種才智。於是，宋文帝假裝糊塗，以後再也不提這件事了。

寬恕部下的小過失，小事上不過於追究，別人才樂於受你驅使。

深藏自己的好惡，對於真正的一家人也同樣重要。比如，郭子儀是唐代宗時的天下兵馬大元帥，有平定安史之亂、抵抗吐蕃入侵的蓋世奇功。因此，唐代宗十分敬重他，並且將自己的公主嫁給郭子儀的兒子郭曖為妻。這小倆口都自恃有老子做後台，因此免不了發生口角。

有一天，小倆口因為一點小事拌起嘴來，郭曖看見妻子根本沒把他這個丈夫放在眼裡，便憤懣不平地說：「妳有什麼了不起的，不就仗著妳父親是皇上！可是皇上的江山還是我父親打敗了安祿山才保全的，我父親因為瞧不上皇帝的寶座，所以才沒有當這個皇帝。」公主聽到郭曖竟敢如此口出狂言，以為找到了出氣的機會和把柄，馬上到皇宮向代宗告狀，她滿心以為，父皇肯定會替自己出氣。

誰知，唐代宗聽完女兒的告狀，卻不動聲色地說：「妳還是個孩子，有許多事都不懂得。我告訴妳吧：妳夫婿說的都是實情。我們李家的天下是妳公公郭子儀保全下來的，如果他想當皇帝，早就當了。天下也早就不是咱們李家所有了。」在代宗的勸解下，公主消了氣，乖乖地回到了郭家。

可是，郭子儀知道這件事後可嚇壞了，他即刻令人把郭曖捆綁起來，並迅速將他帶到宮中面見皇上，請求嚴厲懲治。可是，代宗卻和顏悅色地勸慰說：「小倆口吵嘴，話說得過分點，咱們當長輩的就不要太認真了。有句俗話說『不癡不聾，不為家翁。』兒女們在閨房裡講的話，怎麼能當真？咱們聽了，就把自己當成傻子、聾子，裝作沒聽見就行了。」聽到皇上親家這番話，郭子儀懸掛半空的心猶如石頭落了地，頓時感到輕鬆。一場可能的濤天大禍化作芥蒂小事，郭子儀一家對皇帝的感激自然不必說了。同時作為皇帝又為自己保留了一位股肱大臣。

宋文帝和唐代宗若要整肅別人，以讓別人唯命是從為樂，他們都有充分的理由，但是他們並不想走進這個死胡同。試想，如果他們只知道一味責備，猶如紂王，對臣下的小小過失必先除之而後快，如此做當然會大失人心，得不到別人的擁護，最終成為孤家寡人一個，寶座也將搖搖欲墜。

我們雖然不像古代皇帝那樣統治萬民，但是要想成就一番事業，就一定需要有別人的支持，需要與別人協調共同完成，如果一味以讓別人唯命是從為樂，這樣也就失去了群眾基礎，那麼恐怕身邊也沒有人願意為你死心塌地工作了。

因而在這個世上，有許多事情，如果一定要硬碰硬地去較真，只會讓自己麻煩纏身，做起事來磕磕碰碰，不是張三反對你就是李四對你有意見；若能偶爾裝癡作聾，難得糊塗，順其自然，反而會皆大歡喜，自己工作起來也會如魚得水，做起事來得心應手。這就是運用「深藏好惡，無懈可擊」的妙處之一。

【宗吾真言】 在生活、工作中，冒犯你，「搶白」你的人，大多是心直口快的親朋好友，他們是想讓你把事情做得更好。你沒有理由為此氣憤不已。

即便是身處高位之人，也不敢保證沒有人會在什麼時候冒犯你。遇到這種情況，大多數人會心中氣憤不已，修養好的也許會沉默不語，脾氣暴躁的則有可能破口大罵了。如果一旦聽到不合自己心意的話就如此行事，那豈不是每天都要氣得半死？對這些違逆你心意的人或事，首先應該冷靜下來分析一下，他是否帶有惡意故意與你作對，他所說的對自己有利還是不利，而不是聽完之後馬上生氣。但不管是有意還是無心之語，聽完之後你都要用一副厚臉，掩蓋住自己內心的不快。

宋太宗時，有一天殿前都虞侯孔守正和大臣王榮侍奉太宗酒宴。席間，孔守正喝得酩酊大醉，就和王榮爭論起戍守邊關的功勞，誰大誰小，兩人愈吵愈兇，把太宗晾在一邊，完全失去人臣應有的禮節。侍臣實在看不下去，就奏請太宗將他們抓起來送交吏部治罪，太宗卻讓人把他們兩人送回了家。第二天，兩人酒醒了，一起驚慌失措地趕到金鑾殿向皇上請罪。太宗卻不以為意地說：「朕也喝醉了，不記得這些事了。」

宋太宗託辭說自己也喝醉了，對兩位臣屬的冒犯不予追究。這樣既沒有丟失朝廷的面子，而又讓兩位大臣警覺自己的言行。真是聰明之至，面厚之至！

歷史上能行王霸之道的君主，大多深諳厚黑之道。遇到衝撞自己的事，雖然一時心頭不快，但顧慮到大局，以大業為重的時候，一點暫時的不快又算得了什麼呢？

西元前二〇三年，漢王劉邦與楚王項羽正在爭奪天下。投靠劉邦之後的韓信斬龍且，殺齊王田廣，平定了齊國。此時，已擁兵數十萬，其實力有舉足輕重之勢。這就引起了楚、漢的重視。而此時，楚漢相爭進入了最艱苦的階段。韓信攻破項羽所設立的齊國後，就派使者去見劉邦，要劉邦封他為齊地假王。

劉邦一聽，怒火中燒，自己這裡形勢吃緊，韓信不但不率兵解救，反而趁機要脅，想做齊王，劉邦當時就想大罵韓信派來的使者。

謀臣張良對劉邦說：「這時候不能訓斥韓信的使者，更不能攻打韓信。現在的情形是，韓信背漢則漢亡，助楚則楚興，自立則會形成三足鼎立之勢。如果韓信背漢或者自立，那你可就危險了。韓信派人來，無非是想試探一下你的態度，你不如乾脆封他為齊王，讓他守住齊地。至於其他事，等滅了楚國之後再說。」劉邦聽從了張良的建議，大笑著對韓信的使者說：「大丈夫要當就當真王，何必當個假王！」並在第二年的二月，劉邦派張良攜帶印信，到齊地區封韓信為齊王。

眾所皆知，韓信在漢朝的創建中所立下的戰功最為顯赫，其用兵之計連劉邦都自嘆不如。得人才者得天下，項羽被劉邦逼至烏江自刎也正因為其軍中人才的匱乏。但是，要留住人才，是要講究藝術的，如果遇到下屬冒犯你，甚至衝撞你就大發雷霆之怒，那麼可能連個庸才也留不住，更何況是人中龍鳳。得不到人才的相助，那麼你的事業能做多大也就可想而知了。所以，有時候遇到這種情況，不妨學學劉邦，面皮厚點，來點厚黑藝術，不能過於計較。

開創大唐盛世的唐太宗李世民在中國歷史上是一位沒有疑義的明君，明君之明，除了其他方面以外，能夠正確地辨識人才、任用人才是其關鍵。李世民稱皇帝不久，便命魏徵為諫議大夫。魏徵是歷史上最有名的敢於犯顏直諫之人，每每在金鑾殿上當著文武百官之面說得李世民龍顏掃地。倘若李世民面皮不厚，沒有容人之量，那麼魏徵的進諫和唐太宗的納諫也不會名垂青史了，也就不會有貞觀之治了。

當然，李世民在用人方面並不是一味地採取面厚，有時也來點黑。尉遲敬德是李世民最信任的將領之一，同時也為李世民的奪取江山南征北戰立下了汗馬功勞。

西元六三四年，尉遲敬德曾在慶善宮侍宴，當時有人的座位在他之上。尉遲敬德性情暴躁，當即惱怒質問：「你有什麼功勞，敢坐在我的上位？」任城王李道宗上來勸解。誰知尉遲敬德勃然大怒，一拳打中李道宗的眼睛，幾乎把他眼睛給打瞎了。

李世民十分不悅，宣佈罷宴。後來，李世民對尉遲敬德說：「我閱讀漢朝的史書，看到高祖的功臣保全性命的極少，當時我總是責怪他。自從我登基以後，總是想保全功臣，不加誅戮，使他們祖孫繼續不斷。可是，你做官卻經常違反國家法令，到現在我才知道韓信、彭越為什麼遭到殺戮了，看來那不是漢高祖的過失。國家大事，只有透過賞與罰來辦理，不恰當的恩寵，不能屢屢實行，請你自我檢點，免得將來讓自己後悔。」尉遲敬德聽了，汗如雨下。

其實厚黑二字，根本上是互相貫通的，厚字翻過來，即是黑；黑字翻過來，即是厚。只有黑沒有厚肯定不行，只有厚沒有黑更不行。在待人處世中，對下屬要講寬容，講寬、信、仁、慈的策略來籠絡人才，但是，如果沒有法度，沒有限度，那些居功自傲的下屬就會貪得無厭，就會肆無忌憚，其結果也就可想而知了。而對於「大逆不道」的犯上之輩，更是應該批判、揭露，絕不能縱容包庇。

【宗吾真言】 一旦自己的情感壓抑得住、放鬆得開，我們就成了能夠控制它的主人。我們一旦能控制自己，就可以很容易地控制別人。

宗吾上中學時，有一天去看望宿疾纏身的恩師，見面後恩師仍舊親切而不失幽默地說：「我和它相處得很久了，差不多都要成為好朋友呢！」恩師把疾病視同「好朋友」。宗吾由此悟出：處理自己的感情時，也應該本著同樣的樂觀才好。這也就是說，練就一種修養，使自己的感情收放自如，這是修煉厚黑大法的必修功課。

這就好比一個單身漢，住在用茅草搭起的房子裡。他勤勞耕種，自食其力。漸漸地，油鹽醬醋之類的生活必需品愈來愈齊備了。但是令他惱火的是，草房裡老鼠成災。這漢子滿腹怨氣，但又無計可施。這天，這漢子酒喝多了，躺在床上睡覺。誰知，老鼠們鬧得更兇了。漢子怒火萬丈，一把火將草房燒了個精光。老鼠是全沒了，可是他的家業也沒了。

福兮禍所伏，禍兮福所依，世間很多事情並非完美，上天給你一些東西，必會再給你一些麻煩，十全十美的好事在人生中是不會出現的。所以患得患失，意氣用事，是待人處世之大忌。西方有句諺語：「想知道對方的缺點，最簡單的方法就是激怒對方。」因為凡是輕易就意氣用事的人，瞬間就會把自己的全部缺點暴露給對手，從而給對手可趁之機。因此，凡是想在競爭中獲取最後勝利的人，千萬不可意氣用事。可是，如何才能控制自己不意氣用事呢？下面我們來看看李宗吾是如何評價厚黑高手——劉邦的。

「我們拿劉邦的本事研究一下，《史記》載：項羽問漢王曰：『天下匈匈數歲，徒以吾兩人耳，願與漢王挑戰決雌雄。』漢王笑謝曰：『吾寧鬥智不鬥力。』請問『笑謝』二字從何生出？劉邦見酈生時，使兩女子洗腳，酈生責他倨見長者，他立即輟洗起謝。請問『起謝』二字，又從何生出？還有自己的親生父親，身在俎上，他要分一杯羹；親生兒女，孝惠魯元，楚兵追至，他能夠推其下車；後來又殺韓信、殺彭越，『鳥盡弓藏；兔死狗烹』，請問劉邦的心子，是何狀態？豈是那『婦人之仁，匹夫之勇』的項羽，所能夢見？太史公著本紀，只說劉邦隆準龍顏，說項羽是重瞳子，獨於兩人的臉皮之厚薄，心子之黑白，沒有一字提及，未免有愧良史。

「劉邦的臉，劉邦的心，比較別人特別不同，可稱天縱之聖。黑之一字，真是『生知安行，從心所欲不逾矩』。至於厚字方面，還加了點學歷，他的業師，就是三傑中的張良。張良的業師，是圯上老人，他們的衣缽真傳，是彰彰可考的。圯上受書一事，老人種種作用，無非教張良臉皮厚罷了。這個道理，蘇東坡的《留侯論》說得很明白。張良是有『夙根』之人，一經指點，言下頓悟，故老人以『王者師』期之。這種無上妙法，斷非『鈍根』之人所能瞭解，所以《史記》上說：『良為他人言，皆不省，獨沛公善之，良曰，沛公殆天授也。』可見這種學問，全是關乎資質，明師固然難得，好徒弟也不容易尋找。韓信求封齊王時，劉邦幾乎誤事，全靠他的業師在旁指點，彷彿現在學校中，教師改正學生習題一般。以劉邦的天資，有時還有錯誤，這種學問的精深，由此可以想見了。

「劉邦天資既高，學歷又深，把流俗所傳君臣、父子、兄弟、夫婦、朋友五倫，一一打破，又把禮義廉恥，掃除淨盡，所以能夠平蕩群雄，統一海內。一直經過了四百幾十年，他那厚黑的餘氣，方才消滅，漢家的系統，於是乎才斷絕了。」

在宗吾看來，劉邦本是一個無賴出身，他治國亦在術不在德。在中國歷史上，以術治國者往往能獲得某些成功，以德治國者，有時卻不能獲得成功。劉邦雖然被看成是一位流氓皇帝，但是在關鍵時刻，他能夠控制自己的情緒，逃過了項羽懷疑，從而保存了「青山」。倘若不善於控制自己的情緒，劉邦早就成了霸王項羽的刀下之魂了，歷史上也沒有漢高祖這個皇帝了。在平常狀況下，大部分人都能控制自己，也能做正確的決定。但是，一旦事態緊急，我們就自亂陣腳，而無法把持自己，這就很容易遭到毀滅性的打擊，到時候沒有「青山」，自然也就不會有「柴燒」了。這也是一句勸世文所說的，「不氣不氣不能氣，你若生氣就中他計。」

厚黑處世二一 太極推手，留有餘地

■無論辦什麼事，說什麼話，能推則推，能拖則拖，以自己不擔什麼責任不引火焚身為上策。但推說起來容易，做起來卻很難，難就難在需要面對別人的祈求無動於衷，沒有點「面厚心黑」功夫還真不行。

太極拳以綿柔見長，卻後發制人，足以克剛猛之力，其奧妙就在於「留有餘地」，遇到強敵不必「硬碰」，可以順利「化解」。在人際交往中，有的人能夠在交際圈內進退自如，而有的人卻常常被動，進退維谷。無疑與他們善不善於在為人處世中留有餘地大有關係。比如，對一些不太好把握的事，東拉西扯，多說點無關痛癢的話；對於難以回答的問題，那就先放一放，免得考慮不周說錯了使自己受牽連；對那些表面看來無關大局的事，也要含蓄地處理，巧妙地避開疑難之處，以免引火焚身。總之一句話，無論辦什麼事，說什麼話，能推則推，能拖則拖，得過且過，以自己不擔責任為上策。

【宗吾真言】「過頭飯不可吃，過頭話不可講」，施展「太極推手」，關鍵是一個「推」字訣，核心仍然是「面厚心黑」。

什麼是「推」？就是在推行既定目標或新的舉措過程中，對所遇到的諸多障礙因素不採取直接的消除措施，而是運用時空的自然跨度，促使障礙因素自我化解或消除。有人認為「推」就是優柔寡斷，實乃大錯特錯！「推」同樣要當機立斷、果斷處置。它既有明確的目標，又有實現目標的行為。「推」的藝術的產生和運用，在主觀上既不是自己的主觀衝動，更不是自己的無能失控，恰恰相反，它是全盤把握、合理控制的高超策略和審時度勢之能力的集中反映。但這是「推」字訣，說起來容易，做起來實難，難就難在需運用「面厚心黑」之術。

首先，需要具備「面厚心黑」的功力。

因為，有的事情發展下去對事情本身有利，卻可能對自己不利，起碼沒什麼好處。試想，對自己沒有丁點好處，卻有可能帶來風險的事情，難道不該推得一乾二淨嗎？可是，如果一件事情應該辦，但從你的角度卻需要推，這時，如果沒有點厚臉心黑的本事又怎能做得圓滿呢？而且，當有人提出某件事情要求處理時，你對這件事情一無所知，情況不明，難以做出正確的判斷和處理，在這種情況下，不能簡單地給予肯定或否定的回答。這時的「推」，可以把事情的來龍去脈搞清楚，看看是不是要擔責任然後再做決定。

身為上司，對於屬於自己下屬職權範圍內的事情，如果下屬能夠自行處理的，就應「推」給下屬，以免承擔不必要的責任，影響了自己的仕途發展。對下屬沒有把握或感到無力處理的事情，上司也不要急於處理，可先讓下屬提一個初步的處理意見，在此基礎上，對其進行指導和糾正。這樣，既可以發揮下屬的作用，又可以鍛鍊下屬解決實際問題的能力。萬一出了什麼事，還可以把下屬當「替罪羊」。

其次，要掌握好「推」的火候。

運用「推」不可不看條件和對象，否則會得不償失。用一句比喻的話來說，就是要講究「火候」二字。一方面，要根據客觀實際，靈活地採取適當的方法。對於推行自己意圖過程中的問題不太瞭解，不熟悉，或是所遇到的衝突非常尖銳，或是在討論會上一時達不成一致意見，抑或通過的人數超過不了半數，或是群眾和下屬對你的意圖暫時不能服從，等等諸如此類的問題時，就把問題暫時擱置起來，待眉目清晰，再行處理。也就是讓時間和事實說話。

此外，身為據有權柄的上司在實際工作中，一定要分清事情的輕重緩急，對急需處理的事情，就應立即處理不可隨便往外推，因為推了不僅會誤事，而且還有可能影響到你自己。試想，人家心急火燎地找你，你卻把他推出去，他對你肯定會有意見。等他去找其他上司，別人就會知道你是在推卸責任，進而影響班底成員之間的關係。因此，該自己辦的事，不要推給別人，該現在辦的事不應拖延時間。同時，要因人而異。「推」能不能取得預期效果，一定要考慮到當事人的個性特點，看其接受程度如何。如果當事人接受不了，容易產生逆反心理或誤解，加深衝突，甚至會發生新的問題。此外，還要看火候，適可而止。在實際工作中，有的事情可以一推到底，自生自滅。有的事「推」到一定程度就要適可而止。因為事物隨著時間的推移會不斷發生變化。因此，「推」不是放手不管，一推了之，而是要密切注意觀察其發展變化，把握好「推」的火候，適時進行處理，以期達到適時適度和恰到好處，妥善解決衝突和問題的目的。

宗吾認為，在為人處世中，「推」只是巧妙推卸責任方法之一，不可不分青紅皂白隨便亂「推」，而要對具體問題做具體分析，不論推也好，不推也罷，都要以能夠留有可以迴旋的餘地為唯一考慮的標準。

【宗吾真言】 人一旦有了官癮，那就好像抽上了大煙一樣。因此，在職場、官場，利用高官厚祿來駕馭下屬，是屢試不爽的。可是，這方面同樣要「留有餘地」，不能讓下屬真的吃飽了。

世人追求的無非名和利兩個字，而名和利往往都離不開一個「權」字。升官發財不僅是事業有成的標誌，而且還能帶來數不清的好處。對於職場、官場上的人來說，這個「官」字是一時一刻也不能離開的。因此，利用高官厚祿來駕馭下屬，歷來是掌權者手中的法寶。但是如何運用這一處世技巧，在宗吾看來，秘訣無非是厚黑處世中的「留有餘地」。

作為厚黑處世者，一旦你飛黃騰達，面對昔日的同事或者原來的上司，千萬別有什麼不好意思，臉上平靜如常，並且必要時一點也別手軟，更不能留情面。因為以新的身分與過去的同事打交道，該不好意思的應該是他們而不是你。同樣，對下屬的任用和提拔心要黑，正所謂「小功不賞，大功不立」，因而要給下屬一點好處，但是要一點點給，絕對不能讓他們一次吃飽。因為人都沒有滿足的時候，你的下屬也是人，也不會有滿足的時候。另外，立點小功就給你部下吃飽了，那麼他下次再立功時，你也就不知道再拿什麼來獎勵他了。

有一個車夫為了使拉車的驢子跑得快些，就將一把鮮嫩的青草拴在前面，恰巧離驢的嘴巴有半尺遠。

驢子為了吃到那把綠茵茵的青草，便拚命地向前跑，可是無論怎樣用力快跑，那把青草也到不了嘴裡。可是，官場上畢竟是粥少僧多，官位就像是一把「青草」，不可能隨意授人，如果封得太濫了也就不值錢，失去了誘惑力。比如，太平天國後期，太平軍為了挽回敗局和鼓舞士氣，洪秀全先後分封了兩千七百多個王。然而時間一長，這一招便也不靈了。

在宗吾看來，世人都有這樣一個通病，就是太容易得到的東西不珍惜，只有自己千辛萬苦爭來的才格外看重。所以，有經驗的獵人每當獵鷹抓住一隻兔子，便餵一隻老鼠，抓住一隻狐狸，就餵牠一隻家禽，但始終不讓牠吃飽。獵人的這種做法，可以為駕馭下屬提供很好的參考：

一是封官不能一步到頂。封官如同商品交換一樣，「得一兔則飼以一鼠，得一狐則飼以一禽。」立小功封小官，立大功封大官。要有意識地把封官的過程拉得特別長，使臣下的官欲永遠處於飢餓狀態，這樣他才會有立功的原動力。

二是最好永遠也到不了位。一個人官做大了，立功進取的意志便懈怠了；一旦官做到了頭，不但立功進取的意志消失，甚至還可能滋生野心。從歷史上看，那些官職到了極限的人，如王莽、曹操、司馬昭等人，最後不是都變成了篡權者

嗎？

宗吾自認為，對人生還是有一個清晰認知的：貪功求利，乃是人性的致命弱點，如果能夠對症下藥，「畫餅充飢」，便可使人乖乖聽命於你。

【宗吾真言】戲法人人會變，各有巧妙不同。「留有餘地」說難不難，說易不易。只要能精通「踢皮球」，透過減少或避免一些不必要的摩擦或傷害，就可以使自己獲得更大的迴旋空間。

宗吾認為，厚黑處世同樣人人可行，可是「道行」高低卻各有不同。如果在辦事中只想著「踢皮球」，卻不知如何去踢，結果容易弄巧成拙，事亦未能辦成，卻可能招來一身是非。那麼，在為人處世中到底該如何「踢皮球」呢？最重要的就是應該學會給自己留好後路。

首先，答應別人的事時，注意使用「模糊語言」，以便使自己贏得主動。否則，如果出現「意外事件」，結果使自己答應對方的事無法實現，給對方「言而無信」的印象，影響了人際關係的和諧。

其次，拒絕別人時，不妨先拖延一下，以使自己「進退有據」。對別人的請求如果一口回絕，顯得生硬而不友好，容易使人心生怨恨。因此，我們在拒絕別人時，最好不要馬上拒絕，應軟著陸，答應對方讓自己先考慮一下，並告訴對方自己一定會盡量幫忙，以給自己留點迴旋的空間。過一段時間之後再表明無法完成別人的要求。然而，有些人在拒絕對方時，因為臉皮不夠厚，總感到不好意思，而不敢據實言明，致使對方摸不清自己的真正意思，而產生許多不必要的誤會。

第三，在批評別人時，最好「點到為止」，以維護對方的自尊。最讓人沮喪的事情莫過於沒完沒了地受到別人的批評，特別是不看場合，不考慮對方的心理承受能力，這樣做往往事與願違，傷害了別人的自尊。

第四，在與人爭論或爭吵時，切忌把話說過頭，使對方下不了台。與人爭論或爭吵時，人們的心情一般容易激動，這是可以理解的，但絕不能因此而口不擇言，否則，不僅會嚴重傷害對方的感情，而且往往大家都難以「下台」。

總之，宗吾看來，在日常生活中，踢好「皮球」，留好「後路」，最重要的就是不要讓對方尷尬，讓自己難堪。

厚黑處世三　避免衝突，穩中求安

■「心太直」的人是可愛的，但很容易吃虧，自己千萬別這樣。不加修飾的言行就像一把傷人傷己的雙面利刃，絕不是人生旅途的開山板斧。

「心眼直」是人性中一種很可愛的特質，因為這種人是非分明。只是在現實社會裡，不加修飾的言行卻是為人處世的致命傷。因為，這種人說話時，常只看到現象，也不去考慮到自己的一吐為快旁人能否接受。他們一般都具有正義傾向的性格，言語的爆發力殺傷力也很強，所以有時候這種人也會被別人當槍使。宗吾認為：在為人處世中，有這種直言直語個性的人應特別注意。對人方面，少直言指陳他人的不當。你認為這是愛之深責之切，但對方卻會認為是和他過不去。對事方面，少去批評其中的錯誤。事是人計畫的、人做的，因此批評事也就等於批評了人，所謂對事不對人，只能是說說而已。

【宗吾真言】　你平時整天面對的不是敵人，而是需要長期維持友好關係的同事，何必用「強」。不妨來個，「柔竹禦強風」，以綿力相迎，一軟到底。這樣對方想硬也硬不起來了。

宗吾認為，在與人相處時，如果你的實力比對方強大得多，當然可以泰山壓頂，一舉全殲。但是如果對手十分強大呢？以硬對硬，即使勉強能勝，自己也會造成很大傷害，或者對方實力遠強過你，又該如何呢？特別是平時整天面對的不是敵人，而是需要長期維持友好關係的同事，這時則不能採取強硬的手段。怎麼辦？俗話說滴水可以穿石，在不能採用強硬手法時，不妨來個綿力相迎，抓住對方要害，一軟到底。

唐代宗廣德二年（西元七六四年），安史之亂剛剛被平定，僕固懷恩卻在北方糾眾反叛，屢屢攻城奪野。唐代宗命郭子儀率軍平叛。郭子儀令其兒子郭晞以檢校尚書的身分兼行營節度使，屯兵在邠州。邠州地方的一些不法青年，紛紛在郭晞的名下掛名，然後以軍人的名義大白天就在集市上橫行不法，要是有人不滿足其要求，即遭毒打，甚至將懷孕的婦人活活打死。

邠州節度使白孝德因懼怕郭子儀的威名，對此提都不敢提一下。白孝德的下屬涇州刺史段秀實則毛遂自薦請求處理此事。白孝德立即下文，令他代理軍隊中的執法官都虞侯。段秀實到任不久，郭晞軍隊中有十七名士兵到集市上搶酒，重傷了釀酒的工人。段秀實把他們統統抓來，砍下他們的腦袋掛在長矛上，立於集市示眾。郭晞軍營所有軍人全部披上了盔甲，準備將段秀實亂刀分屍。在此危急關頭，段秀實不僅沒有驚惶失措，反而解下了身上的佩刀，選了一個年老且行動不便的老兵給他牽著馬，徑直來到郭晞軍營門口。段秀實笑著一邊走一邊說：「殺一個老兵，何必還要披盔帶刀，如臨大敵？我頂著頭顱前來，要親自由郭尚書來取！」全副武裝的士兵驚愕不已，本以為要進行一場硬拚，眼見得對手如此軟弱，反而紛紛讓路了。

段秀實見到了郭晞，他從維護郭家的功名說起，對郭晞說：「郭子儀副元帥的功勞充盈於天地之間，您作為他的兒子卻放縱士兵大肆暴逆。如果因此而使唐朝邊境發生動亂，這要歸罪於誰呢？動亂的罪過無疑要牽連到郭副元帥。而今邠州的不法青年紛紛在你的軍隊中掛了名，藉機胡作非為，殘殺無辜。別人都說您郭尚書憑著副元帥的勢力不管束自己的士兵，長此以往，那麼郭家的功名還能保存多久呢？」

郭晞本來對段秀實自作主張捕殺他的士兵心存不快，對於士兵的激憤情緒聽之任之。現在見段秀實完全不作防備地闖進軍營訴說，覺得段秀實完全是為保護郭家功名才這樣做的，便一改原來的強硬態度，反而覺得對弱小的段秀實必須加以保護，以免被手下人因憤而殺。段秀實為讓郭晞下定決心管束軍隊，又對郭晞說：「我到現在還沒有吃晚飯，肚子餓了，請為我備飯吧。」吃完飯後又說：「我的舊病發作了，請您讓我在這裡住一宿。」在這種情況下，面對沒有絲毫惡意的段秀實，郭晞害怕憤怒的軍人殺了這個不做抵抗且又有恩於己的朝廷命官，心裡也十分緊張。於是一面申明嚴格軍紀，一面告訴巡邏值夜的士卒嚴加防範，藉打更之便切實保衛段秀實的安全。第二天，郭晞甚至還和段秀實一起到白孝德處謝罪，大軍由此整飭一新。

宗吾看來，如果段秀實不懂得厚黑處世之道，面對大權在握並且深受皇帝寵愛的郭子儀之子，他以硬碰硬，恐怕早就被亂兵剁成了肉醬，還談什麼整頓軍紀。但是他最終能全身而退，並得到了「同事」的好感，這與他善於以柔克剛的手段密不可分。

【宗吾真言】 多用柔性語言，即使在不得不使用硬性語言時，也要盡量做一些柔化處理，讓自己的舌頭打個彎，使之具有體貼、關懷、尊重等感情色彩。

在為人處世中，難免要向公眾或自己的合作者、下屬提出一些強制性的或非強制性的要求和規定。如果把具有強制性、語氣強硬不具彈性的語言叫做硬性語言的話，不具強制性、語氣柔和具有彈性的語言就可以稱之為柔性語言。柔性語言往往具有規勸或協商等口吻，它傳遞的訊息內容常常具有體貼、關懷、尊重等感情色彩，因而，易於讓人接受和執行，說話的目的易於達到。而硬性語言往往具有命令、禁止、警告等口吻，容易使人產生逆反心理，說話目的有時反而不易實現。

例如，某公司年底召開聯誼會，一位外公司的與會者走進會議室正準備吸煙，一名工作人員走上前客氣地說：「先生，我們這裡是無煙會議室。」那位與會者立即把煙收了起來。這位工作人員將不准吸煙的要求，滲透在啟發性的暗示中，暗示會議室內不能吸煙，收到了積極的效果。

從上述這個例子中可以看出，在為人處世中，一些帶有強制性或約束性的要求，直接說往往不太容易被人所接受，如果換一個角度，就可以變為一種善意的提醒和關照，曲徑通幽地表達硬性規定和要求，能使硬性規定和要求變得柔和而又充滿人情味，從而讓人欣然接受和執行。

這一方式非常適應中國人的行為模式。就是表面上一套，實際上可能是「意在言外」。也就是說，嘴上說喜歡「直來直往」，內心深處卻並不喜歡「直來直往」。當對方回答「不」的時候，未必真的是「不」，很可能只是礙於面子，第一次需要拒絕來拿拿架子，擺擺譜，或是客套的禮貌性回答。而第二次再懇求時，對方可能就同意了。反過來說，當對方說好的時候，也未必就表示同意，或許只是不願當面給你難堪而已！

明白了這個道理，也就知道在為人處世中，為什麼許多事上司說「研究研究」之後便沒了下文；為什麼對上司提意見「直來直往」的人，會因此而遭到打擊報復。

在這裡，宗吾認為，要想獲得處世的成功，必須懂得察言觀色，認清對方是真要你開口，或只是禮貌性的客套。最好在說話時巧妙地拐個彎，千萬不要「亂放炮」。因為每個人都需要自尊，需要面子。因此使用柔性語言的關鍵，是使聽者懂得言外之音，達到預期的目的。特別是上司勸說自己改正錯誤時，更應該從上司拐彎的話中領會意思，自己悟出應該如何去做。

【宗吾真言】 在厚黑處世中，要「避免衝突，穩中求安」，場面話不可少說。其中兩種話特別要多說：一種是看似「噁心」但不離譜的讚揚話；一種是「拍胸脯」、「打包票」但難以兌現的承諾。

鬼谷子說：與智慧型的人說話，憑藉的是見聞的廣博；與見聞廣博的人說話，憑藉的是辨析的能力；與善辯的人說話，就要簡明扼要；與上司說話，就要用奇妙的事來打動他；與下屬說話，就要用好處來說服他；別人不願意做的事情，就不要勉強；對方所喜歡的，就模仿而順從他；對方所討厭的，就避開而不談它。能做到這些，就算利用好了你的舌頭。正因為如此，宗吾也特別提醒：在為人處世中，應該「投其所好」地多說一些順心話。

漢高祖劉邦平定天下之後，開始論功行賞。群臣在這個時候，彼此爭功，吵了一年多都無法確定。

劉邦認為蕭何功勞最大。大家都說「平陽侯曹參身受七次傷，而且攻城掠地，功勞最多，應當排第一」。但劉邦心中還是想將蕭何排在首位。

這時候，關內侯鄂君已經揣摩出劉邦的意圖，就不顧眾大臣的反對，挺身上前厚臉說道：「群臣的評議都錯了！曹參雖然有攻城掠地的功勞，但這只是一時之功。皇上與楚霸王對抗五年，時常丟掉部隊，四處逃避。而蕭何卻常常從關中派兵員填補戰線上的漏洞。楚、漢在滎陽對抗了好幾年，軍中缺糧，都是蕭何轉運糧食補給關中，糧餉才不至於匱乏。再說皇上有好幾次逃到山東，都是靠蕭何保全關中，才能接濟皇上的，這才是萬世之功。如今即使少了一百個曹參，對漢朝又有什麼影響？我們漢朝也不必靠他來保全啊！為什麼你們認為一時之功高過萬世之功呢？我主張蕭何第一，曹參其次。」

劉邦一聽，連忙說：「好，好！」於是下令蕭何排在第一，可以帶劍入殿，上朝時也不必急行。

宗吾認為，鄂君就是一個善於說「噁心」而不離譜話的厚黑高手。他也因此被改封為「安平侯」，封地也比原來多了近一倍。

可是，在為人處世中，有的人為了使別人對自己有個好印象，或為了保全自己的面子，或為給對方一個台階，往往對對方提出的一些要求不加分析地就接受，結果弄得自己很難堪。

因此，必須學會拒絕。一般來說，拒絕別人的要求也的確是件不容易的事。有一位行為學教授說：「央求人固然是一件難事，而當別人央求你，你又不得不拒絕時，亦是教人頭痛萬分的。因為每一個人都有自尊心，希望得到別人的重視，同時我們也不希望別人不愉快，因而，也就難以說出拒絕之話了。」

但，在宗吾看來，這也不難。就是當面「拍胸脯」、「打包票」，諸如「我全力幫忙」、「有什麼問題儘管來找我」等。這類話但說無妨。因為對方運用人情壓力來求你，當面拒絕，場面會很難堪，而且會馬上得罪對方。另外，如果碰上纏著不肯走的人，那更是麻煩。所以，用場面話先打發，能幫忙就幫忙，幫不上忙或不願意幫忙再找理由好了。可是，要說好這種場面話，不僅需要勇氣，還需要技巧。否則，場面話不好意思說出口，為難的還是你自己。

【宗吾真言】　小心啊！千萬別觸到了對方的隱私和短處。其實，每個人都有所長，亦有所短，要運用好「避免衝突、穩中求安」，關鍵是善於發現對方身上的優點，而不要抓住別人的隱私、痛處大作文章。

宗吾認為，誰都不想把自己的短處或見不得人的一面，展現在大家面前，這些方面就是社交的「地雷區」，千萬別誤觸！

明太祖朱元璋出身貧寒，做了皇帝後自然少不了有昔日的窮哥兒們到京城找他。有位朱元璋兒時一塊光屁股長大的好友，千里迢迢從老家鳳陽趕到南京，幾經周折總算進了皇宮。一見面，這位老兄便大嚷起來：「哎呀，朱老四，你當了皇帝可真威風呀！還認得我嗎？當年咱倆可是一塊光著屁股玩耍，你做了壞事總是讓我替你挨打。記得有一次咱倆一塊偷豆子吃，背著大人用破瓦罐煮。豆還沒煮熟你就先搶起來，結果把瓦罐都打爛了，豆子撒了一地。你吃得太急，豆子卡在嗓子眼還是我幫你弄出來的。怎麼，不記得啦！」朱元璋雅興頓失，當著後宮佳麗和眾奴才的面揭自己的短處，讓這個當皇帝的臉往哪兒擱。

盛怒之下，朱元璋下令將之痛打然後逐出宮外。這就是揭人之短的下場。

「揭短」，有時是故意的，那是互相敵視的雙方用來攻擊對方的武器。「揭短」，有時又是無意的，那是因為某種原因一不小心犯了對方的忌諱。但是總體來說，有心也好，無意也罷，在待人處世中揭人之短都會傷害對方的自尊，輕則影響雙方的感情，重則導致友誼的破裂。

那麼，怎樣才能做到在待人處世中不「揭人之短」呢？宗吾為你開出如下幾劑妙方：

第一，既瞭解對方的長處，也瞭解對方的不足。這樣才能「知彼知己，百戰不殆」。

第二，要善於擇善棄惡，多誇別人的長處，盡量迴避對方的缺點和錯誤。「好漢願提當年勇」，又有誰願意提及自已不光彩的一頁呢？

第三，指出對方的缺點和不足時，要顧及場合，別傷對方的面子。有時候，對方的缺點和錯誤無法迴避，必須直接面對，這時就要採取委婉含蓄的說法，以免發生衝突。

第四，要特別注意「避人所忌」，具體有以下三個方面的忌諱應該特別注意：一忌主動涉及別人的隱私。二忌主動提及別人的傷感事。三忌主動提及別人的尷尬事。當別人在生活中遇到某些不盡如人意的事時，你若與之交談，最好不要主動引出這一有可能令對方尷尬的話題。

總之，在宗吾看來，要想與他人友好相處，就要盡量體諒他人，維護他人的自尊，千萬不要揭人之短！

厚黑處世四 臨危隱退，遊刃有餘

■夾在中間處世最難，難就難在如何做到左右逢源，誰都不能得罪。這時可以試一試保持中立，說不定能得到意想不到的好處。

上司與上司之間，上司和下屬之間，常常會出現種種的矛盾和衝突，在這種情況下，當下屬的可就為難了。有時你和這位上司親密一點，又怕惹惱了另一位上司；你與另一位接觸稍微多一點，又怕開罪這一位，真是左右為難。特別是當你因工作需要又不得不經常與其中一位上司接觸時，更是不知如何是好。宗吾認為，此時你不妨保持中立的態度，也就是說，採取等距離的交往方式，跟誰都不過分密切。特別注意，不讓其中一個上司認為你是另一個上司的人，以免在那位上司走背運時好處沒沾上，卻跟著受牽連。

【宗吾真言】如果必須在衝突的雙方做一個選擇，就要厚起臉皮，硬起心腸，寧得罪君子，不得罪小人，先撈到眼前的實惠再說。

你也許認為，對於小人，我可以「敬鬼神而遠之」。宗吾認為，這只能是說說而已。小人之所以被稱為小人，就是因為，人品差，氣量小，不擇手段、損人利己之惡徒。誰都不願意與小人打交道，但不管你願意還是不願意，又總不可避免地會碰到小人。因為那些生活在我們身邊的鼠輩小人，他們的眼睛牢牢地盯著我們周圍所有大大小小的利益，隨時準備多撈一份，為此甚至不惜一切代價用各種手段來算計別人，真是令人防不勝防，說不定什麼時候就會在背後給你一刀。

此外，小人是琢磨別人的專家，敢於為芝麻大小的恩怨付出一切代價，因此在為人處世中如何與小人打交道，還真得有一套行之有效的方法才行。怎麼辦呢？宗吾認為：如果你不想把自己降低到與小人同等的地步，也不想與小人兩敗俱傷的話，那就把臉皮磨厚點，或者睜隻眼閉隻眼，不理了事。一句話：別得罪小人。

為平定「安史之亂」立下赫赫戰功的唐朝名將郭子儀，不僅在戰場上披荊斬棘，得心應手，而且在待人處世中，還是一個特別善於對付小人的處世高手。

「安史之亂」平定後，郭子儀並不居功自傲，為防小人嫉妒，他反而比原來更加小心。有一次，郭子儀正在生病，有個叫盧杞的官員前來拜訪。此人乃是一位聲名狼藉的奸詐小人，相貌奇醜，時人都把他看成是個活鬼。正因為如此，一般婦女看到他這副尊容都不免掩口失笑。郭子儀聽到門人的報告，馬上下令左右姬妾都退到後堂去，不要露面，他獨自憑几等待。盧杞走後，姬妾們

又回到病榻前問郭子儀：「許多官員都來探望您的病，您從來不讓我們躲避，為什麼此人前來就讓我們都躲起來呢？」

郭子儀微笑著說：「妳們有所不知，這個人相貌極為醜陋而內心又十分陰險。妳們看到他萬一忍不住失聲發笑，那麼他一定會記恨在心，如果此人將來掌權，我們的家族就要遭殃了。」

郭子儀對這個官員太瞭解了，在與他打交道時做到小心謹慎。後來，這個盧杞當了宰相，極盡報復之能事，把所有以前得罪過他的人統統加以陷害，唯獨對郭子儀比較尊重，沒有動他一根寒毛。這件事充分反映了郭子儀對待小人的辦法，既周密又老練，他對待小人的辦法可以給人許多有益的啟示。

宗吾慎重提醒各位：在與小人打交道時，務必多留個心眼兒，即使你比對方強大得多，也最好不要與其發生正面衝突。

【宗吾真言】有的事是你的職權範圍，但你未必管得了；有的人為你所屬，但其實是指揮不動的「大人物」。世事錯綜複雜，險象環生，危機四伏，原因就在於有一套「潛規則」。

「一朝權在手，便把令來行」，聽起來很過癮。但宗吾告訴你，有時候千萬別當真。戰國時期，以「變法」而名垂青史的商鞅，就是因為把這句話當真了，結果在功成之後被五馬分屍。

商鞅是戰國時期的衛國人，來到秦國後，透過寵臣景監的薦舉，秦孝公多次與商鞅長談，發現商鞅是個難得的治國奇才，便「以衛鞅為左庶長，卒定變法之令」。秦孝公是一位奮發有為的君主，商鞅提出的一整套富國強兵的辦法，也正好符合他的願望。

然而，正當商鞅在秦國功勳卓著時，他的心情卻反而感到孤寂和迷惘。於是，他去請教一位名叫趙良的隱士。他對趙良說，秦國原本和戎狄相似，我透過移風易俗加以改正，讓人們父子有序，男女有別。這咸陽都城，也由我一手建造，如今冀闕高聳，宮室成區。我的功勞能不能趕上從前的百里奚呢？誰知趙良卻直率地說：

「百里奚一得到信任，就勸秦穆公請蹇叔出來做國相，自己甘當副手；你卻大權獨攬，從來沒有推薦過賢人。百里奚在位六、七年，三次平定了晉國的內亂，又幫他們立了新君，天下人無不折服，老百姓安居樂業；而你呢，犯了輕罪，反而要用重罰，簡直把百姓當成了奴隸。百里奚出門從不乘車，熱天也不打傘蓋。平時很隨和地和大家交談，根本不要大隊警衛保護；而你每次出外都是車馬幾十輛，衛兵一大群，前呼後擁，老百姓嚇得唯恐躲閃不及。你的身邊還得跟著無數的貼身保鏢，沒有這些，你敢挪動半步嗎？

「百里奚死後，全國百姓無不落淚，就好像死了親生父親一樣，這是人們自覺、自發地敬重他；你卻一味殺罰，就連太子的老師都被你割了鼻子。一旦主公去世，我擔心有不少人要起來收拾你，你還指望做秦國的第二個百里奚，豈非可笑？為你著想，不如及早交出商、於之地，退隱山野，說不定還能終老林泉。不然的話，你的敗亡將指日可待。」

後來真的不幸被趙良言中，「商君相秦十年，宗室貴戚多怨恨者。公子虔杜門不出已八年矣。」秦孝公死後，太子即位，是為秦惠王。公子虔等人立即誣告「商君欲反」，並派人去逮捕商鞅。商鞅走投無路，最後只好回到自己的封地商邑，秦發兵攻打，商鞅被殺於澠池。秦惠王連死後的商鞅也不放過，除了把商鞅五馬分屍外，還株連九族。

宗吾感嘆，人皆曰子黑，驅而納諸煤炭之中，而不能一色也；人皆曰子厚，遇乎砲彈，而不能不破也。厚黑學博大精深，有志此道者，必須專心致志。商鞅本來可以算得上是個厚黑之士，黑起來甚至連太子老師的鼻子都敢割掉，只是他厚黑學的修養畢竟不深，功夫尚欠火候，僅憑著「半瓶子醋」，竟敢堂而皇之地大行厚黑之道，最後落得自尋死路，也只能說是自找的！

現實生活中，有時有可能你的下屬不是皇親就是國戚，那麼你一旦把權行，不小心得罪了這些養尊處優的公子哥兒。那麼也許過一段時間，你就由於關照不好這位下屬而付出沉重的代價，很有可能烏紗不保，或者連降三級。因而把權行的時候，一定要理解「打狗要看主人」，這樣才有可能左右逢源。

厚黑處世五 有顯有藏，包裝形象

■ 最高明的「隱藏」就是把自己裝扮起來，使世人一想到你就與某種特定的形象聯繫在一起，而忘記了你的真實形象。

在宗吾看來，運用「神龍見首不見尾」這一處世技巧，並不是說把自己徹底裹藏起來，如果真是那樣的話，如何厚黑行世？「神龍見首不見尾」中所謂「見」與「不見」，說的就是「有顯有藏」，想讓別人看見的部分就顯露出來，不想讓別人看見的部分就隱藏起來，實質上就是一個形象包裝的問題。那麼，厚黑行世者應該把自己包裝成什麼樣的形象呢？可以把自己包裝成最完美形象，或者包裝成最可親、最可信的形象，還可以是最無用、最無害的形象等等，一切要根據具體的需要而定。

【宗吾真言】自知程度較高的人，往往能夠發現自己的優勢並自覺地保住自己的優勢，充分利用自己的招牌，不讓人看到自己的短處和不利方面，從而取得主動權。

「有顯有藏」說到底就是為了保持住一好形象，最直接的方法就是隱短露長。可是這並不容易。雖然每個人都有自己的優勢和劣勢，長處與短處，但並不是每個人都清楚的意識和瞭解自己的長處和短處。生活中我們總能發現捨長就短，終生遺憾的悲劇。而那些自知程度較高、對自身長短利弊瞭若指掌的人，就不同了。

漢武帝的一位寵妃李夫人，重病不起。漢武帝親自前往探病，李夫人蒙被致歉道：「臣妾久病在床，樣子難看，不能見皇上，看我現在的病情，恐怕不久於人世了。我想把我的兒子和兄弟託付給陛下，請陛下多加關照。」漢武帝說：「妳的囑託我一定照辦，請放心吧！但妳病到這個地步，還是讓我看一看吧。」李夫人說：「女人不把容貌修飾好，不能見君王、父親，臣妾不敢破這個先例。」漢武帝說：「愛妃只要見我一面，我會賜給妳千金，而且封妳的兄弟做高官。」李夫人卻說：「封不封官，那是陛下您的事，不在於見不見我一面。」漢武帝又請求李夫人讓他見上一面，李夫人索性轉向內側，抽泣著不再說話。沒有辦法，漢武帝只好無奈地站起身離開了。

漢武帝走後，她的兄弟李廣利責怪姐姐說：「既然妳託付兄弟兒子給皇上，為什麼不見皇上一面呢？難道妳怨恨皇上嗎？」李夫人解釋說：「我們女人是用容貌去侍奉人的，我們的長處是長得漂亮。一旦容貌衰退，就不招人喜歡了。皇上不喜歡妳，自然恩斷義絕。皇上之所以還繼念著我，那是因為我過去容貌好看。如今，我久病貌衰，一旦被皇上看見，必然遭到皇上的厭惡和唾棄，他怎麼還能思念我而厚待我的兄弟兒子呢？」不久，李夫人病故。想起往日的纏綿，武帝對她思念不已，因此對李夫人的兄弟也很關照。

宗吾認為，這位李夫人準確地意識到自己的優勢和長處，就是自己的美貌。儘管久病之後，美貌早已不復存在，但在皇上心中的美好印象卻還是與往常一樣，為了保住這個虛幻的優勢，她便採取了蒙被說話，不讓皇上看見醜臉的方略，最終達到了預期的目的。這種厚黑策略，實為一般人所不能及。

【宗吾真言】 世人的普遍心理是會想盡辦法掩飾自己的缺點，宣揚自己的優點。因此，一旦有人明白地指出自己的缺點，反而會讓人覺得他很誠實而對他產生信賴感。

在處世中，假若能將自己的缺點明白地表示出來，往往更能得到別人的信賴。但這並不是說要將自己的缺點一五一十地全都說出來，因為這樣做不但得不到上述的效果，反而會破壞自己的形象。那麼應該怎樣做效果才好呢？

其二，你可以透露自己的缺點，但不能太多，透露一兩項無關緊要的小缺點就行了。因為完人給人一種高不可攀的感覺。有少許小缺點的人，反而給人的感覺是「雖然有缺點，但大體上很好」。

有一次，一位美國著名教授演講，提出他做老鼠實驗的結果。此時有一位學生突然舉手發問，提出了他的看法，並問這位教授假如用另一種方法來做，實驗結果將會如何？所有的聽眾全都看著這位教授，等著看他如何回答這個他根本就不可能做過的實驗。結

果這位教授卻不慌不忙，直截了當地說：「我沒做過這個實驗，我不知道。」一般人都有不想讓別人看出自己弱點的心理，因此很難開口說「不知道」。殊不知，有時承認不知道，反而可以增加人們的信任。

其二，要善於運用自身的弱點來施計用謀。在《三國演義》中，張飛與酒結下了不解之緣。他逢酒必飲，每飲必醉，每醉必出事端，不是打人，就是誤事，應該說這是張飛自身的一大弱點。這個弱點，多次給對手留下可利用的空檔。例如第十四回，當張飛守徐州時，劉備曾一再叮囑張飛不飲酒或少飲酒。但劉備剛走，張飛就大飲特飲起來，酒後又痛打曹豹，結果呂布趁機殺進城來，他的酒還沒醒，就把徐州給丟了。然而，隨著張飛在戰爭中鍛鍊得比較成熟之後，他的弱點卻變成了麻痹迷惑對方的一種招數。張飛宕渠山戰張郃，就充分表現了這一點，頗能給人啟迪。事實證明，一個人的特點及習慣性格，最容易形成對手判斷情況的一種思維定式。聰明者若能有自知之明，就性用計，正好可以出其不意，把敵手誘入我的「圈套」。張飛素以飲酒誤事聞名，而這次作戰他卻利用「喝酒誤事」把驍勇善戰的張郃誘出了宕渠山，真可以說是酒中出奇謀！

其三，一個人的特長或不足，甚至生活習慣和性格上的弱點，都會成為對方利用或突破的重點，但可以將計就計，取得意想不到的效果。三木武吉曾經是日本很有名的政治家。二次大戰後第一次競選時，他曾到備川縣的高松市去講演。當他講到「戰後的日本怎樣才能馬上恢復建設」時，突然，聽眾席中傳來一名婦女的喊聲：「喂，三木武吉，你不是娶了六個老婆嗎？像你這樣的人怎麼能搞好日本呢？」

三木武吉聽後鎮靜自如地回答道：「這位女士，確實如此，我年輕時是個享樂主義者，娶了好幾房妻子，而且戰爭中也常帶著她們東躲西藏地避難，這可以說是男人的劣根性。但現在，她們都已經人老珠黃，不中用了。如果我把她們拋棄了，今後誰來養活她們呢？還有一點，妳說的不正確，是七個，不是六個。」聽了他的回答，全場立即響起了熱烈的掌聲。選舉的結果是三木武吉以高票當選。這裡，三木武吉就是巧妙地利用了自己的錯誤，贏得他人的同情獲得成功。

宗吾嘆服，這位日本同仁，最是厚黑之至！

【宗吾真言】　維護自己的形象，最高的境界是不顧形象。比如，如何對待上司的「罵」？其實，應該意識到，無論多麼優秀、傑出的人，總免不了會挨上司的罵。你如果能通過這一關，你在上司面前形象會又高大一些。

運用「有顯有藏，包裝形象」目的就是為了把自己推銷給別人。一個人不懂得自我推銷，一輩子也別想出人頭地，最後只能是落得一天到晚怨天尤人的地步。在日常生活中，無論是競選還是推銷，甚至是應徵面試，哪一方面不是靠自我推銷換取成功的？宗吾的《厚黑學》之所以流行於世，就是利用一切機會全力推銷的結果。同樣，如果要想成功，要想出人頭地，就必須具備自我推銷的厚黑功底，有機會絕對不能放過，沒有機會要為自己爭取機會、製造機會。挨上司罵就是一個好機會。

剛開始由於生疏，上司或許還會對你客氣點，等彼此熟悉之後，就會突然給你迎頭一擊。咆哮、呵斥、說教等等，全都衝著你來了。有些人一遭上司的罵，心裡也許會產生「這下完了，惹上司討厭」或「那種罵法實在讓人受不了，乾脆辭職不幹」的想法，其實大可不必，臉皮厚一點，挨點罵又算什麼呢。說得更徹底一點，罵與被罵等於是你與上司之間的一種溝通。當他開始罵你時，也就代表他已經開始將你視作真正的工作夥伴。此外，上司罵的內容之中也多半透露著上司的本意和大量的實務知識，應心平氣和地仔細聆聽，別漏掉這些有用的情報。

如果你因為在眾人面前被上司責罵而感到非常丟臉，因此怨恨上司，那就大錯特錯了。宗吾認為，在這種情況下，可以換個角度來想，認為上司是在培養自己、教育自己，在給自己面子。而且也要認為在眾人當中，只有自己才值得特別地被上司責罵，在公司所有職員裡是最有前途的，更可以認為「他對我充滿期待」而感到驕傲。因為，在任何單位，最沒有前途的人，就是被上司忽視的人。你被上司責罵，正是上司重視你，最起碼也是沒有忽視你的最好證明。

因此，不要討厭或害怕挨罵，妥善運用上司和你之間「罵與被罵的關係」，是促進雙方瞭解的第一步。實際上，長年累月地領別人的薪水做事，不可能連一次罵也沒有挨過。你應好好利用這些機會，把挨罵技巧當成一種重要的待人處世厚黑技巧，並能利用挨罵給上司留下良好的印象。

日本大企業家福田先生在做服務生時，常常被老闆小松先生責罵。但福田也因為他每次的責罵而得到一些啟示，學會一些事情，所以福田當時總是「主動地」尋找挨罵。只要遇見了小松先生，福田絕不會像其他怕挨罵的服務生那樣逃之夭夭，總是恰到好處地把握機會，立刻趨身向前向小松先生打招呼，並態度誠懇地請教說：「早安！請問社長，您看我有什麼地方需要改進嗎？」

就這樣，福田每天主動又虛心地向小松討教，持續了兩年。有一天，小松社長對福田說：「我長期觀察，發現你工作相當勤勉，值得鼓勵，所以明天開始我請你擔任經理。」就這樣，十九歲的服務生一下子便跳升為經理，在待遇方面也提高很多。

人都有自己的尊嚴，誰也不願意讓人數落，所以在被別人訓斥時，即使不會當場發作，臉上也總是火辣辣地發燒。宗吾卻認為：對於上司的罵，絕對要保持順從的態度。雖然不必做到像應聲蟲一樣唯唯諾諾的地步，但最起碼，臉上也應該露出反省的表情，並以坦率誠懇的語氣向上司道歉。挨罵之後，最重要的是應盡快改正錯誤，無禮的反抗態度只會使自己受損害。

厚黑處世六 得過且過，難得糊塗

■心機用得過多，便容易不得要領，或自壞其事，或自相矛盾。有時最高智慧在於顯得一無所知，正所謂大智若愚是也！

雖然說聰明是件好事，但賣弄學問卻不然。所以用你自己的語言與每一個人說話。只要你懂得裝蠢，你就並不愚蠢。要想受到別人的敬重，就不能凡事過於計較，過於精明。要學會掩藏你的聰明，要做出一副「良賈深藏若虛，君子盛德容貌若愚」的樣子。正如機器運轉需要添加潤滑劑一樣，處理好人際關係有時也需要潤滑劑。當人與人之間的關係陷入僵局時，「糊塗」，就是一種極好的潤滑劑。

【宗吾真言】 在處世中，時時處處都需要用厚臉裝糊塗，甚至當身處險地時，「糊塗」還是「精明」，很可能成為事關自己身家性命的關鍵因素！

林語堂說，世間學說，每每誤人，唯有厚黑學絕不會誤人，就是走到了山窮水盡當乞丐的時候，也比別人多討點飯。到了身處險地時，該厚黑裝糊塗時，千萬別「精明」。不要忘記曹雪芹對精明的王熙鳳的判語，「機關算盡太聰明，反誤了卿卿性命！」

劉備靠「厚臉」建立起來的蜀漢王朝只統治了四十二年，就被魏國滅掉了。後主劉禪成了俘虜，他的一家和蜀國的一些大臣，都被東遷洛陽。劉禪到了洛陽，司馬昭便用魏元帝的名義，封他為安樂公，還把他的子孫和原來蜀漢的大臣五十多人封了侯。有一天，他大擺酒宴，請劉禪和原蜀漢的大臣參加。宴會中，還特地叫了一班歌女演出蜀地的歌舞。

一些蜀漢的大臣看了這些歌舞，想起了亡國的痛苦，傷心得差點掉下眼淚。只有劉禪咧開嘴看得津津有味，就像在他自己的宮裡一樣。司馬昭宴會後，對賈充說：「劉禪這個人沒有心肝到了這步田地，即使諸葛亮活到現在，恐怕也沒法使蜀漢維持下去，何況是姜維呢！」

過了幾天，司馬昭在接見劉禪時，問劉禪說：「你還想念蜀地嗎？」劉禪說：「在這裡很快樂，不想念蜀地。」這就是「樂不思蜀」成語的由來。

跟隨劉禪來到洛陽的前蜀國秘書郤正聽說這事，連忙求見劉禪，說：如果以後晉王（指司馬昭）還這麼問你，你應該流著眼淚回答說：「父母親的墳墓都遠在蜀地，一想起這事，心裡就難過，沒有哪一天不思念蜀國的。然後你就閉上眼睛，做出深沉思念的表情。」

不久，司馬昭又問劉禪想不想蜀國，劉禪就如郤正說的那樣對答，然後閉上眼睛。司馬昭說：「怎麼竟像是郤正說的話呢？」劉禪吃驚地睜開眼睛，傻裡傻氣地望著司馬昭說：「對，對，正是郤正教我的。」

司馬昭不由得笑了，左右侍從也忍不住笑出聲來。司馬昭這才看清楚劉禪的確是個糊塗人，不會對自己造成威脅，就沒有想殺害他。就這樣，劉禪活到了西元二七一年，在洛陽去世。

與此形成鮮明對比的，是同樣下場的南唐後主李煜，作為亡國君主被俘到汴京，就似乎「聰明」得不合時宜。宋太宗派人監視他，發現李煜寫了許多懷念故國的詞，又後悔不該殺了替他保江山的大將。宋太宗覺得這李煜「賊心不死」，就用毒藥把他毒死了。

當然，誰都知道劉禪是爛泥扶不上壁的阿斗，他的糊塗是率真的表現。但是他由於糊塗所換來的東西，卻值得我們去深思。有時候，就算再有實力的人，在別人眼下，就應該學會低頭，否則就會落個「人為刀俎，我為魚肉」的下場，這樣受到毀滅的當然是自己。所以，我們在馳騁職場時，凡事都不能精明過頭，受不得半點委屈，這樣做只會為自己樹立更多的對立面，招來更多的敵意。所以在宗吾看來，劉禪的木訥無情，一副傻乎乎的樣子，誰知是真扶不起來的白癡，還是為了保全身家性命的一種韜晦與心機呢！

【宗吾真言】　當然，這裡所說的「糊塗」，是該糊塗時別明白，並非一味地「糊塗」，適度的清醒和爭執還是很必要的。最好達到「呂端大事不糊塗」的境界。

宗吾在這裡強調的是做人、做事、做官都不能太「認真」，該糊塗時就糊塗，只要不是原則問題，睜一隻眼閉一隻眼也未嘗不可。然而，現實中更多的人往往是大事糊塗，小事反而不糊塗，特別在意小事，斤斤計較。於是，在他們的眼裡，社會總是一團漆黑，人與人之間只剩下爾虞我詐。

石達開是太平天國首批「封王」中最年輕的軍事將領，太平天國建都南京後，他與楊秀清、韋昌輝等同為洪秀全的重要輔臣。在天京(即南京)事變中,他又支持洪秀全平定叛亂,成為洪秀全的首輔大臣。之後,洪秀全大肆建造華麗宮殿,隱居深宮夜夜笙歌,將朝政全權委託給無能的洪氏兄弟,以牽制石達開,因此衝突日益激化。

從當時的情形看,解決衝突的最好辦法是誅洪自代,形勢的發展需要石達開那樣的新領袖,因為此時曾國藩率領的湘軍正以雷霆萬鈞之勢攻打太平軍,如果不這樣做,太平天國遲早都會斷送在洪氏兄弟手裡。但石達開儘管在戰場上戰無不勝,可是,他臉不厚,心不黑,滿口仁慈、信義,不能從大局出發,反為自己的迂腐所羈絆,害怕落個「弒君」的罵名,這就決定了他不可能幫助太平天國運動扭轉不利的形勢,不能帶領太平軍打敗曾國藩的湘軍推翻清王朝。

西元一八五七年六月二日,他選擇率部出走,認為這樣既可繼續打著太平天國的旗號進行推翻清朝的活動,又可以避開和洪秀全的衝突。

石達開率大軍到安慶後,如果按照他原來「分而不裂」的初衷,本可以安慶作為根據地,向周圍擴充,在鄂、皖、贛打出一個天地來。安慶離南京不遠,還可以互為聲援,減輕清軍對天京的壓力,又不失去石達開原在天京軍民心目中的地位。這是石達開完全可以做得到的。但是,石達開卻沒有這樣去做,心不黑,臉不厚,同時亦對天王洪秀全要求得過於嚴格,對於天王定都天京之後的腐敗享樂一直心有不滿,總是希望他能像以前那樣在戰場上親冒矢石,在生活上能像以前那樣吃苦耐勞。像這樣對人近乎完美的要求可能嗎?這就決心和洪秀全分道揚鑣,徹底決裂,捨近而求遠,去四川自立門戶。

這就是決策錯了,大事犯了糊塗,所以石達開雖然擁有二十萬大軍,英勇轉戰江西、浙江、福建等十二個省，震撼半個南中國，歷時七年，表現了高度的堅韌性，但最後還是免不了一敗塗地。

在宗吾看來，石達開這種做法不足以為厚黑教徒所效法。他們悟不出「糊塗」二字真諦的。該糊塗時則過分計較，總是要求對方是完美的，社會是一塵不染。不該糊塗時又不能決斷，過於迂腐。

厚黑處世七 多聽少說，遇事點頭

■在處世中，千萬不要動不動就把自己的老底交給對方。不論在任何情況下，都要留下七分話，不必把自己的底牌和盤托出。因此，一位飽嘗人生滋味的哲人才說，「多聽少說常點頭」。

宗吾看來，多聽，別人就會因你多聽而多說，他說得愈多，你知道的就愈多！少說，不但可以導引對方多說，還可以避免流露自己的內心秘密，一切的一切，都在你的掌握之中。常點頭，這並不是要你做個沒有主見的應聲蟲，而是避免成為別人眼裡不合時宜的人。也就是說，聽別人說話時，多點頭，表示你的專注與附和，如果有不同意見，也要先點頭再提出，然後順著對方的思路說出自己的觀點。對於無關緊要的事，不必過於堅持己見，多點頭就可以了。

【宗吾真言】人之所以能夠從世間的萬事萬物中感受到和諧之美，全在於他與別人之間保持適當的距離。而與上司交往更應注意保持心理上的安全距離。

很多人對宗吾說，自己跟上司是多年的老關係，而且整天形影不離，前途已大有保障。宗吾看來，眼下的得意是微不足道的，一點也靠不住。不久之後你可能突然發現，這種表面很近的距離而且很「鐵」的關係其實是很危險的，就像走鋼絲一樣，不跌便罷，一跌下去，那將會是粉身碎骨且毫無清白可言！

一方面，會招來同事的嫉妒。另一方面，其他上司也會認定你是某一上司的親信。也就是說，人人都在用有色眼光看你。就算你偶爾露了幾手，大放異彩，但只要一說起來，大夥第一句話肯定是：「哦，不就是某某手下的那個跟屁蟲嗎？」

同時，只有互不往來的人，才有可能不會有衝突的存在。事實上，只要你與上司相處愈密切，可能愈容易出現意見不合的情況，那麼就愈有可能產生衝突。與上司過度親近由於會碰到很多繁瑣的生活小節，而自己總會有做得不夠圓滿的地方，要知道對於一個人的優點別人也許不會太過留意，但是對於別人的缺點卻印象深刻。因而你一旦有做得不夠完美的地方，這樣只會容易讓你的上司厭倦。

另外，每一個人都不是聖人，都有弱點、有能力不足的時候，在你與上司頻繁的接觸中，你性格上的弱點和能力的不足也被上司早就摸透了。對上司來說，你就像一張透明的底片，一覽無遺地暴露在他的眼皮之下。這樣一來，偷雞不成蝕把米，本想在你上司面前展現自己的才華，反倒弄巧成拙，成了一個不被信任的人。

上司看穿你能力不足而瞧不起你固然不好。但是就算你的能力得到了上司的賞識，那麼帶來更多的是上司把什麼事情都推給你做。麻雀不會學人說話能在天空中自由自在的飛翔，而能學人講話的鸚鵡卻會被人困在籠中欣賞。所以，上司的欣賞可能會讓你困在永遠都忙不完的事務之中，沒有空餘時間做自己想做的事。而且，最遺憾的是，上司認為這是你應該為他服務的，不會有任何感激，就好像主人不會感激奴僕一樣，可謂是吃力不討好。

因此，宗吾認為，只有與上司保持恰當的距離，一段若有若無的距離，你們之間的關係才能永保和諧，四周的人也不會把你當成某一個特定人物的小廝，這樣好處委實無窮。所以就算一時恩寵有加，事事順遂，你也得步步謹慎，保持距離。因為從長遠的眼光看來，這是一條處處充滿危險的羊腸小徑，上司是一個利益和危險的漩渦中心，這就決定了你不能離這個中心太遠，也不能靠得太近。

【宗吾真言】 「馬有失蹄，人有失言」，日常交際中，言語多了難免有失誤的時候，而失言往往又會導致許多衝突發生和激化。可是，一旦失言能否挽回，這就要看你「厚臉心黑」的功力了。

的確，在宗吾看來，「厚臉心黑」段位高的，偶遇失語的困境，也能處變不驚，用厚臉掩蓋內心的秘密；「厚臉心黑」段位低的，只有驚慌失措，陷入尷尬境地，甚至進一步激化衝突。

蘇東坡有一句談論個人修養的名言：「泰山崩於前而心不驚，麋鹿興於左而目不瞬」，這是厚黑大師的素養，也是處世厚黑必備的心理素質。

處變若驚，可能使對手看出破綻，也可能使部屬驚慌失措，人心不齊失去戰鬥力。處變若驚是耐力不強的表現，是底氣不足的象徵，更是厚黑修煉不到家的自然表露。大凡成功的政治家都是能夠處變不驚、氣度從容的人物。

在政治紛爭中鬥智鬥勇，往往別有用心之人會當眾在言語上挑釁讓你難堪，如果你此時不能沉著鎮定處變不驚，那麼稍微出言不慎，便會掉入別人為你設計好的陷阱裡去，如果自己臉紅脖子粗，更會使你自己當眾出醜，名譽掃地。當然，做到這一點是相當不容易的。

首先聽到別人的侮辱時，先沉住氣，厚著臉微笑聽完別人挑釁。在聽的時候一定不要過於激動，而是要冷靜理智地分析他話語中的事情前因後果，掂量輕重。如果說話人的分量重足夠壓得你無法喘氣，例如決定你前途的上司，那麼此時你也只好啞巴吃黃連笑臉以對，而不要用惡毒的言語回敬他的挑釁，甚至解析時也只是用簡潔的語言輕描淡寫，等他氣過之後再作詳細報告；如果分量較輕的人，你也犯不著暴跳如雷大發雷霆之怒，一來這樣降低身分有失風度，二來也容易在旁人面前暴露自己的弱點，如氣量小、心胸窄；至於與自己旗鼓相當的人挑釁自己還是應該保持鎮靜，冷靜分析對方言語的破綻，然後抓住對方的失誤不放，給以反擊。

處變不驚至少可以帶來三個方面的有利戰果：一是迷惑敵人，穩定軍心；二是理清思緒，冷靜處事，防止偏差；三是臨陣不慌，心中自有刀槍。心慌而致亂，心驚多失策。處變不驚可使人們用面不改色心不驚的氣度涵蓋眾多的人與事，及其周圍的一切。內中奧義博大精深，唯有能做到處變不驚的厚黑高手才能真正瞭解和掌握。

【宗吾真言】　友人雷民心，發明了一種最精粹的學說，其言曰：「世間的事，分兩種，一種是做得說不得，一種是說得做不得。」民心這個學說，凡是政治界學術界的人，不可不懸諸座右。

宗吾是想告訴世人，有的事「做得說不得」，而有的事又「說得做不得」，特別是與之打交道的人如果是個「既想當婊子，又要立牌坊」的厚黑高手，就更是如此。因為，他也知道自己的喜好是為人所不齒的，所以你在投其所好時，千萬不要張揚，天知、地知，你知、他知，雙方心領神會即可。換句話說，與這樣的人相處時，當你靠厚黑之道達成了目的，你只要安心地享受成功的果實即可，千萬不可張揚。這就是「做得說不得」。具體運用如下：

第一步，要千方百計打聽到對方「難言之隱」之所在，並把這作為一個好機會加以利用。

光緒六年（西元一八八〇年），慈禧太后染上奇病，御醫日日進診，屢服良藥，竟不見好轉。此時，朝中尤為焦急，遂下詔各省督撫保薦良醫。兩江總督劉坤一薦江南名醫馬培之進京御診。馬培之，字文植，在江南被人譽為「神醫」。

七月底，馬培之千里跋涉抵達京都，即打探西太后之病況。連日訪問同鄉親友，最後還是一位經商的同鄉認識宮中一位太監。從這條黃門捷徑傳出了消息，使馬培之大吃一驚：慈禧太后之病乃是小產的後遺症。慈禧早已寡居多年，何能小產？馬氏吃驚之餘，心中已明白了大半，也自覺心安了許多。

第二步，就是要善做「面子」工作，最關鍵的是這種「塗脂抹粉」一定要自然，不流痕跡。

馬培之在太監的帶引下來到了金碧輝煌、侍衛森嚴的體元殿。西太后先詢問馬氏的籍貫、年庚以及行醫經歷的一些細節。然後由太醫說明聖體病況。當時在場的還有其他京外名醫薛福辰和汪守正等人，於是由薛、汪、馬三醫依次為西太后跪診切脈。診畢，三位名醫又各自開方立案，再呈慈禧太后。只見老佛爺看著薛的方案沉吟不語，再閱汪的方案面色凝重。但當太后看了馬的方案後，神情漸轉祥和，金口出言：「馬文植所擬方案甚佳，抄送軍機及親王府諸大臣。」

眾人聽罷，心中的石頭落地，而馬氏更是歡喜。馬氏在其方案上隻字未敢言及婦產的病機，只作心脾兩虛論治。而在具體藥方上卻是明棧暗度，聲東擊西，用了不少調經活血之藥，此正中慈禧下懷。因為醫生開的藥方要抄送朝中大臣，所以必須既能治好病，又可遮掩私醜、塞住眾口。馬氏的藥方正符合這兩種要求。

厚黑處世八 藏才隱智，逆鱗莫觸

■ 據說在龍的喉部以下一尺的部位上有「逆鱗」，如果不小心觸摸到這一部位，必定會被激怒的龍所殺。因此，人們都會非常小心地不觸摸之。

在中國，有所謂「逆鱗」之說，事實上，無論人格多麼高尚偉大的人，身上都有「逆鱗」存在。所謂「逆鱗」就是我們所說的「痛處」，也就是缺點、自卑感。只要我們不觸及對方的「逆鱗」，就不會惹禍上身，還能平步青雲。

殷紂王不分晝夜地飲酒，白天也閉窗點燭，以日為夜，以致忘記了日期，問一問身邊的侍從，也都喝得稀裡糊塗不知道，便派人去向擔任太師之職的叔父箕子打聽。箕子心想：「身為天下之主和其左右的人都忘記了日期，國家就很危險了。所有的人都不知道而只有我知道，那我也就危險了。」便推辭說自己也喝醉了酒，不知道日期。

這則故事給人的啟示是，無論在什麼問題上都不要表現出自己比上司高明，因為你的高明將會傷害到上司自尊的「逆鱗」，所以有時應該掩藏自己的智慧、遮蔽自己的能力，這樣才可以避免因遭到猜忌而帶來的打擊。

【宗吾真言】　上要尊重上司，下要團結同事。尊重上司是為了能消除與上司間的隔膜得到上司的信任，團結同事是為了有得到大家支持的群眾基礎。所以假如看不起或不尊重上司，這對你來說不僅是做了一件蠢事，甚至還有可能產生致命的後果。要避免這種情況，最簡單的方法就是，把上司的話都當成「聖旨」，無條件地照辦。

在宗吾看來，上司之所以是上司，就是因為他的地位比你高、權力比你大，掌握你的前途和命運。較高的地位和較大的權力決定了他必須享有更高的尊嚴。當這種尊嚴被下屬所漠視時，他就會覺得自己的身分感喪失。因此，在與上司相處時，必須隨時做到尊敬上司，上下分明，絕對不要突破上司心理的安全距離，並且在任何時候都要把上司的話當成「聖旨」，並且必須無條件地遵守和執行。

但是，很多人就有一種喜歡「登鼻子上臉」的毛病，特別是一旦跟上司熟悉之後，而且上司的年紀又和自己差不多的情況下，就會有「這麼做沒什麼關係」這種上下不分的心態，殊不知這樣做很容易讓上司認為「這傢伙是個令人討厭的人」。一旦被烙上這個烙印，那還有什麼好果子吃。

上下分明首先要擺正位置。因為內部的每個人的管轄範圍都有著嚴格的區分，每個人都作風自由思想民主，那麼上面的命令便無法貫徹，也無法形成一個團體，如此一來如何能夠上下一心地完成任務呢？所以為了控制好這個團體，上司的管轄範圍就相當廣了，他能夠左右你的升降去留。正因為上司有這種權力。如果你一旦沒有按照他的意願行事，沒有擺正位置，膽敢跟上司較真，那麼他手中的權力魔杖隨時都會降落在你的頭上，那可真是吃不完兜著走。

其次，上下差別體現在日常的一些看似不起眼的細節當中，例如在走廊與上司迎面相遇時，不妨稍停一下跟上司用禮貌的語言謙虛的態度打個招呼。此外，回答上司的問話時一定要簡潔明瞭。換句話說，絕對不能語意含混地回答「噢」或「嗯」之類拖腔。即使是挨罵，而且明顯是因為上司的誤解批錯了，你也要把臉皮磨得厚厚的，絕對不可忿忿不平地頂嘴。

對上司的尊重，在正式的場合固然要表現，但是就算在你的「領地」裡，你也要將他的地位擺在你之上。比如，有的時候，上司會走到你的桌子前面和你說話，這時你必須要馬上站起來答話；上司來到你的家裡，你言談舉止也要稍加客氣的成分。在這些場合你如果沒有讓上司的自尊得到滿足，他當時也許不會說什麼，但是你那不合時宜的表現已經記在他的帳本上了。

而在其他時間不對的時候，例如你正埋頭努力算帳，完全沒有發現上司過來，等聽到聲音的時候，上司已經站在自己的面前開始問話：

「某公司的應收帳款有多少？」

剛好這時候攤開在你桌子上的正是該公司的應收帳簿，於是你就坐著指著帳簿回答：「從上個月底到現在，一共是多少多少錢。」

這種情況表面看起好像沒有什麼不妥，厚黑大師認為仍然是不對的。正確的做法，應當是當你發現上司出現在自己面前時，你也必須馬上站起來，站著翻閱帳簿答話。

當上司命令你做事時，上司會提出各項說明。這時，千萬不能中途插話打斷上司的講話。因為上司的話只是在說明經過，或許結論並不是你想的那樣。中途插嘴發表意見，除了讓上司認為你輕率之外，還會認為你對他智慧的不信任，也表示對他的不尊重。另外，說到一半就被別人剝奪了闡述自己觀點的權利，這對任何人來說都是感到惱火的，更何況剝奪自己權利的是自己的下屬。

所以，在上司交代工作時只要靜靜地聽，表現出很感興趣和很有耐性，適時地點頭答「是」，表示自己瞭解上司所交代的內容。而且回答要略帶思考稍微遲緩，表示你完全理解了上司的意圖了。反應過快的應答會顯得草率和不穩重，同樣也會失去上司的信任。

上司在說話時，最忌諱的就是以否定的言詞來打斷他，並且說些潑冷水的話，比如：「這恐怕做不到！」「即使調查也沒有用！」「這不是已經做過好幾次了嗎？沒有必要再做了嘛！」這都是很不合時宜的。如果最後上司的意見還是和自己的意見不同，那該如何是好呢？答案很簡單：服從。否則上司會將其視為下屬對他不尊重的一種表現。

【宗吾真言】　對於上司交代的事情，不可處理得過於圓滿而讓上司無可挑剔，這樣的話，上司就沒有機會顯示他比你高明了。如果你表現得過於完美，那麼將使上司感到你有「功高蓋主」的危險，畢竟臥榻之側豈容他人酣睡，所以辦事不妨留點破綻等上司來指點。

據說乾隆非常喜歡談文講史，在刊印二十四史時怕有誤，常親自校勘，每次校勘出一個差錯，就覺得是做了一件了不起的大事，心裡特別痛快。於是，大臣們為了迎合他的心理，就在抄寫給他的書稿中，故意在明顯的地方抄錯幾個字，以便「宸翰勘正」。這實際上是變著法討他高興，從而使自己的高官厚祿猶如常青之樹，而且這樣做比當面奉承效果好得多。

宗吾看來，這種做法在與上司打交道中十分有效。因為上司也是人，也會有正常人的自尊心、虛榮心和好勝心，下屬只能處處討好、奉承，使上司的自尊心得以最大限度地滿足。宗吾認為，要滿足上司的自尊心，關鍵必須抑制你自己的好勝心，成全上司的好勝心。在抑制自己好勝心的時候，一定要不露聲色，做得自然，如果讓上司覺得你做得很造作，那還不如不做。

所以，聰明的下屬，常常不露痕跡故意在明顯的地方留一點瑕疵，讓人一眼就看出他「連這麼簡單的問題都搞錯了。」這樣一來，儘管你出人頭地木秀於林，上司也不會對你敬而遠之，他的風也不會「摧」你，因為當上司一旦發現「原來你也有錯」的時候，反而會失去對你的戒心，更加相信你不會背叛他。

其實，與上司打交道時適當地把自己安置得低一些，就等於把上司抬高了許多。當被人抬舉的時候，誰還有放不下的敵意呢？須知道，只有當他對別人諄諄教導的時候，他的自尊與威信才能很恰當地表現出來，這個時候，他的虛榮心才能得到滿足。

上司交代一件事，你辦得無可挑剔，似乎顯得比上司還高明。你的上司可能就會感到自身的地位岌岌可危，大有擔心別人取而代之的念頭，為了保證位置穩固不受威脅，他那把沒有生銹的槍一定會瞄準出頭之鳥。如果換一種做法，對於上司交代的事，你三兩下就處理完畢，而且留下些紕漏，你的上司會首先對你旺盛的精力感到吃驚，不至於小看你。而因為快，你雖然完成了任務但不一定完美，這時上司會指點一二，從而顯示他的功底高你一籌，感覺到他那老薑還是比你辣，他的價值還是比你高。

這就好比把主席台的中心位置給上司留著，讓他來享受作「最高指示」的尊榮一樣。這樣既滿足了上司的好勝心，又不至於讓上司認為你是扶不起的阿斗。

宗吾看來，才高者必遭眾忌，功高者最易震主。屈原自沉汨羅江，岳飛「精忠報國」而死。這些歷史經驗告訴我們，處理事情不可過分追求完美。偉大的人一般都會喜歡比自己稍微愚鈍的人。特別是在與上司相處中，記住這一點是不會吃虧的。

【宗吾真言】 過分聰明、過分強悍的將領反而是滅家亡國之人。藏才隱智的確不易，即便是拍上司的馬屁，也不能顯得太過聰明了。

宗吾認為，在處世中，下屬與上司打交道最忌諱的一點就是，下屬在上司面前賣弄自己的聰明。雖然說任何一個上司都希望自己的下屬既聰明能幹而且又對自己絕對忠誠，當然如果這三者同時具備，你不會有太大的危險。可是，在實際中一定要拿捏好尺度，既不能愚笨木訥，更不可聰明過頭。因為忠誠是在你的心裡，別人無法看到。在危難的時候你有表現的機會，當然容易展現出你的忠誠讓上司相信。但是更多的時候是波瀾不驚的，你沒有表現忠誠的機會，這時上司只能憑感覺去相信，希望依靠道德防線和他的實力來確保你的忠誠。

但感覺是多變的，現實的利益關係又是複雜的，同時上司為了自我保護，難免會提防各種可能出現的危險。可是當你過於聰明時，會給他造成壓力，使他失去自信感到自卑，覺得自己實力不如你，會根據人往高處走的現實觀點來重新審視你的忠誠。而且為了使自己的地位更加穩固，誰也不會將自己的安全寄託在虛無縹緲的道德防線上。於是，就引起上司對你忠誠的懷疑，認為你是一個潛伏在他身上的毒瘤，埋在他身邊的不定時炸彈，必會產生欲除之而後安的念頭。再者，妒忌之心人皆有之，是人都有人性，是人性都有弱點，上司也是人，所以他也會有妒忌的天性。當身邊出現自己妒忌的對象，肯定是希望他離得愈遠愈好。所以當你展現出過分的聰明時，那麼摧毀你這棵林中秀木的風也就在不遠處了。

另外，如果你「聰明」過度，上司還會覺得在你面前什麼事都隱瞞不住，沒有隱私就沒有自尊！因而會疏遠你。試想，世上之人哪個沒點個人隱私？別說高高在上的上司了，就是普通人又有誰願意把自己的內心世界讓別人完全看透，沒有一點遮掩？

南宋時期的秦檜，可以說得上是一個奸詐的厚黑之人，他有一名下屬，也頗具厚黑之能，為了討好上司，有一次送給秦檜一張名貴的地毯。秦檜把這張地毯往屋裡一鋪，不大不小，剛好合適。秦檜由此想到，這個人太精明了，他連我屋子的大小都已測出來了，還有什麼事情能瞞得了他呢？慣於在背後算計別人的秦檜，怎麼可能容忍別人對自己的心思掌握得如此透徹呢？因此，有了這個想法後，那個「聰明」下屬的命運也就可想而知了。

這種因為聰明過頭而招來橫禍的例子在歷史上比比皆是，如《三國演義》中的「楊修之死」這段故事，也說明了常耍小聰明的惡果，正所謂「聰明反被聰明誤」。應該肯定，楊修是一個絕頂聰明之人，處處都要露一手，而他的聰明卻為他招來了殺身之禍。所謂「恃才放狂」，不顧及別人的感受，不考慮別人厭惡，而這個別人，就是曹操這個同樣聰明過人恃才傲物的頂頭上司。於是，針尖對麥芒，楊修送掉了自己的小命。

楊修智慧超群，卻因處處看穿上司的真實意圖而喪了性命。現實生活中雖然我們也許不至於喪命如此嚴重，但是歷史的教訓則足以說明，上司對下屬的過分聰明是非常反感的，以至於「良弓藏」的有，「走狗烹」的有。作為在上司陰影下生存的下屬，一旦招致上司的反感，那麼在他任上你的位置沒有變化已經是皇恩浩蕩了，更別指望高遷了。

一般的人都會有過這樣的體驗：刀刃鈍的刀子再怎麼用力也切不下去，這是無法改變的事實；而刀刃鋒利的刀子雖然很好切，但一不小心反而容易切傷自己，非得小心不可。推此及彼，在待人處世中最好也不要鋒芒畢露，以免惹火燒身。

功高震主者危，行高舉獨者謗，自古已然。所以如果你以為千方百計顯示自己的才華，便能夠博得上司的好感，那就大錯特錯了。因為你適當地顯示自己的能幹，那表示不愚鈍木訥，那自然沒錯，而你事情做過了頭，就往往走到事物的反面。總之，宗吾認為，在處世中，下屬想在上司面前顯示自己的精明時，應該以不使上司感到過分為標準，絕對不可鋒芒畢露，讓上司感到難堪。

厚黑處世九 居安思危，防患未然

■如果你才華橫溢、聰明睿智，你要有所準備，因為在人們嫉妒你時，他們一定會在你前進的道路設下路障。

凡是招人嫉妒之人所犯的錯誤往往在於他們沒有掩飾卓越的才能和優越的地位，更有一些自以為是的人反而故意賣弄自己的才能和地位：他們表現自己多才多藝，有權有勢，以為這樣可以讓別人印象深刻而贏得尊重。事實上恰好相反，他們的行動為自己製造出很多潛伏的敵人。因為他們令別人覺得己不如人而生紅眼病，將別人在自己面前的炫耀看成是一種侮辱和不尊重，於是盡一切努力將之毀滅。所以，宗吾認為，最好還是提前築好防護牆，防患於未然。如果你真是才華橫溢、聰明睿智之人，還是建議你在平時守拙為好，在關鍵時刻再施展出來。

【宗吾真言】 敵意是一點一點增加的，當然也可以一點一點化解。中國有句老話：冤家宜解不宜結。相見就是緣分，既然同在一起謀生，抬頭不見低頭見，還是少樹對立面少招來敵意對自己有利。

宗吾認為，人與人之間，或許會有不共戴天之仇，但在同事之間，仇恨一般不至於達到如此地步。只要衝突並沒有發展到你死我活的境況，總是需要化解的。否則，眾人拾柴火焰高，千夫人口水足以將你淹沒。如果大家都對你充滿敵意，那麼在這個需要彼此配合才能完成工作的社會中，你將會寸步難行，一無所得。

你可能曾經有過這樣的經歷，本來與你關係最密切的搭檔，不知為何突然變得對你充滿敵意。他不但對你冷漠如冰，有時甚至你主動跟他說話，他也不理不睬。

可是，你究竟在什麼時候得罪了對方？連你自己也是丈二金剛摸不著頭腦。直到有一天，你實在按捺不住了，索性拉著對方問：「我究竟什麼地方做得不妥呢？」但對方只冷冷地回答：「沒有什麼不妥。」雙方的關係僵到了這個地步，如何是好。

別急，有《厚黑學》指導，沒有什麼人際關係難題不能迎刃而解。這時你就厚著臉皮再纏下去，既然他說沒有不妥，那你就趁機說：「真高興你親口告訴我沒事，因為萬一我有做得不對的地方，我樂意道歉。我很珍惜彼此的合作關係，今天中午我們一起吃飯好嗎？」

這樣，就可逼他也面對現實而表態。要是一切如他所言真的沒事，共進午餐是很禮貌的行為。或者，邀他與你一起喝下午茶。在你離開辦公室時碰上他後，開心地跟他天南地北神侃一番。總之，把自己的不滿藏起來，發揮厚臉的精神，盡量增加與他聯絡感情的機會，善意地交談，對方怎有拒絕的餘地，伸手不打笑臉人嘛！

這樣，就會化同事的不滿為友誼，也使你在前進的路上少了一面牆，甚至有可能使你多了一個支持者。

另外，假如你另有高就，準備遞交辭呈，肯定心裡會想：那幾個平時對我落難幸災樂禍的同事，十分讓人討厭。如果趁此時，趁機向老闆告他一狀，豈不樂哉？如果你想這樣做，奉勸你要三思而後行！因為世事難料，山不轉路轉，說不定今天被你告狀的同事，明天也會成為你新公司的同事，你將如何面對他？這豈非陷自己於危險境地？要是對方的職位比你高就更加不妙，所以何必自設絆腳石呢？倒不如把自己的不滿藏起來，給自己留條後路，日後亦好相見。況且說不定哪天你還會需要他幫忙，這又何苦給自己斷後路，使世上多了一個與自己作對的人。

最好的辦法就是留下一個良好的形象，不要做「小人」，所謂「少一個敵人就等於多一個朋友」，開開心心地去履行新職，又與舊公司保持良好關係，才是上上之策。

之所以強調「不輕易」得罪人，當然也是有道理的。當事有不可忍時，當正義公理不能伸張時，還是要有雷霆之怒的，否則就是非不分，黑白不明了。這種雷霆之怒的得罪固然有可能為自己堵住一條去路，但相信會開出更多的康莊大道。除了這一點，還是不得罪人好。

當然，在工作中，誰也難免會與別人發生一些不愉快的事情，產生一些摩擦和碰撞，引起衝突。這時候，如果處置不當，就會加寬裂痕，陷入困境，甚至導致雙方關係的徹底破裂。特別是與上司發生衝突，問題就更複雜了。善於給自己留後路的人都懂得「冤家宜解不宜結」的道理。

但是話又說回來，如果偏偏遇到的是位不近情理、心胸狹窄、蠻橫霸道的上司，大搞順者昌逆者亡，把下屬的頂撞視為大逆不道，必欲將其置之於死地時，處於如此環境、如此高壓之下時，就沒什麼值得留戀的了。

【宗吾真言】求生存者是人之天性也，人不自私，天誅地滅。與其陪著沒救之人白白送死，倒不如明珠投明，畢竟「好死不如賴活著」。而且自身就才華橫溢的「明主」，只會用你的「智」，不會嫉你的「才」。

中國自古就有「忠臣不事二主，好女不嫁二夫」的說法，似乎只有這樣做才算是忠臣烈女，陪著昏庸無能的皇帝送死的大有人在。然而，宗吾卻認為：與其陪著沒救之人白白送死，倒不如另投明主。

為什麼這樣說呢？宗吾認為：「依宋儒之意，孩提愛親，是性命之正，少壯好色，是形氣之私。此等說法，真是穿鑿附會。其實孩提愛親，非愛親也，愛其飲我食我也。孩子生下地，即交乳母撫養，則只愛乳母不愛生母，是其明證。愛乳母，與慕少艾，慕妻子，其心理原是一貫的，無非是為我而已。為我是人類天然現象，不能說他是善，也不能說他是惡，故告子性無善無不善之說，最為合理。告子曰：『食色性也。』孩提愛親者，食也，少壯慕少艾慕妻子者，色也。食、色為人類生存所必需，求生存者，人類之天性也。故告子又曰：『生之謂性』。」

宗吾的意思是說，行厚黑是人的本性使然，自私則是人的本性之一。所以，行厚黑的人絕對要先從自己考慮，絕對不會扭曲自己的本性。據此，處世厚黑之術認為：要行「厚黑之道」就必須徹底，否則就不如不做。

宗吾認為，要選擇「明主」，就要選擇正處於事業上升階段的人，以保障前程的光明。

馮道生於唐中和二年（西元八八二年）的一個小康之家。唐朝末年，軍閥割據，戰亂頻繁，李克用割據晉陽，獨霸一方。李克用是一個有著雄才大略之人，其子李存勖在滅梁以前，也還是頗有作為的。大概是馮道看到了這一點，才投奔李存勖，以圖求得似錦前程。在這以前，馮道先在離家鄉較近的幽州做小吏，當時，幽州軍閥劉守光十分兇殘，殺人成性，對於屬下，也是一言不合，即加誅戮，甚至殺了之後，還叫人「割其肉而生啖之」。馮道與這樣的人相處，自然是很危險的。一次，劉守光要攻打易、定二州，馮道卻敢勸阻，結果惹怒了劉守光，幾乎被殺死，經人說情，被押在獄中。由此可見，當時的馮道還是較正直的。馮道經人說明，逃出牢獄，投奔太原，投在晉大將張承業的門下，經張承業的推薦，馮道成為李存勖的親信。從此，馮道踏上了仕途坦路，也是他厚黑處世一生的開始。

馮道起初擔任晉王府中的書記，負責起草收發各種政令文告、軍事信函。不久，李存勖看到朱溫建立的後梁政權十分腐敗，就準備滅掉後梁。李存勖滅掉後梁以後，只重視那些名門貴族出身的人，對馮道這樣沒有「來歷」的人，並不重用。直到莊宗李存勖被殺，李嗣源即位，是為後唐明宗，馮道才被召回。明宗鑑於前朝教訓，重用有文才之人，以文治國，馮道真正發跡，被任命為相。

後唐明宗去世以後，他的兒子李從厚即位。李從厚即位不到四個月，同宗李從珂即興兵來伐，要奪取帝位，李從厚得到消息後，連臣下也來不及告知，就慌忙跑到姑夫石敬瑭的軍中。第二天早上，馮道及諸大臣來到朝堂，找不到皇帝，才知道李從珂兵變，並率兵往京城趕來。馮道這時一反常態，極出人意料。他本是明宗一手提拔，從寒微之族被任命為宰相的，按理說，此時正是他報答明宗大恩的時候，況且李從珂起兵實屬大逆不道。但馮道所想的是李從珂擁有大軍，且性格剛愎，而李從厚不過是個孩子，即位以來尚未掌握實權，為人又過於寬和優柔，權衡了利弊之後，他決定率領百官迎接李從珂。

就這樣，馮道由前朝的元老重臣搖身一變，又成了新朝的開國元勳。只是李從珂對他實在不放心，不敢委以重任，把他放到外地任官，後來又覺得過意不去，才把他調回京中，給了他一個沒有實權的司空之職。

不久，石敬瑭與李從珂發生衝突，在契丹人的支持下，石敬瑭打敗了李從珂，做了中國歷史上臭名昭著的「兒皇帝」。他以恢復明宗為號召，把原來明宗的官吏大多復了職，馮道也被復了職，石敬瑭對他既往不咎，馮道仍是高官得做。

宗吾看來，馮道的厚黑功力，深不可測，五代時期的政權更迭如走馬燈一般，而他卻始終位極人臣，其為人處世之成功，可見一斑。

第二篇 臥薪嘗膽為出頭

◆朱子曰：「老氏之學最忍。」

他以一個忍字，總括厚黑二者。忍於己之謂厚，忍於人之謂黑。會稽之敗，勾踐自請身為吳王之臣，妻入吳宮為妾，這是厚字訣。後來舉兵破吳，夫差遣人痛哭乞情，甘願身為臣，妻為妾，勾踐毫不鬆手，非把夫差置之死地不可，這是黑字訣。

由此可見，善忍者，行事如彈簧，壓發之間的距離愈長，匯聚的能量愈大；忍與發、進與退之間的距離愈大，本領也愈大，成就也愈大。

厚黑處世十 忍辱負重，屈伸隨心

■忍辱負重能使弱者變為強者，能使失敗轉入成功。敗不餒，勝不驕的本質是戰勝自己。一旦到了頂峰，也不會飄飄然；一旦跌倒了，也絕不氣餒。

世人都說：「大丈夫能屈能伸！」宗吾看來，這實不容易，現實中很難找到幾人能真正做到「能屈能伸」。有些人，一遇挫折，就會心灰意冷，一蹶不振，爬著過完自己的餘生，甚至結束自己寶貴的生命。敗不餒，勝不驕的本質是戰勝自己，樹立堅強信心的實質也是戰勝自己。如果，一遇逆境就沒了鬥志，無法勝己，談何勝人。

而成就非凡的歷史人物都是這方面的高手，他們只要有一口氣在，就不會失去信心。因此，他們也就特別地珍惜生命。當他們跌至生活和事業的最低谷時，儘管有一時的痛苦和艱難的適應，但不會消極厭世，不會自暴自棄，而是認真反省以往的經驗教訓，冷靜觀察，立足現實，積極尋找重新崛起的機會和途徑。而這種人，一旦到了頂峰，也不會飄飄然；一旦跌倒了，也絕不氣餒。

【宗吾真言】水性至柔，然而，一點一滴的水積聚起來，則就大不一樣了，關鍵時刻，如猛獸一般衝破「牢籠」，勢不可擋。「厚黑處世」要求大家有為水的精神，此所謂至柔者，至剛也。

在宗吾看來，歷史已無數次證明了，忍辱負重能使弱者變為強者，能使失敗轉入成功。「苦心人，天不負，臥薪嘗膽，三千越甲可吞吳」，這其中「臥薪嘗膽」的歷史故事，在我們建功立業路上留下的啟示可謂良多。

吳國和越國都是春秋時代江浙一帶的諸侯小國，兩地緊緊相鄰，因彼此都想消滅對方，故而成了宿敵。勾踐三年，兩國交戰，吳王夫差的力量明顯勝過越王勾踐。勾踐的數萬部隊被吳王夫差消滅，最後只剩下五千人，被吳王夫差的大部隊圍困在會稽。勾踐被迫求和，到吳國去服侍吳王。然而，沒頂之災與奇恥大辱並沒有泯滅勾踐東山再起的雄心壯志。如果此時勾踐變得心灰意冷，那他在歷史上的英明也就無從談起了。

勾踐夫婦來到了姑蘇，吳王夫差就讓他們住在闔閭墳墓旁邊的一間石頭屋子裡，為吳王養馬。夫差每次乘車出去，也總是讓勾踐為他拉馬。堂堂一國之君的勾踐，在吳國所受的恥辱，那是可想而知的。

有一次，勾踐聽說夫差病了，就說要來看望他。夫差聽到勾踐這樣惦記自己，就答應了他。勾踐進了夫差的房間時，正趕上夫差要大便，勾踐就迅速過去攙扶。夫差叫勾踐出去，勾踐說：「父親有病，做兒子的應當服侍，大王有病，做臣子的也應該服侍。再說，我還有點小經驗，看看大王拉的屎，就知道大王的病是輕還是重。」夫差被說得心花怒放，就沒有退卻勾踐的盛情。夫差拉完屎，勾踐扶著他上床躺好後，又去掀開馬桶蓋看了看，嗅嗅氣味，並親口嘗嘗味道，然後向夫差磕頭說：「恭喜大王！大王的病已經沒有什麼大礙了，再過幾天，就能完全康復了。」夫差問他：「你怎麼知道的？」勾踐說：「剛才我嘗了大王糞便的味道，又苦又澀，知道那是肚裡的毒氣散發出來的原因。毒氣散完，病自然很快就好。」

由於勾踐處處小心服侍吳王，所以三年之後深受感動的夫差大動惻隱之心，將之放回了越國。

勾踐回到國都會稽後，不近女色，不觀歌舞，愛撫群臣，教養百姓。靠自己耕種吃飯，靠妻子織布穿衣，不吃山珍海味，不穿綾羅綢緞。為了不忘國恥，他每天都不睡龍床錦被，而是睡在鋪滿柴草的木板上；還在自己的座位頭上懸掛一枚苦膽，無論坐臥或是飲食，他都先行嘗嘗膽的苦味，問自己說：「你忘記了會稽之恥嗎？」

整整過了二十二年「臥薪嘗膽」非人所能的忍耐日子，越國的國力軍力終於強壯起來，越王終於「堅忍」成事，一舉攻下吳國，成為春秋時有名的霸王。夫差哭泣求降，乞求越王勾踐效仿當年，接受他的投降求和。但此時的勾踐已經清楚一個人在忍耐中所爆發出來的力量是無窮的，雖吳王已耄耋老矣，但是他的忍耐也許足以會使他再次嘗到會稽之恥，於是不接受投降。夫差羞愧難當，唯向天長嘯，拔劍自刎。

宗吾對越王勾踐的忍耐佩服異常，在其著作中亦多次提到，但每每玩味，都有新的感悟。我們也應該知道忍是一種能力，是善於把尖銳的思想感情含蓄起來的本領，行人所不能行，是成人所不能成之事的首要條件。是一種以退為進的行動策略，也是一種積蓄力量、待機而發的戰略戰術。既然如此，忍常常也是一種韜略。

聖人韜光，能者晦跡，收斂鋒芒，隱藏才能，這一直是成大事者的必定策略。《忍經》中說：不能忍受挫折，不是害了別人，就是害了自己。所以我們在日常生活中碰到受氣之事時，不如忍耐下來，慢慢觀察勝敗，千萬不能憑自己一時意氣用事，讓別人把自己連同自己東山再起的機會一併毀滅，那才是真正的沒柴燒了。

【宗吾真言】在遇到失敗時，一定要臉皮厚不要覺得丟人，沉得住氣，留好捲土重來的資本，不可沽名學霸王烏江自刎斷送一切機會。留住三寸氣，何愁翻身沒機會。

宗吾深研了三國、漢朝等各類人物的命運之後，總結出厚黑學，以圖對現世的意志薄弱者發揮振聾發聵的作用。這裡，宗吾藉劉邦與項羽的故事，來說明面對失敗時要厚臉皮的真諦。

漢朝的開國皇帝漢高祖劉邦，在與西楚霸王項羽爭奪天下的「楚漢戰爭」之中，有一次被項羽的隊伍圍困在成皋（今屬河南）。劉邦自知不敵，便龜縮於城內，項羽命令自己的士兵組成輪番咒罵隊，以一百人為一隊，共同唱些低下的諷刺歌謠，比如說：「詐狗最是惡，靜臥聲不作。等你近前時，咬住你腳脖……」誰知劉邦卻厚著臉皮不答不理，仍縮在成皋城裡不露面。

在這期間，劉邦積極運用「許願」的拉攏策略聯絡各地的諸侯，並迅速調集遠在外地的起義大軍，讓他們趕來成皋集結解圍。所謂「重賞之下必有勇夫」，在劉邦許諾懸賞的引誘之下，包括韓信、吳芮、英布等在內的諸侯將領，各率起義隊伍奔赴成皋，使項羽圍殲劉邦的計畫落了空。

後來，劉邦又借助諸侯和其他起義大軍的協助，終於將項羽圍困在垓下。垓下在今安徽省宿縣地區的靈璧縣東，垓下的古語原意就是「高不可越的懸崖絕壁」。

項羽紮營垓下，不久糧盡無援，夜裡突聞歌聲陡起，綿綿不絕，乃是劉邦的漢軍中齊唱楚歌。項羽本就是西楚霸王，他的根據地就是楚國的城池，他聞聽楚歌後一驚說：「咦？難道漢軍已盡奪楚地，不然為何四面楚歌？定是圍我楚王者，盡是楚人也。」

其實這是劉邦聽從謀士張良的妙計，故意大唱楚歌以震懾項羽的心扉，瓦解楚軍的鬥志，這便是成語「四面楚歌」的由來。

於是，才有了後來的「無顏見江東父老」於烏江自刎的悲劇。

宗吾認為，項羽雖有力拔山蓋世之雄，叱吒風雲，千人皆廢，但最後仍身死東城，為天下所恥笑。垓下之敗，如果渡過烏江，捲土重來，尚不知「鹿死誰手」？他偏偏說：「籍與江東子弟八千人渡江而西，今無一人還，縱江東父兄憐而王我，我何面目見之？縱彼不言，籍獨不愧於心乎？」這些話，真是大錯而特錯！他一則曰：「無面見人」，再則曰：「有愧於心」，究竟敵人的「臉」是如何做起的，敵人的「心」是如何生起的？也不略加考察，反說：「此天亡我，非戰之罪。」恐怕上天亦不能任咎。

厚黑處世十一 箭欲遠發，必拉強弓

■「退一步，海闊天空」，暫時的屈節讓步，往往是贏得對手的高抬貴手，保存著讓自己走向強盛的機會，再反過來使對手屈服的一條妙計！

宗吾認為，處世有時一定要厚臉讓步，退一步將為進一步蓄積好力量，做好準備，更有利於前進；立身以抱寬厚臉態度為福氣，利人實質上是利己的根基。俗話說得好，進一步懸崖萬丈，退一步海闊天空。在事理面前，要沉著冷靜，多思考幾分，不要魯莽意氣用事，不要過分計較眼前的得失，這是行厚黑之道的一種精神。在生活中，要處處表現出寬厚，一切先讓步，使別人得利，使別人邀功。然後利用人性的報答或者同情的心理再為自己謀求更大的回報，在此，一定要先分析清楚自己有沒有獲得回報的機會，要是別人連本帶利一併拿走，碰到那種賠了夫人又折兵的情況還是黑下心子為妙。另外，有時你厚著臉皮，還有可能贏得地利人和，這會為你以後的行為披上一層道德麗衣。

【宗吾真言】行走世間，人人都有做大事、獲大利、成大器的想法。但是這些不可能是一蹴而就，在實現的過程中有時要善於迂迴前進，應知凡事均有長有短、有失有得。須懂得吃虧是一種謀略，吃小虧正是為了得大利。

宗吾認為，吃小虧不是件壞事，這樣可以換得更大的贏利機會。對於厚黑處世來講，吃虧其實是一種謀略，吃虧的目的在於佔便宜，不計較眼前的得失，是為了著眼於更大的目標。

唐代祭賢人竇公善於經營家業，但是財力上很困難。他在京城內有一塊空地，與大宦官的地段相鄰，宦官看中了這塊地。這塊地僅值五、六百輯（古代一千文為一輯），竇公便決定把地奉獻給大宦官，根本沒有提出價錢。在討得宦官十分歡喜之後，他就藉故說打算去江淮，希望得到兩、三封給神策軍中護軍（由宦官擔任）的信，那宦官看在那塊地的份上，幫他寫了信，竇公藉著這些信共獲利三千輯，從此他的事業便發達起來。

南宋時，岳飛的部將董先奉命去迎擊南侵的金兵。金兵有上萬人，而岳家軍則只有幾千人。怎樣以寡擊眾，以少勝多呢？董先想出一條妙計。他首先縱兵深入，但一與金兵交鋒便全身而退，一日退百里，連退三日，手下的兵士愈退愈少。有些部將極不滿意，說與其現在接連退卻，還不如先前戰死疆場。一直到第三天，董先眼見大家的憤慨之情都已被激發起來，這才告訴大家到了拚死作戰的時候。於是，全軍上下齊心協力，一鼓作氣打反擊戰，迫使敵人節節後退。當潰不成軍的金兵退到唐州的牛蹄、白石二地的時候，正想放下兵器吃飯，誰知董先在兩天前縱兵深入時，埋伏在此地的軍隊猛地掩殺過來，使得金軍落荒而逃。

在宗吾看來，人生與戰場和商場沒有任何區分，其中道理是相通的：勝利與失敗是相互依存、相互轉化的，不計眼前得失，先吃小虧，然後等待時機，最後終能反敗為勝，成為最後的勝利者。

【宗吾真言】大處著眼，成就大事；抓大放小，不斤斤計較；要有大度量、大手筆，但如何去衡量何為「大」，何為「小」呢？這就需要琢磨你得到的回報與付出是否相稱了，倘若成正比，臉再厚心再黑也在所不辭。

宗吾認為，厚黑處世全靠膽氣，有非常之捨，才能有非常之得。

戰國「四公子」之一的齊國孟嘗君田文，門下的一名食客與他的愛姬私通。有人知道後，勸孟嘗君殺了此人。孟嘗君聽後笑著說：「愛美之心人皆有之，異性相見，互相悅其貌，這是人之常情呀！此事以後不要再提了。」孟嘗君的臉可謂厚矣，連自己被戴綠帽都不在乎。但是反過來，如果他的臉不厚，又何來賢明之稱呢？為了維持地位，他必須透過賢明這塊招牌來拉攏更多的仁人志士，否則他也不過是一個普通的王孫貴族罷了。但是賢明必須透過不斷的吃虧來換得，而人是有感情的動物，特別是所謂的仁人志士，更有「士為知己者死」的情結，因而孟嘗君這種人的回報亦非常豐厚。

一年後，孟嘗君特意將那個門客召來，對他說：「你與我相交已非一日，但沒有能封到大官，而給你小官你又不要。我與衛國國君的關係甚篤，現在，我給你足夠的車、馬、布帛、珍玩，希望你從此以後，能跟隨衛國國君認真辦事。」

那個門客到了衛國後，衛國國君見是老朋友孟嘗君舉薦過來的人物，也就對他十分器重。沒過多久，齊國和衛國關係開始惡化，衛國國君想聯合天下諸侯軍隊共同攻打齊國。那個門客聽到這一消息後，忙對衛國國君說：「孟嘗君寬仁大德，不計臣過。我也曾聽說過齊、衛兩國先君曾經刑馬殺羊，歃血為盟，相約齊、衛後世永無攻伐。現在，國君要聯合天下之兵以攻齊，是有悖先王之約而欺孟嘗君啊！希望國君您能放棄攻打齊國的主張。如果國君不聽我的勸告，認為我是一個不仁不義之人，那我立時撞死在國君面前。」一句話剛說完，那個門客就準備自戕。衛國國君上前將之制止，並答應不再聯合諸侯軍隊攻打齊國了。就這樣，齊國避免了一場災難。

五代時，梁朝的葛周曾與他所寵愛的美姬一道飲酒作樂，有個在葛周身邊擔任侍衛的小兵，一直目不轉睛地盯著那個美姬，乃至於葛周問他話時，都忘記了回答。這個小侍衛也覺自己失態了，十分惶恐，害怕葛周懲罰他。葛周見了，並沒有說什麼，只是慈善地向他笑了笑，並還讓自己寵愛的美姬親斟一杯酒賜給了那個小侍衛，意思是讓他壓壓驚。

後來，葛周與後唐的軍隊交戰，戰事屢屢失利。葛周就大聲呼喊那個小侍衛，命他前去迎敵。小兵見這正是報效主子的機會，就奮不顧身，衝鋒陷陣，擊退了敵人的一次次進攻，並生擒了一名敵人的小頭目。戰鬥結束後，葛周覺得因沒有責怪下屬色眼看愛妾，所獲得的回報如此之大，只要自己臉皮夠厚就能得到別人死心塌地地為自己著想，於是就將那個自己寵愛的美姬賜給了那個小兵做妻子。

宗吾認為，一般人看來，孟嘗君與葛周所為太不「男人」，但是其實在宗吾看來，他們是真正的男人，他們厚面皮的非常之「捨」，都得到了豐厚的回報。我們一般人面皮都太薄，容不得下屬對自己的不尊敬，容不得下屬的敵意，更有甚者，容不得下屬的不同意見，這樣的人，身邊是不會有「效忠者」支持的，更不會有人為你死心塌地地賣命。其結果是，當你一帆風順無限風光的時候，你的下屬自然對你唯命是從，表面上不敢有半點怨言。但是當你一旦落魄之際，那些平時唯唯諾諾的下屬首先會落井下石，從內部向你發起進攻，不要抱有「同舟共濟」、「共度難關」的幻想。盛時為衰時計，平時不妨臉厚一點，胸懷廣一點，對你的下屬寬容一點，別把你那塊收攏人心的賢明招牌砸碎。

厚黑處世十二 耐心等待，時機必現

■要敢於隱忍，善於隱忍。肯於為「孫」者，定是做「爺」人。不喪失一切可能的機會、並把握火候進行反擊，是衡量厚黑處世之「忍功」大小高低的標誌。

耐心等待是制勝一大法寶，其成功率可列謀事之首。問題是在等待過程中，要學會當孫子。人們都不願當孫子，而想高高在上萬人簇擁。辯證唯物主義告訴我們事情的發展是需要過程的，任何人的實力都有一個從小到大由強到弱的過程，小且弱稱「孫子」，此為世間定論也，否則，無論你以何種方式，不忍耐都是沒有機會變大變強。即使再聰明的人，為了在自己的圈子中脫穎而出或擊斃比自己強的對手都要善於隱忍，等待時機。忍耐是一種厚黑式的做人態度，首先臉皮夠厚能承受得住壓力，其次是心夠黑，知道忍耐是為了伺機打敗對手，然後做「爺」。「忍」是為了「發」。忍而不發，是窩囊；忍而早發，是輕率。

【宗吾真言】 在時機不成熟時，大家都知道要隱忍，這個道理很簡單。可是要隱忍得不露痕跡，卻不是人人都能做得到的。如果別人都看得出你在有意地「忍」以圖等時機成熟時「出手」，那麼再周密的構想都會提前被人扼殺在搖籃之中。

宗吾認為，「隱忍」非常人所能做到，隱忍而不露痕跡，實屬不易。如果身居高位，還懂得「隱忍」，就更是難上加難。宋文帝初即君位之時，強臣環逼，稍處置不當，立有性命之虞。只不過，他技高一籌，隱忍之術爐火純青。

南朝劉宋王朝的開國皇帝宋武帝劉裕，臨終前託孤給司空徐羨之、中書令傅亮、領軍將軍謝晦、鎮北將軍檀道濟。劉裕死後，其長子劉義符即皇帝位。劉義符坐上皇位後，行為荒誕得令人啼笑皆非。徐羨之在劉義符即位兩年後，準備廢掉他。

要廢掉劉義符，就得有人來接替。順序該是劉義真，但劉義真和謝靈運等人交好，謝靈運則是徐羨之的政敵。為此，徐羨之等人挖空心思，先藉劉義符的手，將劉義真廢為庶人。接著，徐羨之、傅亮、謝晦、檀道濟、王弘五人合力，發動武裝政變，廢掉了劉義符，以皇太后的名義貶劉義符為營陽王。更糟糕的是，還沒等新皇帝即位，徐羨之和謝晦竟然謀劃分別將劉義符、劉義真先後殺死。

他們擁立的新皇帝是劉義隆，即宋文帝。哪想劉義隆精通厚黑之道，他先升徐羨之等人的官，徐羨之進位司徒；王弘進位司空；傅亮加「開府儀同三司」，即享受和徐羨之、王弘相同的待遇；謝晦進號衛將軍；檀道濟進號征北將軍。

接著，劉義隆不動聲色地安排了自己的親信，官位雖不高，但侍中、將軍、領將軍等要職都由他的親信充任，從而穩定自己皇帝的地位。

第二年，即宋文帝元亮二年（西元四二五年）正月，徐羨之、傅亮上表歸政，即將朝政大事交由宋文帝劉義隆處理。當初發動政變的五個人中，王弘一直表示自己沒有資格做司空，推讓了一年時間，劉義隆才准許他不做司空，只做車騎大將軍、開府儀同三司。

直到這一年年底，宋文帝劉義隆才準備出手剷除徐羨之等人。宋文帝元嘉三年（西元四二六年）正月初八，劉義隆在準備就緒後，發佈詔書，治徐羨之、傅亮弒兩位皇兄之罪。同時宣佈對付可能叛亂的謝晦的軍事措施。就在這一天，徐羨之逃到建康城外二十里一處叫新林的地方，在一陶窯中自縊而死。傅亮也被捉住殺死。謝晦舉兵造反，先小勝而後大敗，逃亡路上被活捉之後殺死。

宗吾認為，劉義隆由藩王而進京做上皇帝，由有名位無實權到名副其實的皇帝，最後順利除掉弒「二王」的一夥權臣，靠的就是「隱忍」二字。可見，在條件不成熟時，厚黑行世者一定要懂得「隱忍」，透過耐心的等待和暗中的謀劃，使實力的天平最終向自己一方傾斜。其實像這樣的例子歷史上很多，在康熙帝尚未誅除鰲拜之前，一面受氣一面委以朝政大權並封之高爵厚祿，在嘉慶帝尚未掌握實權時凡事都向和珅請教。但是他們一旦反擊，則以迅雷不及掩耳之勢，使對手身首異處株連九族。

【宗吾真言】「大賢虎變愚不測，當年頗似尋常人。」時機不成熟時，要有很大的忍耐心；時機成熟時，便要不擇手段地去爭。可見，等待時機之日，不能順其自然，要能夠捕捉時機，甚至創造機會。

宗吾認為，不喪失一切可能的機會、把握火候，是衡量厚黑處世之「忍功」大小高低的標誌。北齊開國皇帝高洋在未發跡前的表現，充分體現了野心家的「風采」。

北齊政權的基業是由大將軍高歡開創的。高歡死後，長子高澄繼承爵位。高澄心狠手辣，猜忌刻薄，上無禮君之義，下無愛弟之情。高歡次子高洋當時十八歲，通曉政事，開始走上了政治舞台，對高澄的地位構成威脅。如果此時高洋精明強幹、才華外露的話，必然受到乃兄的猜忌防範。

於是，高洋「深自晦匿，言不出口，常自貶退。與澄言無不順從」，給人一種軟弱無能的印象，高澄有些瞧不起他，常對人說：「這樣的人也能得到富貴，相書的準確還怎麼能解釋呢？」

高洋妻子李氏貌美，高洋為妻子購買首飾服玩，稍有好一點的，高澄就派人去要，李氏很生氣，不願意給，高洋卻說：「這些東西並不難求，兄長要怎能不給呢？」

每次退朝還宅，高洋就關上宅院之門，深居獨坐，對妻子亦很少言談，竟能終日不發一言。高興時，竟光著腳奔跑跳躍，李氏看到不禁詫異地問他在做什麼，高洋則笑著說：「沒什麼事，只是逗著妳玩的！」其實他如此跑跳，意在徹底使政敵放鬆對自己的警惕，一個經常在家逗妻子玩的人能有什麼大志呢？正因如此，高澄及文武公卿等都把高洋看成一個癡人，絲毫沒有放在眼中。

東魏武定七年（西元五四九年），大將軍高澄被膳奴蘭

京所殺。當時事起倉促，高府內外十分震驚。高洋卻神色不變，毫不驚慌，調集家中所有的武裝力量前去討賊。由於他部署得當，有條不紊，片刻之間便將膳奴蘭京的進犯平定了下去。

隨後，高洋就在其兄府中辦公，對外只說膳奴造反，大將軍受傷，但傷勢不重，不准走漏任何消息。高歡的許多宿將都忠心力保高氏，當時只以為是高澄的屬意而未注意到高洋。所以，高洋的這些應急措施實行起來毫無阻力。外人都不知高澄已死，所以馬上就穩住了局面。

高洋直接控制了高澄的府第和在鄴都的軍事力量後，當夜又召大將軍都護太原唐巴，命他分派部署軍隊，迅速控制各要害部門和鎮守四方。高澄的宿將故吏都傾心佩服高洋的處事果斷和用人得當，人心大悅，真心擁護並輔佐高洋。半年後，高洋於梁簡文帝大寶元年（西元五五年）五月代東魏自立，建立了北齊政權。

宗吾看來，「阮籍猖狂，豈效窮途之哭」，高洋的「裝傻」其實是醉翁之意不在酒。但是如果高洋在高澄被殺的緊急時刻，繼續「裝傻」，可能就會失去這次天賜良機。但是，高洋果斷地抓住了這次機會，一舉成就了霸業。這種在被動或主動的情勢中都自覺使用「以退為進」的策略，確實是高明的厚黑處世之道。

厚黑處世十三　冷眼觀世，毀譽由人

■追求自己的遠大抱負，不能顧忌世人的風言風語，要懂得用厚黑之道保護自己。對於世間毀譽，不妨無動於衷，不論呼牛喚馬，只管若無其事地點頭。

「木秀於林，風必摧之；堆出於岸，流必湍之；行高於人，眾必非之。」俗話說：「槍打出頭鳥」，「出頭的椽子先爛」。所以，一些打算厚黑處世之人，便行事低調，講求韜晦。可是，這是只知其一，不知其二。一味低調，只能戰戰兢兢，縮手縮腳。如此行世，必然不能盡情施展抱負。宗吾認為，若想有大作為，就要有嘗盡世間酸甜苦辣的膽魄，不管人情冷暖、世態炎涼，都懶得睜眼過問其中是非，像一個看透了人情世故的人。對於自己心中的真實打算在表面上加以掩飾之後，儘管放開手腳去做，不必在乎他人的冷嘲熱諷和背地使鬼。隨著你的厚黑功夫的增強，進入你耳朵裡的非議自會愈來愈少，而讚譽之聲日盛。但是要注意一點就是你內心的真實想法一定不要表露出來，要掩蓋得嚴嚴實實，否則會導致落入「群起而攻」的局面。

【宗吾真言】即使你地位再高，總有人想拉你下馬，包括你身邊的某些或某個人。你只要有絲毫的鬆懈，就可能被抓住破綻，就會前功盡棄。因此，必須拿起「厚黑」做盾牌。

人要有遠大的抱負，方能不至於行屍走肉碌碌無為。宗吾認為，追求自己的遠大抱負，不能顧忌世人的風言風語，要懂得用厚黑之道保護自己，否則就難免會在你成事的路上出現太多的羈絆。事實上，歷史上的成名人物也都是沿著這樣的路子成功的。

吳起是衛國人，家中極為富裕，但卻不是貴族。那個時候，非貴族不能入仕。於是，他不惜花費重金，可是，累萬家產消耗殆盡，卻一官半職未能到手。一些人嘲笑他，甚至於有人欺負他。吳起一怒之下殺了欺負他的人，逃到外地。

吳起逃到魯國，拜見孔子的學生曾參為師，學習儒家義理，未曾想母親去世。按儒家禮教之規，父母喪須回家守孝三年。吳起雖悲痛萬分，卻未遵守儒家的規矩，因而被曾參一氣之下除名。吳起離開曾參後，開始棄儒學兵。

西元前四一二年，齊魯之戰爆發。魯國的國君聽說吳起很有才能，想任用他為大將。但得知吳起的妻子是齊國人，便沒有啟用吳起。後來，有人上報魯君，說吳起的妻子死了，魯君這才放心，任命吳起為大將，派他率軍出征。吳起率軍隊大敗齊軍，得勝而回。至此，報國之志才有所抒發。然而魯王軟弱無能，胸無大志，聽信了小人的讒言，不肯重用吳起，吳起壯志再度受挫。當得知魏文侯求賢若渴，便來到魏國。

正巧魏文侯想派人去守西河，商議之時，魏國將領翟璜向魏文侯推薦吳起，說他是個有才能的人，能當此重任。

魏文侯思考之後說：「愛卿，孤聽說吳起雖有才能，可是品德卻不怎麼樣。他母親死了，他都不回去守喪；為了當將軍，又把自己的妻子殺了，這樣的人……」

「大王，您想要成就大業，而吳起又有真才實學，您選拔人才，也不可能做到十全十美，有點小毛病也是在所難免的。再說，儒家的禮教我們也不是一定非遵守不可。吳起殺妻只是傳聞，就算他真的殺了妻子，也是因為他急於建功立業，報效國家呀。我們不正應該利用他的這種進取心嗎？」

就這樣，吳起被派做西河太守。

吳起到西河後，整治邊防，加固城牆，訓練軍隊。帶領百姓改良土壤，耕種梯田，又時時微服私訪，體恤民情，深得百姓愛戴。沒幾年的時間，便把西河治理得進可攻、退可守的地方。

西元前四九年，吳起帶領軍隊渡過黃河，攻克了秦國的臨晉、洛陽、合陽等重要城鎮，最後打得秦軍大敗而逃。吳起率領軍隊一直追過渭水，打到鄭國，把秦國西河一帶的要塞全部奪了過來。

宗吾認為，對於世人的評說，一定要有清醒的認知，如果不是別有用心之言，就是凡人、愚人之見，根本不必重視。試想，如果吳起很在意世人的評說，就不可能有勇氣、決心和時間追求自己的遠大志向了。

現實生活中總有很多條條框框在限制著你的成長，這些條條框框有些是前人根據當時當地的條件下總結出來的經驗，有些是別有用心之人作為奴化教育的「教材」。無論是前人的經驗還是別有用心之人的「教材」，對我們的發展都是一種約束和限制。要想成大事就需要從具體的情況加以分析，去除那些說起來冠冕堂皇卻是陳規陋俗的羈絆。記住，如果對別人口中的至理名言都全盤接受的話，那等於是一種自我捆綁、束縛。因而高人行事總會使一些滿口冠冕堂皇至理名言的人振聾發聵，成大事者不能不深思。

厚黑處世十四　自貶自損，避禍遠罪

■要想避禍遠罪，關鍵是摸清上司的心思，如果他好名，你不妨自損名聲，以成全他的名聲；如果他好財，你不妨忍著讓出自己的利益，以滿足他的私欲。

宗吾精研歷代君王故事，悟出一個道理：作為君王，他不僅怕臣子的權力超過他，也怕臣子的名聲超過他。所以，在厚黑處世中，作為下屬，不可名高蓋主，除非你是有野心、有實力取而代之。必要時，可以自汙聲譽、氣節，這是躲避災禍的一種有效手段。因為，作為「臣子」，你貪一點、「色」一點都不要緊，千萬不要有賢名，不要有實力。

【宗吾真言】　上司授予你的權力愈大，愈對你提防；交給你的責任愈重，對你愈有戒心。當他把自己的身家性命都交給你時，不要得意，他可能在心裡已經把你當成潛在的對手。趕緊自貶自損吧！

宗吾認為，如果你的建議沒有被上司採納，可是事情的發展，證明你的建議是正確的。這時，上司可能會放手讓你來做這件事。一旦出現這種情況，你的處境就不妙了。因為，這等於說上司被迫承認你比他聰明，那麼這也許是一個上司將會打擊你的信號。此時，你必須想辦法自保。

戰國末年秦王政準備吞併楚國時，老將王翦就曾遇到過這種情況。

秦王政沒有採納老將王翦「破楚非六十萬大軍不成」的意見，起用作戰英勇的青年將領李信，率二十萬大軍攻打楚國。結果被楚軍連破二陣，李信率殘部狼狽逃回秦國。

秦王政畢竟是一代梟雄，他後悔當初自己輕率，隨即下令備車駕，親自去見王翦，恭恭敬敬地向王翦賠罪，說：「上次是寡人錯了，沒聽王將軍的話，輕信李信，誤了國家大事，為了一統天下的大業，務必請王將軍抱病出馬，出任滅楚大軍的統帥。」

王翦冷靜地說：「我身受大王的大恩，理應誓死相報，大王若要我帶兵滅楚，那我仍然需要六十萬軍隊。少於此數，我們的勝算就很小了。」

秦王當即同意。隨後徵集六十萬大軍交給王翦指揮。

出兵之日，秦王政率文武百官到灞上為王翦擺酒送行。飲了餞行酒後，王翦向秦王政辭行，並惶恐地說：「臣有一請求，請大王恩賜些良田、美宅與園林給臣下。」

秦王政聽了，有些好笑，說：「王將軍是寡人的肱股之臣，日下國家對將軍依賴甚重，寡人富有四海，將軍還擔心貧窮嗎？」

王翦分辯說：「大王廢除三代的裂土分封制度，臣等身為大王的將領，功勞再大，也不能封侯，所指望的只有大王的賞賜了。臣下業已年老，不得不為子孫著想，所以希望大王能恩賜一些，作為子孫日後衣食的保障。」秦王政哈哈大笑，滿口答應：「好說，好說，這是件很容易的事，王將軍就放心出征吧。」

自大軍出發至抵秦國東部邊境為止，王翦先後派回五批使者，向秦王政要求：多多賞賜些良田給他的兒孫後輩。

王翦的部將們都不理解，王翦對他們說：「我這樣做是為了解除我們的後顧之憂。大王生性多疑，為了滅楚，他不得不把秦國全部的精銳部隊都交給我，但他並沒有對我深信不疑。所以，我不斷向他要求賞賜，讓他覺得，我絕無政治野心。因為一個貪求財物，一心想為子孫積聚良田美宅的人，是不會想到要去謀反叛亂的。」

宗吾認為，官場與戰場一脈相通，戰場上善於出奇制勝的將領，在官場行起厚黑之道來，也同樣駕輕就熟。王翦自損其名，伸手向秦王要求賞賜，使秦王更加深信他不會造反，從而全力支持他對楚作戰，使王翦無後顧之憂，一舉滅楚。事實上，上司為了保持自己的位置，可能不會警惕身邊他眼中的蠢人，但是一定會處處提防聰明的下屬，害怕「日防夜防，家賊難防」，而且他一般會認為聰明的下屬容易成為「家賊」，因為只有有能力的人才有成「賊」的可能。你一旦成為上司潛意識裡的「賊」，那麼你以後的路也就多了一個強大的掣肘了。正所謂：功高震主者危，行高舉獨者謗，自古已然。所以功高之日，一定要忍住自己對美名的貪戀，想辦法自損自貶，才能遠避禍害。

【宗吾真言】「自損清譽、避禍遠罪」也不是一件容易的事，既要自己厚著臉來擔當惡名，忍受別人的嘲笑，又要摸清楚上司的好惡對症下藥，只有這樣才能消除上司的戒心。

宗吾認為，要想避禍遠罪，關鍵是摸清上司的心思，如果他好名，你不妨自損名聲，以成全他的名聲；如果他好財，你不妨讓出自己的利益，以滿足他的私欲。

漢高祖劉邦斬蛇起義之後，蕭何一直跟隨，劉邦幾乎對他言聽計從。楚、漢相爭乃至漢朝開國的大政方針，幾乎無不出於蕭何之手。而蕭何由於各項工作都出色完成，在軍中亦聲名日隆威望日高。這也使得劉邦對其產生了戒備之心。

劉邦離開漢中與項羽展開了長達四年之久的戰爭，蕭何留在漢中，替劉邦鎮守大本營，並兼供給糧草兵丁。蕭何很善治理國家，不久就「漢中大定」，百姓皆樂意為蕭何奔走，蕭何對劉邦的糧草供應也很充足及時。

漢三年（西元前二〇四年），楚漢兩軍戰鬥異常慘烈。但劉邦卻接連派出數批使臣返回關中，專程慰問蕭何。於是，門客鮑生對蕭何說：「現今，漢王領兵在外，風餐露宿，備嘗辛苦，反而幾次派人前來慰問丞相，這是對丞相產生了疑心。為避免生出禍端，丞相不如在親族中挑選出年輕力壯的，讓其押運糧草，前往滎陽從軍，這樣一來，漢王就不會有疑心了。」

蕭何猛然醒悟，於是，派了許多兄弟子姪，押著糧草，前往滎陽。劉邦聽說丞相派不少親族子弟運來了軍餉，心中大悅，傳令親自接見。當問到蕭丞相近狀時，蕭家子弟齊道：「丞相託大王洪福，一切安好，但常念大王櫛風沐雨，馳騁沙場，恨不得親來相隨，分擔勞苦。現特遣臣等前來從軍，願大王錄用。」劉邦對蕭何的疑慮，因此而解。

漢十年（西元前一九七年）九月，劉邦率軍北征。韓信趁機欲謀為亂。呂后聞知後，在蕭何的幫助下，設計擒殺了韓信。劉邦得知後，便遣人返回長安，拜蕭何為相國，加封為五千戶。眾臣聞訊，紛紛前來祝賀，唯獨一個叫召平的前來相弔。他對蕭何說：「公將自此惹禍了！」

蕭何一驚，忙問：「禍從何來？」召平道：「主上連年出征，親冒矢石，只有您安守都城，不冒風險。今韓信剛欲反長安，主上又生疑心。給公加封，名為寵公，實則疑君，這不是大禍將臨了嗎？」蕭何聽後，恍然大悟，急問：「君言甚是，但如何才能避禍？」召平說：「公不如讓封勿受，並將私財取出，移作軍需，方可免禍。」於是，蕭何解除了劉邦的疑心。

漢十一年（西元前一九六年）七月，淮南王英布反，劉邦又率兵南征英布。其間，多次派使回長安，問相國近來做何事。使臣報說：「因陛下忙於軍務，相國在都撫恤百姓、籌辦軍糧等。」一門客聽說了這件事，找到蕭何對他說：「您離滅族不遠了。」蕭何頓時大驚失色。門客又接著說：「公位至相國，功居第一，無法再加了。主上屢問公所為，恐公久居關中，深得民心，若趁虛而動，皇上豈不是駕出難歸了？今公不察上意，還勤懇為民，則更加重了主上的疑心，試問如此下去，大禍豈不快要臨頭了嗎？現在為您著想，您不如多購田宅，強民賤賣，自毀賢名，讓民間說您的壞話。如此，主上聞知後，您才可自保，家族亦可無恙。」蕭何照計施行。

劉邦平定英布後返回長安，途中有不少百姓攔路上書，狀告蕭何強買民田。蕭何入宮見駕，劉邦將狀書一一展示給蕭何看，笑道：「相國就是這樣辦利民之事的嗎？願你自向百姓謝罪。」蕭何見劉邦無深怪之意，退下後，將強買的田宅，或補足價格，或退還原主，百姓怨言漸漸平息，劉邦也因此獲得了好名聲。

在宗吾看來，要透過「自損清譽、避禍遠罪」的手段，消除上司的戒備心並不容易，如果蕭何一味地捨財，或一味地損名，都不可能完全消除劉邦的疑心。只有在摸清了劉邦不同情況下的想法，對症下藥地採取了不同的策略，才能收到應有的效果，這也算是投其所好中的一種了。

事實上，在現實生活中，投其所好是接近上司的最好辦法。正所謂：「道不同不相為謀」、「話不投機半句多」，就算你跟你的上司志趣不相投，但是如果漠視上司的存在，就很容易與上司產生距離。在人家眼皮底下做事，與上司有隔閡對上司來說地球依然在轉，而你的地球可能就從此無法轉動了。當然，這裡所說的投其所好，並不是說整天跟著上司轉，作上司的應聲蟲，而是說要與上司的意見保持一致，哪怕是違心的也需要。

【宗吾真言】「自古美人如名將，不教人間見白頭」，權力、軍功、美名、才情都不是什麼好玩意，功高業隆，實為「罪源」；名傾天下，實為「禍根」。

宗吾讀《資治通鑑》裡的一段對郭子儀的評價，感觸良多！「天下以其身為安危者殆三十年，功蓋天下而主不疑，位極人臣而眾不嫉，窮奢極欲而人不非之。」此三句，古往今來多少人欲求其一而不得，郭子儀卻囊括了，關鍵還是他的厚黑妙法運用得好。

郭子儀五十九歲當了天下兵馬副元帥，曾平定了「安史之亂」，保住了李唐江山，居功至偉。後來的吐蕃入侵、藩鎮作亂，都全仗郭元帥東征西討，肅宗、代宗、德宗三代皇帝都靠他撐門面。官大得沒法再大了，威望高得無以復加，可是，郭子儀居然安安穩穩活到八十五歲。

皇帝對郭子儀並不是沒有戒心，只是郭子儀善於打消他的戒心。比如，有人告郭子儀謀反，皇帝就下詔要他從前線趕回。不管他在哪裡，一接到通知立刻就動身，「朝聞命，夕引道」，不帶兵卒以最快的速度跑到皇帝跟前，皇上一看，這哪像謀反的樣子啊？以後別人誰告郭子儀謀反他也不信了。

郭子儀爵封汾陽王，汾陽王府自落成後，每天都是府門大開，任憑人們自由進出，郭子儀不准府中人干涉。

有一天，郭子儀帳下的一名將官要調到外地任職，特來王府辭行。他知道郭子儀府中百無禁忌，就一直走進了內宅。恰巧，看見郭子儀的夫人和愛女兩人正在梳洗打扮，而王爺郭子儀正在一旁侍奉她們，她們喚王爺就好像使喚奴僕一樣，這位將官當時不敢譏笑。回去後，不免要把情景講給他的家人聽，於是一傳十，十傳百，沒有幾天，整個京城的人們都把這件事當作笑話在談論著。

他的幾個兒子聽了都覺得大丟王爺面子，就在他面前哭著跪下來求他說：「父王您功業顯赫，普天下的人都尊敬您，可是您自己卻不尊敬自己，不管什麼人，您都讓他們隨意進入內宅。」

郭子儀收斂了笑容，說：「我敞開府門，任人進出，不是為了追求浮名虛譽，而是為了自保，為了保全我們的身家性命。」

兒子們一個個都十分驚訝，忙問這其中的道理。

郭子儀嘆了口氣，說：「你們光看到郭家顯赫的聲勢，沒有看到這聲勢喪失的危險。我爵封汾陽王，往前走，再沒有更大的富貴可求了。月盈而蝕，盛極而衰，這是必然的道理，所以，人們常說要急流勇退。

可是，眼下朝廷尚要用我，怎肯讓我歸隱；再說，即使歸隱，也找不到一塊能容納我郭府這麼多口人的隱居地呀。可以說，我現在是進不得也退不得。在這種情況下，如果我們緊閉大門，不與外面來往，只要有一個人與我郭家結下仇怨，誣陷我們對朝廷懷有二心，就必然會有專門落井下石、妒害賢能的小人從中加油添醋，製造冤案，那時，我們郭家的九族老小都要死無葬身之地了。」

郭子儀都七、八十歲了，身邊還姬妾成群倚紅偎翠，這是為了向皇上和外人表明自己沒有政治野心。平常誰來都可以見到他身邊的嬌姬美妾。

其實無論是歷史上還是現實生活，都要記住：勢不可用盡，功不能獨享。百尺竿頭，更進一步，那是相對於仍處弱勢時渴求進步的一種做法，但是在一個圈子裡相對而言達到了一定的高度，百尺竿頭就不能再進一步了，月盈則虧，水滿則溢，此乃天道，所以大名要退讓幾分，盛時要作衰時想，此時的缺欠本身就是完美。所以在宗吾看來，郭子儀雖位極人臣，富甲天下，子孫滿堂；七子八婿，皆為朝廷高官，但卻可以享年八十五歲高壽，福祿壽齊全，如果不懂得「自貶自損，避禍遠罪」的厚黑處世之法是無法如此的！

厚黑處世十五 鷹立如睡，虎行似病

■ 在強大的對手面前，可以先裝出軟弱無能的樣子，使其不存疑心，一旦有隙可趁，就一舉將其降服。

「鷹立如睡，虎行似病」，是說君子要聰明不露，才華不逞，才有肩鴻任鉅的力量。在厚黑處世中，可以以此計施於強敵，在其面前，盡量鋒芒斂蔽，忍住自己想有所表現的欲望，表面上百依百順，裝出一副為奴為婢的卑恭，使對方不起疑心，一旦時機成熟，即如閃電般地把對手了結了。

【宗吾真言】在宗吾的厚黑處世哲學裡，「臥薪嘗膽」的真正目的是「為出頭」。所以，一味地厚，一味地忍耐，而忘記了自己的真正目的，那跟厚黑學的出發點就背道而馳了。

有這樣一個寓言故事，說的是獵人想捉住老虎，就裝成一隻肥豬，學著豬叫，這樣既可引出虎來，又可使其不加戒備，等到時機成熟，再猛然出擊，打牠個防不勝防。宗吾由此想到，在強大的對手面前，可以先裝出軟弱無能的樣子，使其不存疑心，一旦有隙可趁，出其不意，可一舉將其降服。三國時期司馬懿就是靠這招，最終把持了曹家天下。

西元二三八年正月，魏明帝病重，拉著司馬懿的手，將年僅八歲的太子曹芳託付於他。司馬懿痛哭流涕，受遺命與大將軍曹爽共同輔政，即日明帝故去。

兩位輔政大臣，司馬懿德高望重，曹爽則年輕浮躁。曹爽對司馬懿非常記恨。為了加強自己的實力，曹爽多次提拔自己的親信擔任京城重要官職。不久，曹爽又奏告小皇帝，說司馬懿德高望重，官位卻在自己之下，甚感不安，應將他升為太傅。然後藉口太傅位高，命尚書省凡事須先奏告自己，大權遂為其專。

曹爽一天天驕橫自大，像一只急速膨脹的氣球，司馬懿卻深自抑制，始終保持謙恭。到了正始八年（西元二四七年），曹爽已經基本控制了朝政，京城的禁軍，都掌握在他的手中。於是朝中的大事，曹爽就很少再和司馬懿商量，偶爾司馬懿發表些意見，他也根本不聽。對此，司馬懿似乎並不計較，依然是謙恭的態度。此後不久，他的風癱病復發了，便回家靜養，不再管事。這一病差不多就是一年。

曹爽對此不太放心，當正始九年春他的心腹李勝出任荊州刺史時，他特地讓李勝去向司馬懿辭行，觀察一下司馬懿的動靜。司馬懿見李勝進來，叫兩個婢女在兩旁扶著，才站得起身來招呼李勝，一邊接過一個婢女拿來的外衣，不料手抖抖顫顫，衣服又掉在地上。隨後坐下，用手指了指嘴，表示要喝水。婢女就端來了一杯稀粥。他接過粥送到嘴邊，慢慢地喝，只見滴滴嗒嗒的湯水往下落，弄得胸口斑斑點點……

李勝回到曹爽那裡，將司馬懿的情形一一稟告，最後說：「司馬公沒有多少日子可活了，不足為慮。」這一來，曹爽算是徹底放心了，從此再也不加防備。

嘉平元年（西元二四九年）正月，皇帝曹芳出城祭高平陵，曹爽兄弟也跟隨前往，只帶了少量的衛兵。他們出城不久，在曹爽府中留守的部將嚴世忽聽得街上有大隊人馬急速奔走的聲音，心中驚疑，立即登樓觀望，只見司馬懿坐在馬上，帶著一支軍隊向皇宮奔去，雖是白髮飄飄，卻是精神矍鑠，哪有半點病態！

在宗吾看來，司馬懿透過一場兵變，一舉徹底擊敗了曹爽兄弟及其同黨，牢牢掌握了政權。他的這一招「虎行似病」，著實給曹爽之流有實權沒實力的人上了一課！曾國藩說：「鷹立如睡，虎行似病，正是其攫鳥噬人的法術。故做人要內挺內堅，才華不逞，才有任重道遠的力量。」與李宗吾的觀點可謂是如出一轍。

【宗吾真言】 古語云，「尺蠖之曲，以求伸也；龍蛇之蟄，以求存也。」有的時候，情勢是人所無法左右的，即使是再聰明的人也是如此。可是，情勢是不斷發展變化的，你的機會就隱藏在這種變化之中。

戰國時期的孫臏，是孫武的後代，也是一位大軍事家，他所著的《孫臏兵法》，至今仍然是十分重要的軍事經典。他富於智謀，但為情勢所迫，也不得不裝瘋避禍。因此，宗吾認為「鷹立如睡，虎行似病」是胸有大志的人需要牢記的。

明成祖朱棣也正是靠這一招贏得了時間，最終發動了政變，打敗了建文帝，登上了皇位。

明朝的開國皇帝朱元璋有許多兒子，其中朱棣為人沉鷙老練，在太子朱標病死以後，朱元璋曾想立朱棣為太子，但遭許多大臣的反對。朱元璋無奈，只得立朱標的兒子為皇太孫。在朱元璋死後，皇太孫即位，是為建文帝。

建文帝年幼，他的叔叔們各霸一方，並不把他放在眼裡。這樣一來，建文帝的皇權受到了威脅，在一些大臣的鼓勵下，建文帝開始削藩。在削藩的過程中，殺了許多親王，燕王朱棣聽了，十分著急。

好在燕王朱棣封在燕地，離當時的都城金陵很遠，又兼地廣兵多，一時尚可無虞。僧人道衍是朱棣的謀士，在他的慫恿下，朱棣便積極操練兵馬。道衍唯恐練兵走漏消息，就在殿中挖了一個地道，通往後苑，修築地下室，圍繞重牆，在內督造兵器，為了不使外人聽到裡面的聲音，又在牆外的室中養了無數的鵝、鴨，日夕鳴叫，聲流如潮。但消息還是走漏出去了，不久就傳到朝廷。大臣齊泰、黃子澄兩人十分重視此事，黃子澄主張立即討燕，齊泰以為應先密佈兵馬，翦除黨羽，然後再興兵討之。建文帝聽從了齊泰的建議，使命工部侍郎張為北平布政使，都指揮謝貴、張信，掌北平都司事，又命都督宋忠屯兵開平，再命其他各路兵馬守山海關，保衛金陵。

朱棣為了打消建文帝的疑忌，便派自己的三個兒子前往金陵，祭奠太祖朱元璋。等祭奠完了，建文帝便想把這三人留下，作為人質。正在遲疑不決之際，朱棣早已料到這一手，飛馬來報，說朱棣病危，要三子速歸。建文帝無奈，只得放三人歸去。

不久，朱棣的得力校尉于諒、周鐸兩人被建文帝派來的北平都司事張信、謝貴設計騙去，送往京師處斬了。兩人被斬以後，建文帝又發朝旨，嚴厲責備朱棣，說朱棣私練兵馬，圖謀不軌。朱棣見事已緊迫，起事的準備又未就緒，就想出了一條緩兵之計：裝瘋。

朱棣披散著頭髮，在街道上奔跑發狂，大喊大叫，不知所云。有時在街頭上奪取別人的食物，狼吞虎嚥，有時又昏沉沉地躺在街邊的溝渠之中，數日不起，張信、謝貴聽說朱棣病了，就前往探視。當時正值盛夏時節，烈日炎炎，酷熱難耐，但見燕王府內擺著一座火爐，烈火熊熊，朱棣坐在旁邊，身穿羊羔皮襖，還凍得瑟瑟發抖，連聲呼冷。

張信和謝貴把這些情況上報了朝廷，建文帝便不再成天琢磨著該怎樣對付燕王了。

等到條件成熟了，朱棣設計殺死了張信、謝貴兩人，打散了指揮使彭二的軍馬，安定了北平城，改用洪武三十二年的年號，部署官吏，建制法令，公然造反了。經過三年的苦戰，朱棣終於打敗了建文帝，登上皇位，並遷都北京，成為中國歷史上較有作為的皇帝。

宗吾認為，朱元璋早就想把帝位傳給朱棣，朱棣也是有能力擔當這個責任的，可是，天不遂人願。在這種情況下，他沒有怒而興兵，以硬碰硬，而且懂得以「裝瘋」來贏得時間，積蓄力量，以便順利地完成既定的方針計畫，足見他厚黑處世手段之高。李白有一句耐人尋味的話，叫「大賢虎變愚不測，當年頗似尋常人」，則揭示了另外一種為人處世有時候需要把自己內心的能量壓制下來，需要等待，需要忍耐。在特定的場合中，因為條件尚未成熟，自己施展才華的舞台還沒有搭建完成，就要有猛虎伏林、蛟龍沉潭那樣的伸屈變化之胸懷，讓人難以預測，而自己則可在此其間從容行事。

歷史的偉人大多懂得此法，就拿朱棣的祖父朱元璋來說吧。在朱元璋攻佔南京之後，因為群雄並峙，為了避免因嶄露頭角而成為眾矢之的，他採取了朱升的建議，以「高築牆，廣積糧，緩稱王」的策略贏得了各個擊破的時間與力量，最後一併群雄，當上了大明皇帝。

古錢幣大多外圓內方，為人處世亦該如此。「邊緣」要圓滑，能隨機應變，但內心要不卑不亢，守得住，有自己的原則和目的。對於周圍的環境、人物，假如有阻礙自己的，先不必稜角太露，過於顯出自己的與眾不同來，「處世不必與俗同，亦不宜與俗異；做事不必令人喜，亦不可令人憎」，即可達到厚黑處世之境。

厚黑處世十六　涉世特立，寵辱不驚

■面對眼前的榮華富貴，不要過分地貪戀；面對暫時的失敗，也不要過分地怨憤，否則就會被蒙了眼，亂了心，也就不能和人一爭高下了。

宗吾看來，人如果有貪念，就會很容易掉進別人所設的陷阱裡面，使自己有把柄授之於人。「拿人錢財，替人消災」，這樣一來就會使自己因底氣不足，而陷入被動終為他人所控制，再也沒有和他人一爭高下的機會了。只有在內心「涉世特立，寵辱不驚」，才能避免過早使他人有機可趁。這樣，即使落入艱難困苦中，也不會有什麼憂慮；即使遇到有權有勢的人，也不畏懼，可以保持冷靜獨立的心智；而當遇到孤苦無依的老弱時，卻具有高度的同情心，以博得大眾的擁戴。總之，就是要以厚黑之心掩飾自己的貪念，在金銀財寶美人高爵面前始終表現出平靜的心態，這樣才能超越世俗的羈絆。

【宗吾真言】「臥薪嘗膽為出頭」這一處世技巧強調，要想辦成大事情，僅有信心和衝勁還不夠，還要有足夠的定力。否則，面對暫時的挫折和失敗時，衝勁可以消退，信心也可能失去。

宗吾認為，當一個人處於危難環境之下時，如果沒有一定的抗壓能力，就可能失去信心，失去了志氣。精神支柱一倒，也就談不上「寵辱不驚」了。古今中外，概莫能外。

福特公司的大老闆亨利．福特因為嫉妒艾柯卡的成功，突然決定開除這位鋒芒畢露的總經理。一時之間，艾柯卡突然從事業的巔峰跌入絕望的深淵，這幾乎讓他失去生活的信心和勇氣。他在福特公司已經工作三十二年，本來可以靠著自己為公司創造的業績，而高枕無憂地安享自己的晚年，沒想到卻硬是被解雇了，而這時艾柯卡已經五十四歲了。

艾柯卡並沒有因此被擊垮，他反而為自己選擇了一項更艱鉅的任務——應聘到瀕臨破產的克萊斯勒汽車公司擔任總經理！這項決定幾乎可以比喻為：一匹老馬把負載沉重的破車套在脖子上往山坡上攀登，其艱辛的程度可想而知。

這位曾在全美第二大汽車公司當了八年總經理的強者，憑他頑強的毅力、果斷的決心以及宏大的氣魄，進行了一連串奮發圖強的工作。他對公司內部進行了大規模的調整、改革，並且用百折不撓的精神說服國會議員，獲得了鉅額的貸款。

一九八三年八月十五日，艾柯卡把一張面額高達八億一千三百四十八萬美元的支票交給銀行，至此克萊斯勒汽車公司還清了所有的債務，這時距離亨利．福特開除他的時間，剛好滿五年。

宗吾看來，艾柯卡之所以能夠成功，使克萊斯勒一舉成為僅次於通用、福特之後的美國第三大汽車公司，就是因為他具有奮發圖強的精神。人只有在「奮發」的過程中才能發現並發揮自己的無窮潛力。所以，「涉世特立，寵辱不驚」是每一位成功者的特質。

【宗吾真言】 有些人一旦得志，便得意猖狂得不知自己姓誰名何？可是同樣是這些人，一旦失意，不是怨天恨地，就是破罐子破摔，更甚者還會做出一些殘忍的舉動。這種人是注定的失敗者，只是時間的早晚罷了！

懂得厚黑處世的人，不但有安靜的「心」高遠的「心」，而且有戰勝一切憂懼的「心」，這都是「厚心」所致。要不為一時的得寵驚喜所動，因為要的不僅僅是這些，他們看得更遠，而且知道得寵也會失寵，必須不斷前進；受辱也不在意，因為他們有心理準備，知道該怎麼崛起。

在美國南北戰爭中，格蘭特將軍是有理由自傲的，因為經過了一番苦戰之後，南方的軍隊終於崩潰了，勝利是屬於他的，李將軍不得不在阿坡馬托克斯的審判庭裡簽下他的受降詞了。但是，格蘭特將軍不是一個平常之人，對於勝利是很謙恭的，這從有關他自己的記載中可以看出：

「李將軍還是穿著莊重的軍服，這次是全新的，腰上佩著一把很寶貴的劍，恐怕是維吉尼亞州政府賜予他的那把劍。我穿著一套很骯髒的旅行服，是一套士兵的衣服，肩上披掛著陸軍中將的徽章。我這種樣子，與他（李將軍）那六尺高的身軀，穿得很俐落的外表，一定是一種很有趣的對比。不過這種情形，是我在後來才想到的。」

李將軍在投降時穿著很莊重的軍服，這並不是不謙恭，因為他所處的地位是很特殊的。他是失敗者，作為一名軍人，當然會以此為恥辱。但是他要向人們表示，他是以勇敢的態度接受他的失敗的。他身著完整的軍服，就是意味著他雖然失敗了，仍然可以抬起頭來。

格蘭特將軍並沒有蔑視李將軍。他知道除了他個人的能力之外，還有許多別的因素導致了他的勝利。當科爾勒稱讚他，說他的這次勝利是這場漫長的戰爭中最為偉大的一個成就時，他回答說：「這次成功要歸功於許多機緣。當時維吉尼亞的天氣很壞，他們的軍隊老是陷在污泥裡，而我們這裡則天高氣爽，天氣非常好，路很好走，可以任意馳騁。兩天之後，天氣又完全變了個樣，幾乎不能進行任何行動。」

按宗吾的觀點，李將軍是以一種豁達的態度接受他的失敗的，而格蘭特將軍更是既不誇耀自己的成功，也不鄙薄那被打敗的敵人，他們都懂得厚黑處世。因為，如果人有一種自傲的、飄飄然的感覺，很容易接受別人的稱讚或刺激，那就說明自己有危險了。為何說他們是厚黑處世呢？因為這些將軍們在戰鬥之前，心都黑著呢，都想盡千方百計施盡陰謀詭計要置對方於死地，而現在有機會輕而易舉地就能置對方於死地卻吹捧起對方來，如此強大的反差足以見得，其心何其黑，其臉何其厚。故稱之為厚黑處世。

【宗吾真言】 世人都認為，在失敗時不放棄非常困難。其實，成功時保持清醒更難，如果不是胸懷大志的人是很難做得到的。

宗吾認為，平常很少有人能做到，在升了職的時候，還是能保持清醒的頭腦，而不趾高氣揚。所以說，要衡量一個人真正的水準，就要看他能否承受得住突如其來的飛黃騰達。

福特說：「那些自以為做了很多事的人，便不會再有什麼奮鬥的決心。有許多人之所以失敗，不是因為他的能力不夠，而是因為他覺得自己已經非常成功了。他們努力奮鬥過，戰勝過了不知多少的艱難困苦、流血犧牲，憑著自己的意志和努力，使許多看起來不可能的事情都成了現實；然後他們取得了一點小小的成功，便經受不住考驗了。他們怠惰起來，放鬆了對自己的要求，往後慢慢地下滑，最後跌倒了。古往今來的歷史上，被榮譽和獎賞沖昏了頭腦，而從此懈怠懶散下去，終至一無所成的人，真不知有多少……」

如果你的計畫很遠大，很難一下子達到。那麼，在別人稱讚你的時候，你就把現在的成功與你那遠大的計畫比較一下，對比將來的宏偉藍圖，你現在的成功還只是萬里長征路途的第一步，根本不值得去誇耀。這樣一想，你就不會對眼前的一點小成就沾沾自喜了。所以，在可能實現的前提下，你的計畫要大得連群眾都來不及稱讚。你的計畫是如此之大，以致在剛剛開始的時候，一般人對於你的稱讚，都表明他們還沒有窺見你計畫的初步。

洛克菲勒在談到他早年從事煤油業時，曾這樣說道：「在我的事業漸漸有些起色的時候，我每晚把頭放在枕上睡覺時，總是這樣對自己說：『現在你有了一點點成就，你一定不要因此自高自大，否則，你就會站不住，就會跌倒的。千萬別有了一點成就，便儼然以為自己是一個大商人了。你要當心，要堅持著前進，否則你便會神志不清了。』」

所以，宗吾才說，當我們開始成功的時候，能夠在成功面前保持平常心，能夠不因此而自大自負，這實在是一種幸運，這樣才能保證更大的成功。

厚黑處世十七　忍一時氣，成萬世基

■處世貴在具備能保持理性的能力，而自制和忍耐正是理性能力的一種表現。誰能夠「忍一時之氣」，誰就得天下；誰小肚雞腸，誰就失去天下。

宗吾送給欲成大事的人三句話：容天下難容之人，忍常人難忍之事，成世間難成之業。的確，做大事不能動輒生氣，成就大業就得心裡能擱事，就得能制怒，忍一時之氣換來全盤勝利，這正是成大業者的氣魄。反之，很容易中別人的「激將」之計，導致全盤皆輸。

【宗吾真言】要成就大業，就得分清事情的輕重緩急，大小遠近，該忍痛割愛的就得忍痛割受，該從長計議的就得從長計議。

歷史上劉邦和項羽在稱雄爭霸時，其實就是在「忍一時之氣」上見出高下，決出雌雄。這是一種「忍」功的較量，誰能夠「忍一時之氣」，誰就得天下；誰小肚雞腸，誰就失去天下。所以，宋代著名大文學家蘇東坡在評論楚漢之爭時說：漢高祖劉邦所以能勝，楚霸王項羽所以失敗，關鍵在於該忍的沒有忍，不該忍的而又有婦人之仁。

下面幾件事足以說明劉邦與項羽的不同：楚漢戰爭之前，高陽人酈食其拜見劉邦，獻計獻策，一進門看見劉邦坐在床邊由侍女洗腳，便不高興地說：「假如您要消滅無道暴君，就不應該坐著接見長者。」劉邦聽了斥責後，不但沒有勃然大怒，而是趕忙起身，整裝致歉，請酈食其坐上座，虛心求教，並按酈食其的意見去攻打陳留，將秦積聚的糧食弄到手。

劉邦圍困宛城時，被困在城裡的陳恢溜出來見劉邦，告訴他圍城與攻城都不如對城內的官吏勸降封官，這樣化敵為友，就可以放心西進，先入咸陽為王。劉邦採納了他的意見，使宛城不攻自破。

與劉邦容忍的態度相反，項羽則剛愎自用，自以為是，一個有識之士建議項羽在關中建都以成霸業，項羽不聽。那人出來發牢騷：「人們說，『楚人是沐猴而冠』。果然！」結果項羽知道了，大怒，立即將那人殺掉。楚軍進攻咸陽時到了新安，只因投降的秦軍有些議論，項羽就起殺心，一夜之間把二十多萬秦兵全部活埋，從此殘暴名聞天下。他怨恨田榮，因此不封他，致使田榮反叛。他甚至連身邊最忠實的范增也懷疑不用，最後氣走范增，成了孤家寡人。

同時，項羽能伸不能屈，贏得起而輸不起，所以最終烏江自刎，一敗塗地。可憐的是，他至死也沒明白，他真正是輸在自己手裡。

與項羽相比，劉邦卻能忍一時之氣。劉邦被楚軍圍困在滎陽時，韓信趁機要脅要求漢王封為齊地的假王，劉邦卻能忍住中燒怒火，給韓信封了一個「真王」藉以拉攏他來打擊項羽，扭轉了形勢。

有人說劉邦是一忍得天下，並不是沒有道理。試想，如果他心不能容物，怎麼能聚集起如此眾多「超一流」人才；如果他不能忍一時氣，如何能平安地度過一次又一次的危機。可以說，宗吾之所以推崇劉邦，他的那種厚臉皮的「忍功」就是一個重要方面。

【宗吾真言】 如果兩個高手過招，棋逢對手。這時起決定因素的就不一定是真刀真槍的實力，也不一定是出神入化的謀略，而很可能就是「忍」，有耐性的人必定戰勝急躁的人。

在宗吾眼中的厚黑高手劉備，雖然臉皮厚得發亮，但是厚黑沒有修煉到上乘境界，還是栽在了「忍」字上。

赤壁戰後，孫、劉兩家經過了一個短暫的聯盟蜜月，很快就開始發生衝突。在西元二一九年，東吳趁關羽進攻樊城，與曹操交兵之際，派呂蒙襲取了荊州，殺死了回援的關羽。西元二二一年六月，劉備留下諸葛亮在成都輔佐太子劉禪守國，留趙雲在江州作後軍都督，親率五、六萬人東征。孫權急命陸遜為大都督，西上拒蜀。

單從兵力上看，吳軍處於劣勢。身為吳軍統帥的陸遜當然明白此理。於是，陸遜收攏部隊，實行戰略撤退，一口氣退到夷道、猇亭一線，方才停駐，依山築壘堅守。

陸遜一路退，劉備就一路追，部將黃權勸阻說：「東吳人不可小窺，我們順水而下，進易退難，還是讓我當先鋒，陛下在後接應比較穩妥。」

劉備見一路戰勝，並無阻礙，遂不以黃權的話為意，火燎心急地急於報仇，遂讓黃權一部分兵駐江北，防守側翼，自己帶大軍一直追於猇亭，前部兵鋒達到夷道，將孫權的姪兒孫桓包圍，引誘陸遜來救。

可是陸遜偏不為所動，只管堅守不出。

陸遜只是堅守不戰，劉備起初還不以為意，後來也有點沉不住氣，派兵進攻，但山險壘高，根本攻不上去。每天派人在陣前叫罵，把東吳的祖宗十八代都罵遍了，陸遜置若罔聞，理也不理，笑罵皆由你，都督我自為之。

劉備見罵不出陸遜，心生一計，令吳班率幾千老弱病卒在吳軍陣前排好陣式叫戰，從早晨罵到中午，蜀軍士卒脫掉衣服，亂七八糟地散坐著，口中猶罵個不停。吳軍將士氣得發瘋，因為蜀軍簡直輕蔑他們太甚，恨不得跳出營壘，前去殺個痛快，紛紛急切地要求出擊。陸遜笑笑說：「這是劉備的誘敵之計，眼前的這些兵都是誘餌，山谷裡一定埋伏著重兵，不信你們就看著，過不了幾天那伏兵就會自己走出來。」

就這樣，雙方相持了半年有餘，從冬天熬到夏天。天氣一日熱勝一日，蜀軍戰士熱得叫苦不迭。劉備見狀，遂下令紮營山谷密林之中，傍澗依溪紮營，好讓將士們解暑。從彝陵到猇亭，綿延七百里，結營四十餘座。準備暫時休整部隊，等到秋涼之後再大舉進攻。

一直默默地等待時機的陸遜，抓住了劉備這個重大失誤，一把大火，直燒得蜀軍將士暈頭轉向，自相踐踏，在火中狂奔亂竄，吳軍在混亂中趁勢亂砍狂斬，殺得蜀軍屍橫遍野。

一場火與血的大戰，入吳蜀軍幾乎全數被殲，駐守江北的黃權見歸路已斷，只得投降。蜀軍全部的戰船、馬匹、輜重、甲仗都為吳軍所獲。劉備孤臥於白帝城中，聽著東逝的江流聲，心中感慨無限，長嘆一聲：「不意今日為這黃口孺子的陸遜欺負到這般地步！」

宗吾實在為劉備不值，一個以厚黑之道建立基業的梟雄，只因「忍功」不夠，「遺恨失吞吳」，最後在陰溝裡翻了船。這再一次證明了宗吾的一句名言：「要厚黑就要厚黑得徹底。」

厚黑處世十八 順應天道，成不死身

■ 天地萬物都有由盛而衰的經歷，人世興衰亦如此。當事業正處順境而趨於鼎盛期，就應及早做抽身隱退的準備，以免將來進退維谷無法脫身。

宗吾看來，沒有安，就無所謂危；沒有危，也無所謂安，就好像沒有賊就沒有兵，沒有強盜就沒有鏢師，所以危安本屬一家。任何事情走到極端就會向反面轉。因此，功成身退乃天之道。很多聰明人在成功時急流勇退，在輝煌時退居平淡，表示自己不想再露鋒芒，免得從高處摔下來；可是，也有很多不知退只知進的人，其下場當然就難有好可言了。

【宗吾真言】 在諸多誘惑之中，最容易使人失去理智的莫過於「權」。「人之有權也，天可梯而上。」正是由於它的誘惑最大，其中隱藏的危害也最大。

在宗吾看來，世人往往可以同患難，而不能共享榮華富貴。所以，打江山時，各路英雄鋒芒畢露，一個比一個有能耐。但天下已定，這些虎將功臣的才華不會隨之消失，這時他們的才能成了皇帝的心病，所以屢屢有開國初期斬殺功臣之事。

如果功勞太大，以致皇帝無法報答你，無論賞賜你什麼都不過分，無論封你什麼官爵都不嫌太高，那麼，你就處於極其危險的境地了。

西漢的開國功臣韓信，功勞可謂大了，智謀可謂高了，行為可謂謹慎了，但最後還是被呂后所殺。在中國歷史上，這一類的例子是不勝玫舉的。有一句話，叫做「狡兔死走狗烹；飛鳥盡，良弓藏；敵國滅，謀臣亡」。在宗吾看來，道理很簡單，一統江山之後，那些功臣怎麼處理呢？留著他們，說不定什麼時候就要造反，或是惹出別的麻煩，尤其是開國皇帝死了，幼子繼位，由於威望不如老臣，就更管不了那些久經沙場、素有威望又極有勢力的老將了，還是殺了乾淨利索為上策。如果碰上這種情況，就是功不太高，也不太震主，那也很不安全！如果權大欺主，那就更加危險。

在中國歷史上，因軍權過大遭逐被殺的例子也比比皆是。在春秋戰國時期，燕昭王為了報齊國的入侵之仇，就築黃金台，以招納賢士。於是，魏國的樂毅投奔燕國，燕昭王很器重他，樂毅也把燕昭王視為知己。樂毅以其卓越的軍事才能率兵攻齊，結果勢如破竹，攻下了齊國的七十多座城池，連齊國的國都臨淄都攻了下來。齊王跑到了莒城。樂毅奮力攻打莒城和即墨，由於兩城防守堅固，三年沒有打下來。這時，燕昭王死，他的兒子燕惠王即位，燕惠王由於跟樂毅素有嫌隙，又怕樂毅勢力太大而不聽調遣，擔心他做了齊王，再回兵攻打燕國，就在陣前撤換了樂毅，讓騎劫代替了樂毅的職務。樂毅知道臨陣換將，必無善意，就不敢回燕國，跑到趙國去了，總算免去了一場殺身之禍。

宗吾認為，權力過大，就會使得人只知道有你，而不知皇帝老子，久而久之，就會逐漸地累積私家勢力，威脅皇權。皇帝一般說來是不會讓你掌握過大的權力。如果你的權力愈來愈大，那就要十分小心了。姑且不說皇帝的擔心是否多餘，不過就算多餘，皇帝也還是要將你治罪，因為誰都不願意將自己地位的穩定寄託在別人的忠誠之上，他們更願意建立在自己的實力之上，用自己的實力牢牢控制著自己的地位。

另外，歷史上也有很多人當自己實力足以與皇帝抗衡時，就將皇帝趕下皇帝寶座的，面對如此之多的弒君奪位的教訓，也許只有傻子才不會記取經驗。所以，臣下的高功跟皇帝寶座的穩定本身就是一對衝突體。為了解決衝突，自然是要謙讓幾分了。再進一步來說，高功之臣自然要退讓幾分才能保全自己。另外，面對「不世之功」時，我們的傳統文化本身就包含有摧殘優秀生命的基因：嫉賢妒能者有之，幸災樂禍者有之，所以要想保全自己，倖免天噬，不能不「大名退讓幾分」，絕對不能過於貪戀功名。

【宗吾真言】　人的一生變化無常，懸崖勒馬、江心補漏固然是對危局的補救，但畢竟騎虎之勢已成。最好還是「得意勿忘失意日，上台勿忘下台時」，愈是春風得意，愈是不能放縱自己。

宗吾認為，當事業正處順境而趨於鼎盛時，就應及早做抽身隱退的準備，以免將來進退維谷無法脫身。

戰國時期，滅吳之後，越王勾踐與齊、晉等諸侯會盟於徐州（今山東滕縣南）。當此之時，越軍橫行於江、淮，諸侯畢賀，號稱霸王，成為春秋、戰國之交爭雄於天下的佼佼者。范蠡也因謀劃大功，官封上將軍。

滅吳之後，越國君臣設宴慶功。群臣皆樂，勾踐卻面無喜色。范蠡察此微末，立識大端。他想：越王勾踐為爭國土，不惜群臣之死；而今如願以償，便不想歸功臣下。常言道：大名之下，難以久安。現已與越王深謀二十餘年，既然功成事遂，不如趁此急流勇退。想到這裡，他毅然向勾踐告辭，請求隱退。

勾踐面對此請，不由得浮想聯翩，遲遲說道：「先生若留在我身邊，我將與您共分越國，倘若不遵諾言，則將身死名裂，妻子為戮！」政治頭腦十分清醒的范蠡，對於宦海得失、世態炎涼，自然品味得格外透徹，明知「共分越國」純係虛語，不敢對此心存奢望。他一語雙關地說：「君行其法，我行其意。」

事後，范蠡不辭而別，帶領家屬與家奴，駕一葉扁舟，泛東海，來到齊國。范蠡一身跳出了是非之地，又想到風雨同舟的同僚文種曾有知遇之恩，遂修書一封，勸說道：「越王為人，長頸鳥喙，可與共患難，不可與共榮樂，先生何故貪戀富貴不速速出走？」

文種見書，如夢初醒，便假託有病，不復上朝理政。不料，樊籠業已備下，再不容他展翅高飛。不久，有人趁機誣告文種圖謀作亂。勾踐不問青紅皂白，賜予文種一劍，說道：「先生教我伐吳七術，我僅用其三就已滅吳，其四深藏先生胸中。先生請去追隨先王，試行餘法吧！」文種至此，一腔孤憤難以言表，無可奈何，只得引劍自刭。

但是最令宗吾佩服的是漢初張良。張良所以能成為千古良輔，被謀臣推崇備至，不僅在於他能運籌帷幄，決勝千里，佐劉邦創立西漢王朝，還在於他能因時制宜，適可而止。最後，既完成了預期的事業，又在那充滿悲劇的封建時代生存下來。西元前二一年正月，漢高祖剖符行封。因張良一直隨從出謀劃策，特從優厚，讓他自擇齊地三萬戶。張良只選了萬戶左右的留縣，受封為「留侯」。他曾說道：「今以三寸舌為帝者師，封萬戶，位列侯，此布衣之極，於良足矣。願棄人間事，欲從赤松子（傳說中的仙人）遊。」他看到帝業建成後君臣之間「難處」，欲從「虛詭」逃脫殘酷的社會現實，欲以退讓來避免重複歷史的悲劇。張良堪稱「功成身退」的典型。

第三篇 一本正經哄著玩

◆世上有的事做得說不得，如果赤裸裸袒露出來，那麼大禍將不遠了。因此，行世的手段與目的要偽裝好，不能表現出來，實在遮掩不住，也必須強詞奪理一番。曹操雖手握軍政大權，但是號令諸侯來仍要向天子借名分，所謂「挾天子以令諸侯」。對此，出師一定要有名，而且還要名正言順，口號要令世人愛聽，招牌一定得冠冕堂皇，而且要懂得隨機應變的竅門。內心與臉面之間的距離愈大，本事愈大。見什麼人，說什麼話；對什麼人，使什麼招。這種「虛偽之術」確實幫了統治者不少忙，為他們沽名釣譽、鞏固權勢立下了汗馬功勞。欲做大事者不能不瞭解此類技巧。

厚黑處世十九　心口不一，內外有別

■ 說話直來直往，往往討不了別人的喜歡。把自己心思全都露給別人看，好事不能使其得益，壞事又往往授人以柄。

如果總是把自己心思露給別人看，就如同透明體一樣，好事壞事明明白白，好事不能使其得益，壞事又往往成為別人攻擊的最好理由。說話直來直往，往往討不了人的喜歡。比如，看見上司把公家東西據為己有，就會直接說給他人聽，厲害點的就當面指出上司的不是；看見女孩長得胖，不懂得換個婉轉的說法，或者乾脆避開這個問題，開口就是說人家胖，能有幾個女孩愛聽呢？這叫「缺心眼」，這種人非常容易成為利益爭鬥場上的便利工具。因此，宗吾說，即使不想害人，心裡想什麼，嘴裡也不要說出來。

【宗吾真言】當要實施某項於對手不利的計畫時，表面上一定要裝得若無其事，宣傳上要友好，讓對手找不到破綻，從而安下心來，喪失警惕；而暗地裡己方卻緊鑼密鼓地加緊圖謀。

宗吾認為，要做好充分準備，然後再採取行動，不要引起對方發生意外的變故。即使到了現代社會，暴力的硬手段一般不能使用了，各處「軟刀子」仍然層出不窮，令人防不勝防，輕則讓人顏面掃地，重則置人於萬劫不復之地。就好像談判中的笑臉再也不是真誠友好的象徵一樣，在生活中往往很多笑臉下面都蘊藏著一顆惡毒的心。所以宗吾告誡世人，在警惕這些笑臉的同時，也要善於利用這種笑臉來迷惑對手。

日本人就善於透過一些富有該民族特色卻又「別有用心」的服務，使一些自以為聰明的客商一步步走進他們的圈套。

有一次，一位美國商人前往日本談判。飛機在東京機場著陸時，他受到兩位日方職員彬彬有禮地迎接。簡單地寒暄之後，熱情的日本人問道：「先生，您是否會說日本話？」

「哦，不會，不過我帶來一本日文字典希望能盡快學會。」美國客人回答道。

「您預計何時回國？到時我們安排您去機場。」日本人又問。

對此不加絲毫戒備的美國客人對日本商人的體貼周到非常感動，趕忙掏出回程機票，同時反覆說明他到時必須離開日本回國。

於是，聰明的日本人知道美國客人只能在日本停留十四天，只要讓這十四天時間牢牢掌握在自己手中，他們就佔據主動位置了。首先，日本人安排異國來客作長達一個星期的遊覽，甚至還特地帶他參加了一個用英語講解「禪」的短期培訓班，聲稱這樣可以使美國客人更深入地瞭解日本的宗教風俗。

日子就這樣一天天過去了。

第十二天，談判終於在一種膠著狀態下開始了，然而下午安排的卻是休閒的高爾夫球運動。

第十三天，談判又一次開始，但為了出席盛大熱烈的歡送晚會，談判又只能提前結束。晚上，美國人已經急得像熱鍋上的螞蟻，但伸手不打笑臉人，面對日本人的客氣和笑臉，美國人只得強裝笑臉，聽從日本人周到細膩的安排，把晚上的時間花在娛樂上。

第十四天早上，談判在一片送別的氛圍中再度開始。正當談判處在緊要關頭時，送機轎車鳴響了喇叭，前往機場的時間到了。主客只好一同鑽進趕往機場的轎車，在途中再次商談合作的具體事宜。就在汽車抵達機場，美國客人開始步入機場通道的時候，雙方在協議書上簽了字。雙方握手道別，美國人終於完成自己此行所負的責任，一片釋然。然而不久之後，當美國商人在履行協議時才發現處處不對勁，己方處處吃虧，這才醒悟過來。

按宗吾的觀點，日本人所做的一切都是早有準備，只不過是一切陰謀和計策都隱藏在他們那永恆不變的笑容中了。他們真正教美國人領教了，什麼是「裝模作樣哄著轉」。

【宗吾真言】人世間，以「假話」騙取「真心」，然後再利用這種「真心」加以陷害，這種事情宗吾看得太多了。難怪古人說，「逢人且說三分話，未可全拋一片心。」

宗吾認為，「小心為妙」，這不是男兒大丈夫有沒有氣魄的問題，也不是為人忠誠與否的問題。比如，在中國古代的宦官制度裡，宦官這些假男人總是佈置了許多說假話的心腹前去各個重臣身邊。用自己的「假話」騙得大臣們的「真心」，然後將其殺害。如果和這些帶有刺探目的的人相逢，你若感動他的逢迎而說出心裡話，那別人就能對你進行對症下藥的對付了，甚至可能招來殺身大禍。我們日常生活中說真話也許不至於有殺身之禍，但是你一旦把心裡話毫不保留地說了出來，那麼別人就有你的把柄。而有你把柄的人你並不能控制他的一切，加上人又是多變的，哪天你沒伺候好他，說不定他就拿來打擊你。人生前面的路總是有不可預知的險灘，切莫因為自己言語不當而自我設置環生的險象！

中國歷史上宦官當權，在東漢末年的漢桓帝年間出現第一次高潮。當時的朝政大權掌握在大將軍梁冀手中，他獨攬朝綱，隨心所欲，不把桓帝劉志放在眼中。桓帝對此極其不滿，但又苦於朝中盡是梁冀的心腹而無計可施，於是想到了利用宦官去除掉梁冀的策略。

為了表示自己的真誠，漢桓帝劉志將手指咬出血來起誓，說是除掉梁冀之後有功的宦官及其他官員都一律封侯。宦官單忠以種種藉口接近梁冀身邊的親信。以「假話」換「真心」的方式與他們交「朋友」，藉以瞭解梁冀的行蹤動態，最後將梁冀一家老幼全部誅滅，事後單忠等十三名宦官全都封了侯爵。

另一次宦官時代，出現在明朝，前後達兩百年之久，從明朝前期直到明朝滅亡的時代，其危害之深久為世所罕見。明朝兩大宦官，一為武宗時劉瑾，二為天辟間的魏忠賢。劉瑾以「八虎」為其核心，劉瑾本人就是「八虎」之首；後來的閹黨集團就是魏忠賢為首，魏忠賢的黨羽有五虎、五彪、十狗、十孩兒、四十孫……他們所用之法，如出一轍，都有亦明亦暗兩手，明的是栽贓陷害，暗的就是用各種方式派出爪牙去結交官紳顯貴，套取對方真實想法。

在宗吾看來，這種以花言巧語去結交對手，用以「假話」換「真心」的方法瞭解所接近人的真實想法，而後告密陷害，致使對手丟官罷職，或誅滅九族，中國歷史上是屢見不鮮的。所以，宗吾勸人「莫說真話」，並不是危言聳聽，這種例子，在日常生活中，也是大量存在於你我身邊，世風如此，不得不防。

【宗吾真言】「陰稱其言，而顯棄其身。」假如有人問你：「認得李宗吾否？」你就取出最莊嚴的面孔說道：「這個人壞極了，他是講厚黑學的，我認他不得。」只有這樣善於口是心非才能使自己不至於為無知的千夫所指，也保證自己全身而退。

宗吾歷來強調，厚黑處世者，對待不懷好意的人，就得以厚制厚，以黑對黑。

漢高祖劉邦的皇后呂雉，在早期創立漢朝天下的過程中，呂雉也給劉邦幫了不少忙。但是，呂雉也有一個弱點，權力欲太大。劉邦一死，呂雉的權力欲便無限膨脹起來。

她把劉邦生前寵愛的戚姬扔在豬圈裡，斬斷了她的手腳，弄啞了她的喉嚨，弄瞎了她的眼睛，弄聾了她的耳朵，使她成為一個「人彘」。同時，還把戚姬所生的皇子如意用毒酒毒死。

這兩件事使身為惠帝的劉盈大為惱怒，他對自己的生母呂雉說：「妳的所作所為，不是人所能做出來的事。我雖然是妳的兒子，但我實在不齒於有妳這樣的母親。我不能再治理天下了。」

呂雉正求之不得，她便臨朝稱制，專斷獨行。惠帝劉盈在位七年就死了。呂雉在劉盈發喪後想把自己的姪子呂台、呂產、呂祿都拜為將軍，並進一步封王享爵，她問當時掌握朝廷大權的右丞相王陵：「你認為把呂台、呂產、呂祿等都封為王怎麼樣？」

王陵說：「高祖皇帝在世時，曾經和大臣們殺白馬而訂立盟約：『非劉氏而王者，天下共誅之。』現在您要把呂姓人封王，與盟約不合。」

呂雉很不高興，便又用同樣的問題去問左丞相陳平。陳平說：「高皇帝定天下，封他的子弟為王。現在太后稱制，要把自己的親屬封王，沒有什麼不可以。」

呂雉十分高興，便把呂姓的主要親屬都封了王位。事後，陳平對王陵說：「如今權力在呂氏手中，你不讓她把娘家人封王，她可以廢掉劉氏皇帝而另立呂氏皇帝，那樣不是毀了高皇帝創立的漢室江山了嗎？如果你讓她把娘家人封王，她就沒有了廢『劉』帝而立『呂』帝的藉口，這不就保存劉氏江山嗎？呂氏如此強橫作惡，她以前的所有功勞也都化為烏有，一旦呂氏過世，她和娘家那些『王』爺們能保持長久嗎？」

宗吾看來，陳平果然是厚黑之徒，呂后心是「黑」透了，但是與陳平相比，在「厚」上就差得遠了。事情的發展果如陳平預測，呂雉於八年後死去，不久，便被剷除了一切影響，她親手所封的多個呂王無一倖免，被誅滅了呂氏滿門。

厚黑處世二十　沽名釣譽，故作姿態

■對很多德高望重的人，「道德」只是用來愚弄百姓的工具，但在他們心裡不過是堆「臭狗屎」。

宗吾認為，古今成大事者，常常運用各種方式沽名釣譽，愚弄民眾。他們滿嘴是「道德準則」，可是，這些「道德準則」只有對他們有用的時候，他們才推崇，一旦沒有用，他們會把它作為「臭狗屎」踐踏在地。比如，得人才者得天下。圍繞著籠絡人才，在中國歷史舞台上上演著一齣齣裝模作樣的活劇，演技高明的，甚至讓你分不清雲裡霧裡。古代一些著名的「納賢」之舉，例如周公的「一沐三握髮，一飯三吐哺，起以待士」，曹操聞賢士謀臣來奔，「跌出迎之」，劉備「三顧茅廬」邀請諸葛亮出山等等，究竟在多大程度上是屬於故作禮賢下士的姿態，其實是很難說得清的。

【宗吾真言】「道德」對於普通民眾的行為，影響實在是太大了。所以，儘管作為目的和歸宿，它一文不值，但作為一種手段，它的威力太大了！

宗吾用幾個例子，來說明以「道德」為幌子，「沽名釣譽，故作姿態」的作用。

楚漢戰爭中，劉邦和項羽爭奪天下。以軍事實力而言，劉邦遠不如項羽。可是，劉邦善於從政治上打擊對方，並常常以此擺脫軍事上的被動。他為義帝發喪，就是一個典型事例。

陳勝犧牲後，反秦勢力群龍無首。面對秦軍的強大攻勢，各路義軍會集薛地計事，商量對策。秦始皇兼併六國，楚最無罪。自從楚懷王入秦被扣留不得返國，楚國百姓至今耿耿於懷。所以南公曾說：「楚雖三戶，亡秦必楚。」於是，項梁在民間求得為人牧羊的楚懷王孫心，立以為楚懷王，以從民望。

楚懷王得立後，義軍形勢迅速好轉。起初，楚懷王與各路義軍將領約定，先入關中者王之。懷王和諸老將認為，項羽為人剽悍，所過無不殘滅，而沛公劉邦為寬大長者，故決定由劉邦西進。西元前二六年十月，劉邦順利入關，進抵灞上，接受了秦王子嬰的投降。兩個月後，項羽在取得鉅鹿之戰的勝利後，也叩關而入。雙方為爭奪統治權力，幾乎兵戎相見。只是因為劉邦自認勢力不敵，在鴻門宴上卑辭求和，實際上承認了項羽號令天下的霸主地位，才使衝突暫時得到緩解。可是，項羽派人向懷王報告時，懷王卻堅持原定的約言，要劉邦王關中。項羽勃然大怒，自立為西楚霸王，又分天下以王諸侯。

項羽分王天下後不久，田榮就在齊地起兵反楚。僻居巴蜀的漢王劉邦，趁此良機，舉兵東向，與項羽爭天下。項羽為消除後患，又陰謀指使九江王英布殺害了義帝。劉邦率軍復出故道後，迅速消滅了章邯等三秦王的勢力，並王關中。

隨後，為義帝發喪，哀臨三日。並且發使者通告各路諸侯說：天下共立義帝，北而事之。今項羽放殺義帝江南，大逆無道。寡人親為發喪，兵皆縞素。悉發關中兵，收三河士，南浮江漢以下，願從諸侯王擊楚之殺義帝者。

在推翻秦王朝的爭戰中，楚懷王（義帝）並不是舉足輕重的人物。但從身分地位來說，他是各路義軍擁戴的共主。項羽自恃功高，後竟「放殺其主」。由此，得了一個「無道」、「天下之賊」的罪名，自然追隨者不多。而劉邦也因為有「大道之行，天下為公」這塊招牌，天下百姓自然眾望所歸。

宗吾認為，劉邦為義帝發喪所取得的政治效果是十分明顯的，可以說，這是劉邦與楚霸王項羽分庭抗禮的一個重要標誌，這充分說明了發揮「道德」作用的威力。事實上，歷代帝王大多都推崇孔子仁義道德的儒家思想，但是又有多少人不是出於為維護統治的考量，儒家思想在他們眼中只是一個護國之教而已，是一種實行奴化教育的工具。帝王將相大多都需要違心地借助這些道德統治國家。現實生活中的你要想與上司、同事相處好，那麼就更應該好好借鑑了。如果作為上司一味地相信用道德來自我約束，那麼他頂多也就是像清朝道光帝那樣克勤克儉而又碌碌無為的迂腐之人。像道光帝這樣的人歷史上並不多，這也就說明道德只是號召眾人的口號而已。

【宗吾真言】　厚黑處世者，可以多學學古代帝王的「沽名釣譽」之術，他們總是裝出無比寬厚、仁慈、博愛和高尚，是偉大、聖明一切優秀品德的化身。面對這種的上司，你能不服從，敢不服從嗎？否則就給你一個「大逆不道」的罪名，你擔當得起嗎？

宗吾看來，厚黑處世，時時刻刻要把自己打扮成菩薩心腸、君父形象、聖賢品德，一定要利用各種沽名釣譽的機會。

比如，帝王面臨重大政治危機時所採取的應急對策之一，就是下「罪己詔」。在宗吾看來，這不過是帝王為延續其統治而不得不使用的一種特殊的「沽名釣譽」之術。

湯王是商代的開國君主。在他當政期間，曾連續七年大旱。於是，他就剪下自己的頭髮和指甲作為自我處罰，並跑到神社去向上天祈禱，對上天說：「您為何降災於民眾？難道是我施政有過錯嗎？或者是役使民力太多？或者是宮殿造得太多了？或者是有女人干政？或者是我收受了別人的賄賂？或者是聽信了別人的讒言？」

帝王將過失攬歸自己，說一聲「一切責任由我來負」，看來不易，說穿了卻很有「障眼法」成分。當然，我們不否認確實有個別帝王，是誠心要使天下大治而「罪己」的：其一，帝王的「罪己」，不像大臣承擔責任那樣有貶官的處分，如蜀相諸葛亮在初出祁山戰敗後，上表後主劉禪引咎自責，自貶三等之類。皇帝還是皇帝，不損一根毫毛。其二，帝王「罪己」列舉的種種過失，事後是否真的作為實事來辦，是無人敢去查問的。既然如此，又何妨不多說些漂亮話，廉價地換回一點支持呢？

宋建炎三年（西元一一二九年），宋高宗趙構下詔「罪己」，一本正經地給自己列舉了四條過失，並要臣下將此詔「遍喻天下，使知朕悔過之意」。當時有個叫張守的大臣當即上書，對高宗的「罪己」提出批評，說現在徽、欽二帝尚在金人手中，如果陛下真的為他們著想，切實盡心於恢復大業的話，「天不為之助順者，萬無是理也。今罪己之詔數下，而天未悔禍，實所未至耳」。

正因為「罪己詔」是這樣一種把戲，所以在上層爭權奪利的鬥爭中，常常被作為工具來運用。還有許多帝王常常在逝世前留下的遺詔中「罪己」，他們並非真有「悔過之意」，如果有，生前改過的機會有的是，大可不必在死前作總檢討，而是生前「洞知其蔽」，卻因「眾所周知」的原因不願改，為了在身後留下個好名聲，所以在臨死前才來一番「罪己」悔過的把戲。

宗吾認為，當普通人看到皇上這樣「誠懇」的「自我批評」，以為已經悔過了，道德相當高尚，是真心的為百姓著想，從而就會更加堅定他們「皇上聖明」的信念，並為此效忠，這就是「罪己詔」特有的沽名釣譽的效果，現代的上司們同樣可以運用這一手法。

【宗吾真言】另一個很多帝王常用的「沽名釣譽」手法，就是千金買義，換取一個愛才好才、求賢若渴的好形象。現代的上司們不妨效仿，百試百靈！

宗吾分析認為，中國人的一個傳統價值觀就是「士為知己者死」。因此，上司的施惠姿態，很容易激發下屬的知遇感，使他們肝腦塗地而心甘情願。

戰國末年，燕國太子丹企圖行刺秦王嬴政。為了籠絡刺客荊軻，太子丹「恣荊軻所欲，以順適其意」。荊軻以瓦塊投水擊龜玩耍，太子丹便「捧金丸進之」；荊軻隨口說「千里馬肝美」，太子丹「即殺馬進肝」；荊軻稱讚鼓琴美女的手好，太子丹便將美女之手「斷以玉盤盛之」賜給荊軻。荊軻為「太子遇軻甚厚」所感，終於以死相報，走上了「壯士一去不復還」的道路。類似太子丹的養士施惠姿態，勢必會造就一批荊軻之類的所謂「死士」。

但是，「千金買義」不一定是用金錢。比如，東漢光武帝劉秀起義不久，率軍來到河北，這時他的勢力很弱，而河北正處於群雄並立、相互爭奪的態勢。其中佔據邯鄲的王郎兵力強盛。他以十萬戶侯的價格來懸賞捉拿劉秀，在與劉軍的正面交鋒中，多次打敗劉軍。但劉秀有勇有謀，經過艱苦不懈的努力，最後終於反敗為勝，消滅了王郎。攻佔邯鄲後，漢兵從王郎府邸中搜出大批檔案文件，包括大量信件，有幾千封，其中有劉秀的部下當初暗地裡與王郎來往的物證。士兵帶著這些信件送到劉秀處，請他定奪。

劉秀一眼也不看，下令當場焚毀。

這同樣的事情在東漢末又重演一次。曹操與袁紹在河北交戰，一次戰役後，曹兵繳獲袁紹大批文件，其中發現不少是曹操部下與袁紹暗中來往的信件。這下把柄在握，有人請求曹操說：「我們應該趁此追出內奸，否則事情會很不利。」曹操卻下令把這些重要的信件全部燒掉。很多人對曹操敬佩得五體投地，心悅誠服。

宗吾認為，能夠拋卻一時的恩仇而寬以待人，表現了成大事者恢弘氣度以及統馭部下的才略，這是沽名釣譽的最高境界！其實，如果這只是一個或者幾個官員與敵人通風報信的話，那麼無論是劉秀還是曹操肯定會拿他的人頭來以正軍心，但是奈何通風報信之人如此之多。如果全都砍頭，事情無人做引起動盪是其中一個方面，但更重要的一方面是，誰也沒有勇氣將這麼多人一起作為對立的敵人，沒將他們治罪時，這些密謀反叛之人只不過是一盤散沙，但是如果你一旦打算將他們置之死地，那麼這些通風報信之人就會緊緊地團結在一起，會產生相當大的力量。在這種情況之下，還是寬恕他們為好，況且還可以為自己帶來虛懷若谷的美譽，憑著這種美譽又可以招攬更多的人才，何樂而不為？

厚黑處世二十一 虛張聲勢，引導輿論

■提出一個響亮的口號，一種出人意外的新主張，藉以吸引人的目光，提高自己的名聲。

打著為公義、為他人、為大眾、為民族、為國家利益的旗幟，行厚黑之道，吸引得千千萬人甘願臣服，唯其馬首是瞻，攻城掠地，消滅敵手，排除異己，等到成功的那一天，是死者已矣，號令者榮耀無限，正所謂「一將功成萬骨枯」；即使不幸失敗，也落個名垂青史。因此，為了給自己謀得一種良好的社會輿論，獲得大眾的支持，需要提出一種口號或建議，明知不好實行，或乾脆不是為了實行，但卻大肆宣揚，大造聲勢。宗吾認為，每個人，都可以照此法去做，找準時機，針對眾人正在關注的東西，就可以吸引大眾的目光、迅速提高自己的名聲。

【宗吾真言】為政者，需要得到眾人的擁戴和支持，才有群眾基礎來施展才華，否則就只能算是個孤家寡人，號令無人聽從，起居無人侍應，只拿個架子硬充，豈不過得比平常人更難受。

在中國，自古以來奉行「學而優則仕」，追求高官厚祿是人生在世的主要目標。因為一朝居高位，

一呼百應，威風八面，這種聲勢有誰不想去試一試呢？不過最困難的就是怎麼走向自己心目中的尊貴地位和走上之後如何永久地保持住自己的地位。為達到這個目的，歷來是仁者見仁，智者見智，但是有一點可以肯定的是他們都是大行厚黑之道之人。

武則天是中國歷史上第一位女皇帝，也是僅有的一位女皇帝。她本是唐高宗的愛姬。西元六八三年，唐高宗因為頭眩病復發而不治身亡。繼位的唐中宗李顯品性庸懦，毫無主見，凡事都對武則天言聽計從，於是朝政大權便漸漸落入了武則天的手中。武則天便不覺野心萌動，想要嘗試一下當女皇帝的滋味。

然而，在一個夫權為上的男性社會裡，傳統的男尊女卑觀念早已深入人心，要想撼動又談何容易。中宗被廢為廬陵王之後，武則天曾故意試探性地問群臣：「此後應由何人承續帝位？」宰相應聲答曰：「應立豫王李旦為帝。」其他人也都眾口一詞。

無奈，武則天雖手握大權，也只好暫立豫王李旦為唐睿宗來混淆視聽。然而即使這樣，仍有不少大臣屢屢站出來勸諫，要武則天盡早歸政李旦。李敬業甚至招集十餘萬兵馬，發誓要殺掉這個企圖篡奪大唐江山的女子。絕州、表州、邢州、豫州等一大批刺史也起兵討武。

面對如此強大的傳統觀念的反對力量，武則天決定費些時間大造聲勢，設法改變人們的觀點。

首先武則天表面上歸政於李旦，暗地裡卻讓李旦寫表堅決推辭，而自己則好像是迫不得已才臨朝聽政，掌握皇權。

接著，她又讓姪子武承嗣派人在石頭上銘文，刻上「聖母臨人，永昌帝業」八個大字，塗成紅色，扔進洛水，再由雍州人唐同泰取來獻給朝廷。武則天親祭之於南郊，告神靈，稱此石為授聖圖，改洛水為永昌水。封洛水神為顯聖侯，為自己加號聖母神皇，封唐同泰為游擊將軍，並舉行了聲勢浩大的拜洛受瑞儀式，使人以為武則天當皇帝乃是奉循上天的旨意。

而後，武則天又暗使高僧法明杜撰了大雲經四卷遍送朝廷內外。大雲經中在醒目的位置稱武則天本是彌勒佛的塵世化生，理當代為唐朝主宰。武則天便令兩京諸州官吏，使百姓大讀特讀，並建寺珍藏。

如此大造輿論，大家都覺得武則天當皇帝已是上應天意下順民心，勢所必然。百官群臣也樂得順水推舟，請求武則天早日登位。就連掛名的皇帝李旦竟也認為自己這個皇帝是搶了母親的位，親自上表請求改姓武。見時機成熟之後，武則天這才廢了李旦的帝位，親自登基為帝，反對者聲息皆無，她這個皇帝也就做穩了。

宗吾認為，已經有一定權力在手的人，想要「虛張聲勢，引導輿論」並不難，只是要費些心思罷了，也就是說，一定要首先在思想上重視，然後，充分發揮自己手中的資源，啟動「輿論機器」就可以了。

【宗吾真言】　人們看問題常容易受第一印象影響，它往往可以把人引入誤區，陷入表面的假象之中，而忽略其真正的本質。針對人們的這一弱點，所以，厚黑處世者，一上來就要把招牌做大並且高高掛起，給人一個良好的第一印象。

宗吾認為，這對於在官場上混的人，尤為重要，他們不懂得樹威立信、大造聲勢是不行的。因此，打算以厚黑之道在官場上闖蕩的人，一定要製造過人的聲勢。因為有了聲勢，有了影響，才能在民眾之中造成一種共識，這樣你有了聲望，有了影響，才會有人來協助你完成事業。

秦末暴政，民不堪受。陳勝、吳廣去戍守邊境，結果誤期該斬，造反也該斬，反正是死，無奈之中才舉兵起義。然而，雖然如此，他們也不敢明目張膽地大舉造反。也許當時人們對於秦王嬴政的積威還頗為畏懼，別人為王稱帝恐怕一時還不為百姓所接受。陳勝、吳廣兩人為此也耗費了不少思慮。

陳勝、吳廣本是粗人，沒有多少文化，費了不少的勁才想出一個虛張聲勢的計策。他們讓人在夜裡埋伏在營地的周圍，學著狐狸的聲音鳴叫，並大聲喊叫：「大楚興，陳勝王。」如此重複幾次，弄得人心惶惶，陳勝出出入入也頗引人注目，總是有人指著他的背影低聲耳語，連押送他們的軍官也開始密切注意陳勝了。

接著，他們又將一小條書簡塞進魚肚，上面寫著陳勝理應順天意而為王的字意。然後由人自集市上把魚買回來，剖開魚腹準備烹殺，自然就發現了裡面的書簡。眾人大驚，將先前夜半狐鳴之事一聯繫，驚呼陳勝為天人，陳勝的號召力在戍卒中陡增。後來，陳勝和吳廣藉故殺掉了兩名看送他們的軍官，揭竿而起，振臂高呼：「王侯將相，寧有種乎？」眾人也跟著回應，這才開始了中國歷史上第一次農民起義的大風暴。

宗吾認為，製造聲勢之法關鍵在於以勢取人，也就是兵聖孫武所說的「求之於勢，不擇於人」。只要聲勢造得好，就會取得群眾的擁護，有了群眾基礎。這樣不但會增長自己的實力，而且還會削弱對手的力量。

【宗吾真言】「虛張聲勢、引導輿論」還有一種運用方法，就是本來自己力量不夠，但是，仍打腫臉充胖子，冒充實力強大，把任務爭到手，在完成任務的過程中擴充自己實力和影響。

在宗吾看來，「虛張聲勢」的做法主要用於力量不夠之時，遇到一個緊急任務又非去接手不可，於是只好打腫臉充胖子。在這方面，唐太宗李世民身處隋朝時候的一次「救駕」行動，可以說做得相當精采。

那是隋煬帝楊廣大業元年，此時楊廣奪取帝位還為時不久。他打算去山西的雁門關巡幸，他全副鑾駕，旌旗蔽天，本想向西北方向的許多弱小夷國耀武揚威。誰知遠離隋朝中心地帶較遠的突厥王始畢起了野心，發了全國之兵三萬多人，從漠北故地出發，遠涉沙漠苦寒之地，悄無聲息地來到山西雁門關，將隋煬帝楊廣的鑾駕儀仗及少量護衛兵丁團團圍困，企圖一舉殲滅。

突厥向來驍勇善戰，將楊廣圍得水泄不通，眼看楊廣就要死於非命。有近侍近臣建議，請隋煬帝楊廣寫了一張布質的求救詔書，釘在木板上，從汾河中放了出去。

此時的李世民還是一個小小的中級軍官，隸屬於屯衛將軍雲定興部，或者正因為此時隋朝氣數未盡吧，隋煬帝釘在木板上漂在汾河上的那一紙求救詔書被李世民發現了，他看出這是自己眼下立業建功，為以後奪取政權奠定基礎的大好機會，便再三慫恿雲定興去救隋煬帝楊廣。

為此，雲定興便拒絕說：「我的兵力還不及突厥始畢可汗兵力的五分之一，怎麼可以冒險去救駕呢？弄不好就把我自己的性命都賠進去了。」

李世民說：「力量不夠，可虛張聲勢充之；不去救駕，將來可難免死罪。」

雲定興說：「何謂虛張聲勢呢？你且詳細說說。」

李世民說：「先把我們幾千人的隊伍拉長幾十里，再多張旗幟，多鳴戰鼓，只在暗道蔭蔽處大造聲勢，幾千人要能造出十萬大軍的威勢來，何愁突厥三萬圍兵不退呢？將軍若是費了力而未能成功救駕，當另有他說。倘若知道君王有難而不去援救，那將來就難逃誅滅九族的大罪了。」

雲定興拗不過李世民，於是就「虛張聲勢」前去山西雁門關救駕。幾千人的部隊果然造出了十萬大軍的聲勢，暗地裡還派人放出了話，說十萬救駕大軍已經來了。

突厥國王始畢聞報：隋朝十萬救駕大軍前來，綿長數十里，旌旗絡繹不絕，戰鼓震耳欲聾。自忖三萬大軍遠不是十萬大軍的對手，於是撤兵回了漠北，楊廣終被救了出來。雲定興、李世民自然立大功而得重賞。

宗吾認為，虛張聲勢不僅可以用於打擊敵方人員，推廣思之，使用於「打腫臉充胖子」的手法虛張聲勢，也可以運用在處理上下屬關係上，使上司對你另眼相看。

厚黑處世二十二 借助神秘，故弄玄虛

■ 因為沒有經歷過又不斷地聽說神秘的力量存在，於是很多人相信世上存在許多神秘而人力無法控制的力量。抓住這一人性弱點，就可以抬高自己的身價。

歷史上作為統治者的一種詭謀，往往喜歡緊緊抓住天命這根救命稻草，千方百計進行輿論動員，啟動一切國家機器，尋找種種尋常看不到的對象，證明現在真正是太平盛世、「王道樂土」、天堂之國，製造幸福、祥和、團結的氣氛，敷衍民怨，混淆視聽，達到穩定統治的目的。宗吾認為，厚黑處世者，完全可以借鑑這種招法。

【宗吾真言】「流言」是社會輿論的一種。對統治者的戒心使人們對正規管道得來的消息，會產生疑問；而「小道消息」的可信性反而非常高。所以很多帝王將相都曾用「流言」來製造有利於自己的社會輿論。

在中國古代，「讖緯」很容易成為陰謀政治的手段，當然也可以為推翻統治的政治人物所利用。所謂「讖」就是假託神意的政治預言；所謂「緯」就是以儒家經義附會人事吉凶禍福。「讖緯」說白了，

就是裝神弄鬼，故弄玄虛。

漢朝開國皇帝本來是沛縣的一個亭長，有一次上面派下任務，要他押送一批民工趕赴驪山，為秦始皇修造宮殿。誰願意白白受如此苦難？沒走到半路，民工紛紛逃跑。任務是絕對達不成了。劉邦思忖這些被迫服役的百姓肯定都有逃走的打算，到時自己由於勢單力薄將會無法制止，這樣下去，還沒到驪山就一個人也沒有了，耽誤了工程可是殺頭大罪。與其勉為其難押著他們趕路，最後還落個殺頭的結局，還不如現在當機立斷起事打天下。

這天晚上，劉邦召集全體勞役，說請大家喝酒。劉邦舉起杯，說：「諸位！我知道你們誰都不願意去服苦役，這是人之常情，我看，不如大夥現在都逃走吧。你們走你們的，我自己也得逃，這個亭長的小官咱是不當了。」民工一聽，登時就歡聲大作。緊接著，各人各作打算：一部分如鳥獸四散逃去；另一部分圍住劉邦，表示鐵了心跟隨他，一起起事。

逃亡數天後的某夜，一名先行的勞役慌慌張張地趕回來報告：

「不好了，前面有一條巨蛇，盤踞小路中，很難過得去，還是回頭找其他出路吧！」

劉邦微醉中大聲表示：「壯士出行，還怕什麼東西！」接著又猛喝了幾口酒，便拔出佩劍，奮勇向前。大蛇遭到奇襲，立刻反抗。劉邦力大，又劈又砍，終將大蛇劈為數段。

這時劉邦迷迷糊糊中，獨自穿越小徑而去，走了幾里路後，臥倒路旁，睡得不省人事。

跟隨在後頭的人，見沒有動靜，便向前追尋。說也奇怪，就在劉邦斬蛇的位置，有位老嫗在黑暗中哭泣。大家感到奇怪，便趨前詢問。老嫗說，她的兒子是白帝之子，今天他化為蛇的原形，橫在此路上，想不到卻被赤帝之子給殺了，所以才在這裡痛哭。說話間，老太婆卻突然不見了。大家感到非常驚訝，立刻尋找劉邦，並告訴他這件奇遇，劉邦聽到了非常高興，便認為自己是赤帝之子了。並以此來號召百姓加入起義軍。但是，這件事情的真實成分又有多少？恐怕也是劉邦的心腹為了拉攏人心而散佈的謠言。也正是由於這種事情的真實性難以考證，所以即使普通人用起來也沒有人知道是真是假，只要能產生為自己造勢的目的就可以。

在宗吾看來，這種斬白蛇起義的傳說，顯然是劉邦打下天下之後，為突顯他是真命天子所製造出來的「神話」。因為，劉邦出身的確太低，為穩定漢王朝政權，不得不煞費苦心地裝神弄鬼「形象包裝」一番。

【宗吾真言】 古代的君主為什麼自稱「上天之子」，因為，這種「人神結合」的性質，可以使他們成為「人上人」。現在再直接用這種手法，沒有人會相信。可是，讓人相信你與普通人「不一樣」，保持一種神秘感，還是有用的，尤其是在官場上。

早在奴隸制時代，統治者就利用人們對於「神」的崇拜與畏懼，將君權和神權緊密結合在一起。商周時代的君主稱為「天子」，君主自稱「余一人」。神具有至高無上的絕對權威，君權就是由神授予的。整個封建時代，「君權神授」論繼續得到統治者的廣泛宣揚。「受命之君，天意之所予，故號為天子者」之類的論調，仍然在政治思想領域和社會輿論中大肆鼓吹。

在中國古代的史藏中，幾乎每一位君主都有一段關於自己血統來源的神異記載。漢高祖劉邦的母親「嘗息大澤之陂，夢與神遇」，「交龍於上，已而有娠」。前趙君主劉聰之母「夢日入懷」乃生劉聰。北齊後主高緯之母「夢於海上坐玉盆，日入裙下，遂有娠」。南朝梁武帝蕭衍，「母嘗夢抱日，已而有娠」。既然君主不是「凡胎」，其出生之際免不了會有各種神奇的異兆。隋文帝楊堅出生時，「紫氣充庭」。宋太祖趙匡胤出生時，則是「赤光繞室」。五代後周太祖郭威呱呱墜地之際，更有一番熱鬧：「載誕之夕，赤光照室，有聲如爐炭之裂，星火四迸。」元朝末年，又有一個「神異」的嬰兒出生。當他從母體中掙扎而出時，帶來「紅光滿室」，其夜「數有光起，鄰里望見，驚以為火，規奔救，至則無有」。這個嬰兒便是後來的明太祖朱元璋。

人種的神異化，使君主處在某種介於人神之間的特殊位置。然而，無論血統來源有著什麼樣的「神異」，都無法改變君主畢竟是人而不是神這樣一個事實。於是，又要出了新的花招，採用各種手段，為君主人身籠罩了種種神秘的色彩。

神秘感往往來源於無知，無知又須借助於保持一定的距離。為了維持君主在臣民心目中的神秘形象，君主與臣民之間隔離著深不可越的鴻溝。深宮如海，成為君主隔絕臣民的屏障。這種深居簡出、與世隔絕的狀況，不僅是為了保護君主的人身安全，更重要的則是為了掩飾君主凡身肉胎的真實面貌，人為地製造和增添神秘的氣氛。

此外，在維護君主尊嚴與神秘方面，中國封建社會有著許多繁瑣細密的規定，稱之為「禮」。這些規定，嚴格劃清了君主與普通臣民之間的界線，君主的一切其他任何人不得使用。君主人身的神秘色彩愈是濃厚，也就愈是容易引起人們的敬畏尊崇。

神化君主，還需要極力美化君主的人格。只有這樣，才能增加君主對百姓的精神感召力量。「神聖者王，仁智者君，武勇者長，此天之道、人之情也。」統治者總是力圖使百姓相信：君主的人格是完美的，君主即代表著偉大、睿智、聖明、仁德、英武。

事實上，古代君主不僅不可能具備上述美德，而且也不需要在實際上去追求這些美德。他們所要做的，僅僅是一番虛偽的表演，只要在臣民心目中造成君主人格神聖完美的假象，就算達到了目的。對於一位君主來說，事實上沒有必要具備全部的美德，但是卻很有必要顯得具備這一切品質。

宗吾認為，在現代社會再使用「神化」的手段，已經沒有用了。可是作為上司，設法在下屬面前保持一種神秘感，讓他們感到「天威難測」，使其養成誠惶誠恐、敬畏卑順的習慣心理，對於自己的管理是大有好處的，對於推行自己的想法亦大有助益。

厚黑處世二十三 大話欺人，臉上貼金

■對於厚黑處世者，「吹牛」是一種生存的本領。「吹牛」的手法多種多樣，目的也各不相同；「吹牛」的形式千奇百怪，效果也不盡一致。

在日常生活常有人說，我跟某某主管很熟，其實是在藉主管來抬高身分的一種做法，使別人對該主管的尊重與懼怕轉嫁為對他的尊重與懼怕。但這種假借別人的威名抬高自己，畢竟繞了一個很大圈子。其實更簡單的辦法就是直接往自己臉上「貼金」，只要「大話欺人」的手法巧妙，同樣可以抬高自己身分，使對方不敢小覷你；或者給自己私利找一個冠冕堂皇的理由，使對方無法拒絕。

【宗吾真言】 在厚黑處世中，絕不可以赤裸裸地表露出自己的真實想法。最好的辦法，就是運用「大話欺人，臉上貼金」之術，給一己之私編一個冠冕堂皇的理由。

在宗吾看來，厚黑處世者當然要追求自己的利益。可是，如果赤裸裸地表露出來，即便並不與別人的利益發生衝突，別人也不一定會愉快地合作。這時，就可以發揮「大話欺人，臉上貼金」的效果了，把本來非常自私的目的，卻說成是為了「全人類的幸福」，只有提高到這樣的高度，才能使對方不能拒絕，甚至不敢拒絕。

二次大戰期間，由於伍道夫善於做美國國防部的「打交道工作」，從而使因戰爭而陷入困境的可口可樂起死回生。戰爭與飲料，似乎風馬牛不相及。但善於經營的伍道夫卻從一位正在菲律賓服役的同學那裡得到啟發。他的那位同學告訴他，在南洋那麼熱的地方，如果能喝到可口可樂，那真是舒服極了。伍道夫一聽，心想，如果前方士兵都能喝到可口可樂，那不是可口可樂很好的出路嗎？而且當地老百姓知道了可口可樂，不是間接做了廣告嗎？興奮的伍道夫立即前往美國國防部，將自己的想法和盤托出。不料五角大廈的官員根本就不把這種想法當回事，甚至懷疑伍道夫是「癡人說夢」。

伍道夫並沒有因此退卻，他想盡辦法，讓國防部知道可口可樂對前方將士的重要。於是，他組織了三人小組，寫出了一份關於可口可樂對前方將士的重要性及密切關係的宣傳資料，經他修改後，成了一份圖文並茂的精美小冊子：《最艱苦戰鬥任務之完成與休息的重要性》。內容特別強調：戰士在戰場上，在可能的情況下，必須有生活的調劑。如果一個完成任務的戰士，在精疲力竭、口乾舌燥之際，能喝上一瓶可口可樂，該有多愜意。

知難而上的伍道夫，為把可口可樂推銷到前方，還特別召開了一次記者招待會，特邀了國會議員、戰士家屬和國防部官員參加。會上，他不斷強調：可口可樂是軍需品，可口可樂是為了對海外浴血奮戰的兄弟表達誠摯的關懷，為贏得最後的勝利貢獻一份力量。

他的話，贏得了戰士家屬的支持。一位老婦人緊緊地抱著伍道夫說：「你的構想太偉大了，你的愛心一定能夠受到上帝的支持。」在輿論的支持下，在戰士家屬和國會議員的促請下，國防部的官員終於同意了他的想法。

不僅如此，五角大廈乾脆好人做到底，宣佈不僅把可口可樂列為前方將士的必需品，而且還支持伍道夫在前方設廠生產可口可樂，以便供應戰士的需要。但是，戰時受砲火影響很大，設廠投資冒險性太大，所以這種龐大的投資，也就自然由國防部負責。

當供應前方可口可樂的消息傳出後，戰士們反應熱烈。雖然這樣使國防部無形中增加了一大筆支出，但考慮到前線將士的渴望和士氣，國防部索性宣佈：不論在世界任何一個角落，凡是有美國軍隊駐紮的地方，務必使每一位戰士，能以五美分的價格喝到一瓶可口可樂。這一供應計畫所需要的一切費用和設備，國防部將全力給予支持。

自此以後，可口可樂的銷路迅速發展到遠征軍中，海外市場也隨之迅速發展，特別是東南亞炎熱地帶，可口可樂更是成了人人喜愛的飲料。大戰結束後，可口可樂隨著美軍登陸日本，立即掀起可口可樂熱，使整個日本飲料界大為震驚。

按照宗吾的觀點，伍道夫不愧為厚黑處世高手，他的這套冠冕堂皇的理由，不僅得到了美國軍方的支持，就連美國老百姓和軍人們自己也都相信了「喝可口可樂」與「打勝仗」有密不可分的聯繫。

【宗吾真言】　要想順利運用「大話欺人，臉上貼金」，一個重要的問題是要知道用什麼形象最能打動對方，按照他喜歡的標準來「裝扮」自己。然後，創造「貼金」的機會，一旦機會出現，就不顧一切地撲上去，緊緊抓住。

宗吾認為，厚黑處世者都應該是創造和把握機會的高手。他們絕不會守株待兔式地「傻等」。

「東北王」張作霖就曾自導自演了一齣好戲，成功地為自己挖好了一條地道，巧妙地向自己所求之人表達忠心，結果官運亨通，扶搖直上。

年輕時的張作霖是個野心勃勃的人，雖說已經是土匪大頭目，但他朝思暮想要到清廷弄個一官半職來當當。

奉天將軍增琪的姨太太從關內返回奉天，此事被張作霖手下幹將湯二虎探知，急忙報告張作霖，張作霖一拍大腿，說：「這真是把貨送到家門口了。」

湯二虎奉張作霖之命在新立屯設下埋伏，當姨太太一隊人馬行至新立屯時，被湯二虎一聲吶喊阻截下來，隨後把他們押到新立屯的一個大院裡。

增琪的姨太太和貼身侍者被安置在一座大房子裡，四周站滿了持槍的土匪，這時，張作霖已經接到報告，便飛馬來到大院。故意提高聲音問湯二虎：「哪裡弄來的馬？」

湯二虎也提高聲音說：「這是弟兄們在御路上做的一筆買賣，聽說是增琪將軍大人的家眷，剛押回來。」

張作霖假裝憤怒說：「混帳東西！我早就跟你們說過，咱們在這裡是保境安民，不要隨便攔行人，我們也是萬不得已才走綠林這條黑道的。今後如有為國效力的機會，我們還得求增大人照應！你們今天卻做這樣的蠢事，將來怎向增琪大人交代？你們今晚要好好款待他們，明天一早送他們回奉天。」

在屋裡的增琪姨太太聽得清清楚楚，當即傳話要與張作霖面談。張作霖立即先派人給增琪姨太太送來最好的鴉片，然後入內跪地參拜姨太太。

姨太太很感激地對張作霖說：「聽罷剛才你的一番話，將來必有作為，今天只要你保證我平安到達奉天，我一定向將軍保薦你這一部分力量為奉天地方效力。」

張作霖聽後大喜，更是又叩頭又謝恩。

次日清晨，張作霖侍候增琪姨太太吃好早點，然後親自帶領弟兄們護送姨太太歸奉天。姨太太回到奉天後，即把途中遇險和張作霖願為朝廷效力的事向增琪將軍講了一遍。增琪十分高興，立即奏請朝廷，把張作霖的部分收編為巡防營。

在宗吾看來，這就是一種透過「大話欺人，臉上貼金」的方法，張作霖也因此告別了「胡匪」、「馬賊」生活，成為真正的清廷命官，最終成為了「東北王」。

【宗吾真言】 要打動自己的上司，另一個很重要的方面，就是「人品」。因為，人性都是喜直厚而惡機巧的，人品不佳之人，會為眾人所厭惡。因此，厚黑處世者，應以機巧權變，對自己的人品進行包裝。

宗吾認為，透過自己的人品來「作秀」，達到「大話欺人，臉上貼金」的效果，可以說在厚黑處世中屢試不爽，求財得財，求官得官。

如唐初的重臣李勣，本是李密的部下，後隨故主投於李淵父子的麾下。此時天下大勢已趨明朗。李勣懂得只有取得李淵父子的絕對信任才有前途，於是他把「東至於海，南至於江，西至汝州，北至魏郡」的所據郡縣土地人口圖親自送到關中，當著李淵的面獻給李密，說既然李密已決心投降，那我所據有的土地人口就應隨主人歸降，由主人獻出去，否則自獻就是自為己功、以邀富貴而屬「利主之敗」的不道德行為。

李淵在一旁聽了，十分感慨，認為李勣能如此盡忠故主，必是一位忠臣。李勣歸唐後，很快得到了李淵的重用。但是李密降唐後又反唐，事未成而「伏誅」。

按理說，一般的人到了這個時候，避嫌猶恐過晚，但李勣卻公然上書，奏請由他去收葬李密，唯其「公然」，才更添他的「高風亮節」，假設偷偷摸摸，則可能會有相反的效果。

在宗吾看來，李勣是利用了人們的一種心理效應，也就是人們一般不信任直接對自己的甜言蜜語而相信一個人與他人相處時表現出來的品質，即側面觀察的結果，採取迎合人們普遍地喜愛那種脫離於常人最易表現的忘恩負義、趨吉避凶、奸詐易變的人性弱點而表現出來的具有大丈夫氣概的認同心理，看似直中之直，實則大有深意。

【宗吾真言】「大話欺人，臉上貼金」這一處世技巧，說到底就是一種「自我推銷術」。透過自我推銷，使自己在社會中擁有應得的承認和地位。

宗吾認為，在社會上生活的人，誰都有滿足自我的需要，都希望別人能承認、尊重、賞識自己的知識和才能。為了達到這樣一個目的，每個人都在不斷地想方設法，在他人面前表現或推銷自我，以使對方接受自己。要達到這種效果，就需要用一些手法了。

戰國時代，古人就以他們的智慧和經驗，創造出了方法多樣的「自我推銷術」。說客們寄食於各國的權貴之門，穿梭於各國的權貴之間，抓住一切機會表現自己，推銷自己。如，張儀是「連橫」策略的創始人之一，他由魏國一名不起眼的說客，一躍成為秦國的宰相，以滔滔辯才登上了萬眾矚目的政治舞台，執戰國政局之牛耳，可謂真正大丈夫。連司馬遷也不得不承認，他是一位「傾危之士」，其實他還是一位「厚黑之士」。

在宗吾看來，要自我推銷，關鍵是在芸芸眾生中，引起別人的注意，獲得上司的賞識。為此，必須運用「標新立異」的手法才行。

第一，「標新立異」要體現在自己有膽有識上。

例如，西元前六八年，齊桓公奉周朝天子的命令統率陳、曹、齊三國兵馬討伐宋國。桓公命管仲為前部先行。管仲一行人到行山腳下，遇到一個身穿短衣短褲，頭戴破草帽，赤著雙腳的放牛人。此人拍牛角而高歌。管仲觀看此人雖衣衫襤褸但相貌不凡，於是派人以酒肉慰勞。並把放牛人喚到跟前與之攀談，攀談中，得知此人名叫甯戚，衛國人。管仲問其所學，放牛人應對如流。管仲嘆道：「豪傑埋沒於此，如不引薦，他何時才能顯露才華？」遂修書一封，讓寧戚轉呈桓公。

三天後，桓公的車仗到此，寧戚又拍著牛角唱道：「南山燦，白石爛，中有鮮魚長尺半。生不逢堯與舜禪，短褐單衣至骨幹。從昏飯牛至夜半，長夜漫漫何時旦。」

桓公聽了很驚訝，問道：「你這個放牛人，怎麼敢譭謗朝政？」

甯戚說：「小人怎敢譭謗朝政。我聽說堯舜之時，正百官而諸侯服，去四凶而天下安，不言而信，不怒而威。而今北杏開會，宋國君臣半夜逃跑；柯地會盟，曹沫又來行刺。現在您假天王之命，以令諸侯，欺侮弱小的國家，如此以往，何時天下才得太平。」

桓公聽了勃然大怒，大聲喝道：「匹夫出言不遜！」喝令斬首。

甯戚面不改色，仰天嘆曰：「夏桀殺了關龍逄，紂王殺了比干，今天您殺了我，我就是與關龍逄、比干齊名的第三條好漢了。」

齊桓公看到甯戚膽識過人，怒氣頓消，命人與之鬆綁。這時甯戚才將管仲留下的書信交給桓公。桓公大喜說道：「既有仲父的書信，為什麼不早呈寡人？」

甯戚答曰：「我聽說賢德的君主擇人而用，賢良的臣子亦擇主而仕，您如果不喜歡直言敢諫而喜歡逢迎，那麼我寧死也不會交出管相國的書信。」桓公當晚在燭光下，拜甯戚為大夫，讓他和管仲一起同參國政。後來甯戚為桓公遊說宋國，宋國不戰而降，加入盟約。

第二，「標新立異」可以體現在思維敏銳、文采出眾上。

從春秋戰國時期說客身上我們可以得到啟示，要求人者可能有很多，競爭也可能異常激烈，因此，要想使所求之人接納自己，並重用自己，或為自己辦事，必須使出全部招數，竭盡全力去遊說。在辯論方面，必須有創意，而且具有鮮明的印象，要讓所求之人，因感動而接納，這便需要相當奇妙的機智了。

如果言辭不夠動聽，甚至技巧笨拙，不但自己推銷不出去，話語不被接受，反會給自己引來禍害。正因為如此，古時的說客們不得不殫精竭慮，想出最適宜的推銷自己的方法，拿出治理亂世的睿智，提出充滿處世智慧的說辭，來打動君主。這些對於今天想要求人者有著巨大的借鑑作用。

漢武帝劉徹即位後，熱衷於召集天下的賢能之士。告示貼出沒幾天，便有近千人上書自薦。這些自薦者使用的平庸方式無法引起武帝注意，但當他看到東方朔的自薦書時，情況就大不一樣了。

當時還沒有發明紙張，推薦書都是抄寫在竹簡上的，而令人震驚的是：東方朔的上書長達三張竹簡，漢武帝閱讀著東方朔的上書，遇到中間停頓休息時，便在其間按印作記，然後再讀下去，這樣將近兩個月，才將竹簡讀完。

事實上，三張竹簡，最多不用十天便可看完，為何武帝竟看了兩個月呢！正因為東方朔的上書內容過於精采，武帝覺得，一次讀完未免可惜，寧願分段逐次看完方過癮。

《漢書》中記載了東方朔上書中的一段：

「臣朔少失父母，為兄嫂所養。臣十三而學文史之用；十五學劍；十六學詩書；十九讀孫武兵法……所讀共二十二萬言；臣勇若孟賁，捷似慶忌，廉如鮑叔，信如尾生，如是，則足以為天子之臣矣！」由此可以看出東方朔臉皮是真夠厚了，敢於如此吹噓自己。

武帝讀完，說了一句：「真是有趣得很！」隨即下令召東方朔進宮，他的自薦戰術無疑獲得了最後成功。

日常生活中，自我介紹是求人的起點，然而如何透過自我介紹來表現出自己的價值和份量，如何溝通與對方的感情，使對方承認並接受，看來是一門並不簡單的學問。

東方朔從近千人中脫穎而出，固然因為他文采出眾，但更重要的是他思維敏捷，懂得使用技高一籌的自我介紹法，所以一舉獲得了成功。

第三，「標新立異」可以體現在對「主子」的忠誠上。

例如，齊國的大臣貂勃在沒有發跡以前，只是一個很普通的官吏，而那時大臣田單卻因屢立戰功，而被齊王封為安平君，齊國的人民對他十分崇敬。貂勃好像不知道這一點似的，他常常在眾人面前譭謗田單說：「安平君是個小人。」

安平君田單得知後，就設下酒宴，派人請來貂勃說：「我怎麼得罪先生了，竟然常常在眾人面前被您誇獎呢？」

「盜蹠的狗對聖堯狂吠，牠並非認為盜蹠高貴聖堯卑賤，狗本來就會對不是牠主人的人狂叫。如今，假如公孫先生有德，而徐先生無德，若是公孫先生和徐先生打起來，徐先生的狗必將撲上去咬公孫先生的腿肚子。如果讓這狗離開無德的人而成有德人的狗，那就不只是會咬人家的腿肚子了！」

「先生的意思我明白了。」

第二天，安平君田單就把貂勃作為自己的心腹，推薦給了齊襄王。於是貂勃靠田單而起了家。

像貂勃這種做出與眾不同、富於創意的舉動，引起別人的困惑與好奇，使之不能無視你的存在。這樣做，即使不能像貂勃那樣立即得到重用，也會為將來的嶄露頭角奠定基礎。

無獨有偶，齊國有個叫馮諼的人，貧困得不能養活自己，然而他卻是一個足智多謀的人。他託人把自己推薦給仁慈而好客、門下食客三千的孟嘗君，情願寄居孟門下討一口飯吃。

孟嘗君問：「客人有什麼愛好？」

馮諼不是那種善於表白自己的人，他為了考察孟嘗君的為人與肚量，就對孟嘗君說：

「我沒什麼愛好。」

「客人能做些什麼？」

「我沒什麼才能。」

「好吧。」於是孟嘗君笑了笑，同意接收他，左右的人以為孟嘗君輕視馮諼，就把粗劣的飯菜送給他吃。過了幾天，馮諼靠在柱子上，敲著自己的寶劍，唱道：「長長的寶劍啊，咱們回去吧！吃飯沒魚。」左右的人把這事告訴孟嘗君，孟嘗君說：「給他魚吃，和中等門客同等對待。」

過了幾天，馮諼又敲著他的劍唱道：「長長的寶劍啊，回去吧！出門沒有車。」左右的人都恥笑他，也把這事告訴孟嘗君。孟嘗君說：「給他備車，和門下有車的客人一樣對待。」

於是馮諼乘著他的車，高舉著寶劍去拜訪他的朋友說：「孟嘗君能把我當客人對待。」但又過了幾天，馮諼再次敲著寶劍唱道：「長長的寶劍，咱們回去吧！沒有東西養家。」左右的人都非常厭惡他，認為他貪心不足。孟嘗君透過別人問道：「馮先生有親人嗎？」答曰：「有位老母親。」於是孟嘗君派人供給她衣食費用，不讓她缺少什麼。

從此之後，馮諼對孟嘗君十分感激，而孟嘗君也對馮諼產生了深刻的印象。

後來，孟嘗君貼出一張告示，問門下客人：「誰熟悉帳務，能為我到薛地收債呢？」

馮諼說：「我能。」

當左右告訴孟嘗君，簽名人就是那個彈著寶劍唱歌的人時，孟嘗君馬上想了起來，認為馮諼真有含而不露的才能，於是就答應了他。

馮諼到了薛地，把所有的契約都燒掉了，並說這是孟嘗君的意思。於是薛地的人民都對孟嘗君萬分感激。孟嘗君卻十分不快，馮諼就對他說：「我這是用債券替您買來仁義，是用您有餘的，收買您不足的，何樂不為呢？」

過了一年，新王即位，以「寡人不敢把先王的大臣當作臣子」為由，把孟嘗君放回到自己的封地薛城去。可是，他在離薛百里時，百姓已扶老攜幼，在路上迎候孟嘗君了。孟嘗君回頭對仍然追隨他並為他趕車的馮諼說：「先生為我所買的仁義，竟在今日看到了。」

從此，孟嘗君把馮諼作為心腹看待。馮諼後又為孟嘗君營就三窟，孟嘗君便高枕無憂了。

所以，在「厚黑之士」看來，要想求人成功，從眾多求人者中脫穎而出，必須要讓別人注意自己，要用自己的言行影響別人，要懂得危言才能聳聽、個別才能脫穎的道理。

第四，「標新立異」要體現在最關鍵的時刻，才能產生化腐朽為神奇之效。

要想擺脫地位低下、不受人重視的現狀，別人的提拔、推薦與自己的資歷和聲望，都是至關重要的條件。可是當這一切你都不具備時，就需要靠你自己的努力，在關鍵時刻奮力一躍，一蹴而就，取得成功。

例如，西元前二五八年，秦將白起兵圍邯鄲，趙孝成王讓其叔平原君向南方大國楚國求救。

平原君想帶家中二十個文武雙全的食客同往，但只找到了十九人，其餘的都不理想。這時的食客毛遂向平原君自薦。當時平原君並沒有看中他，說：「有才能的人活在世上，好比錐子放在口袋裡，錐尖立刻就透露出來。如今先生在我門下已經三年，我身邊的人對您沒什麼稱道，我也沒聽說什麼，這表明先生沒有什麼能耐。您還是留在這裡吧。」

「我是今天才請求擱在口袋裡。」毛遂道，「如果我早先就能擱進去，就會連錐把都完全突現出來，豈止露出一個錐尖就算了嗎？」

平原君暗自稱奇，當下應允。而那十九個門客卻對他投以嘲笑的目光。

到了楚國，平原君和楚王談論聯合抗秦的利害關係，從清早談到中午，還是沒有把楚國出兵救趙的事確定下來。

毛遂按劍登上大殿對楚王說：

「聯合抗秦的利害，兩句話就可以決定了。今天從早到午也還沒個決斷，這是怎麼搞的？」

楚王怒斥：「還不退下！我只跟你主人說話，你是算什麼的！」

毛遂按劍走向前來：「大王之所以敢斥責我，只是仗著楚國人多。現在十步之內，大王就不能有所倚仗了！您的生命操縱在我的手上。我的主人在面前，你呵斥什麼？再則，我毛遂聽說商湯憑藉七里地而最終統一天下，周文王依靠百里之地而臣服諸侯，難道是因為他們的士兵眾多嗎？那是因為他們能夠根據形勢而制定策略，並且使自己聲名遠揚。如今楚地五千里，強兵百萬，這是稱霸稱王的資本；憑著楚國的強大，天下無敵。白起，只不過是個小小的奴才而已，率領幾萬兵眾，頭一仗就拿下楚的郢城，第二仗燒了夷陵，第三仗就凌辱了大王的先人。這種百世的仇怨，連我們趙國都覺得恥辱，難道大王竟無羞惡之情嗎？聯合抗秦的，首先應是楚國，而不是趙國！」

聽了毛遂的慷慨陳詞，楚王羞憤交加：

「是，是，真像先生說的那樣，我鄭重地以整個國家來聽從趙王的命令。」

毛遂緊接著問：「聯合抗秦定了嗎？」

「定了！」隨即，毛遂要楚王的侍臣奉上雞、馬、狗的血來，楚王與平原君歃血為盟。

最後，趙國在楚、魏兩國的救援下，擊敗了秦軍。平原君回到趙國，感慨地說：「我趙勝再也不敢說自己善於觀察天下的士人了。」自此之後，毛遂被奉為上等門客。

宗吾認為，上述這些例子告訴我們，在厚黑處世中，一定要克服內向這一性格：一提到自己的優點不要難以啟齒，要藉講自己的缺點轉彎抹角地講出自己的成績，以為這樣做才能表現出自己的謙虛。這就成了厚黑處世的最大障礙，也與「大話欺人，臉上貼金」厚黑處世技巧背道而馳。

厚黑處世二十四 人前一套，人後一套

■有些事做得說不得，有些事則說得做不得。別人問起來，找個冠冕堂皇的話撐撐門面，私下裡加緊去做。

有些事必須得做，但不能說出來，比如請客送禮，如果整天掛在嘴上，別人肯定以為不正常，但如果不做，又何以成事？宗吾認為，像這類事，嘴上說不得，即使別人問起來，也要找個冠冕堂皇的話給自己撐門面，不能引人注意，私下裡必須想盡辦法去做。儘管公務活動中請客送禮之類事是不被提倡的，有的人嘴上義正辭嚴，像一個反對世俗禮法的英勇鬥士，高調唱得震天響，可是為了好辦事，辦成事，快辦事，找靠山，爭職位，又有幾個人會老老實實「守身如玉」？「當面一套，背後一套」，說起來不好聽，用起來可是很管用的。

【宗吾真言】《論語》云，「民可使由之，不可使知之」，其實就是說，做事別把自己的真實目的說出來。假令王莽能以此行事，絕不會在歷史上臭名昭著。

宗吾認為，在競爭的社會，一定要善於隱藏自己的想法和意圖。古代奸臣們的許多做法雖然令人不齒，日子卻過得相當修哉，在這方面我們不妨借鑑。

趙元昊（即李元昊）是宋朝西夏國的國君，他的父親李德明，曾上表宋朝表示歸順，被宋朝封為西平王。他死後由其兒子李元昊繼位，西元一三九年（宋仁宗趙禎寶元二年），李元昊自行稱帝，國號大夏，史稱為西夏。李元昊即位稱帝後，宋朝削奪了他的官職封號，於是兩國激烈對立起來。

這時，呂夷簡已是朝中宰相，而年輕得多的范仲淹此時只是一名右司諫。他向趙禎皇帝敬獻《百官圖》，指斥丞相呂夷簡任用人才不夠公正，心胸狹窄。趙禎皇帝沒有主見，便將范仲淹這個《百官圖》去徵求宰相呂夷簡的意見，呂夷簡惱羞成怒地說：「此乃范仲淹迂闊之論，不應該將他留在朝中，讓他去擔任環慶路經略招討使，去平息西夏李元昊的叛亂。」

仁宗趙禎果然依照呂夷簡的建議，撤銷了范仲淹在朝廷的右司諫職務，讓他去當環慶路招討使。當時的環慶路，完全處在西夏國王李元昊的挾持控制之下。而招討使的主要職務便是平息內外的叛離活動。呂夷簡把范仲淹派到那裡去，很明顯是要借李元昊的刀，來殺了政治上的仇敵范仲淹。

還好范仲淹很有才能，他到任環慶路招討使之後，一方面使李元昊的軍隊無隙可趁乘，另一方面實行與民休養生息的政策，使當地主要的居民漢、羌兩族和睦相處，使李元昊離間漢、羌兩族之間民族衝突的圖謀沒有得逞。

在宗吾看來，儘管呂夷簡的「借刀殺人」之計沒有成功，但是，他的處世手法卻非常高明，明為朝廷為皇帝著想，實為剷除異己。古代的奸臣們最擅長也最成功的手段，就是把自己卑鄙的目的隱藏在曲意奉承、奴顏婢膝的笑臉之下。他們把帝王們哄開心，對他們言聽計從，他們藉著帝王的手打擊忠臣義士，劇除異己。許多忠臣良將，白白死在這些人的手裡，而這些人所用的手法無非是「掛羊頭賣狗肉」，而且守口如瓶，從不告訴別人這是狗肉，於是自然許多人上當。我們雖非陰險惡毒之人，但是對付身邊這種小人就要學習借鑑了，採取以牙還牙的方式將之請入「甕」中。

【宗吾真言】　世人不解，為什麼自身的才能換不來成功，自身的辛勤換不來富貴？其實在冥冥之中有一股神奇的力量——機遇，它是通往天堂和地獄的大門，開啟大門的鑰匙就是「別把心思寫在臉上」。

我們身邊善於投機經營的大有人在，當你把你的機遇寫在臉上時，那就等於向世界宣佈你發現了寶藏，這些人豈能不打擊你以分一杯羹，甚至置你於死之後獨吞。所以全部人都知道的機遇也就不值錢了。

宗吾在著作中提出一個故事：西漢末年王莽篡位，貪婪無度。統治秩序極其混亂，人民苦不堪言，綠林、赤眉兩軍適時打起反王旗幟，共圖大業。但起義軍內部不和，經常為權勢而爭鬥不已。西元二三年，綠林軍內部為爭權奪勢。設計殺死了劉秀的哥哥。劉秀得知後，趕緊從外地奔回「請罪」。緘口不提兄弟兩人在昆陽大捷中的功績，不為哥哥服喪，也不與哥哥的舊將交談，在綠林眾將面前言談舉止和原來一樣，絲毫看不出悲哀的樣子。這樣，劉秀騙過了當時已被擁立為帝的劉玄和諸多參與謀殺哥哥的將領的眼睛，保住性命並漸漸取得他們的信任，以致後來劉玄還糊里糊塗地派他去河北進行擴展勢力的重要工作。劉秀趁此良機在河北境內積極發展自己的勢力，待羽翼豐滿之後才擁兵自立，一舉打敗綠林軍，殺了劉玄，自己當上了東漢的開國皇帝，這才有了歷史上的「光武中興」。

宗吾看來，喪兄之痛不可謂不大，但劉秀卻能忍此大悲痛，強裝笑顏。假使他當時便發一夫之怒，非但不能為慘死的兄長報仇，反而白白送去自己的一條性命。這個故事足以證明「別把心思寫在臉上的重要性」。

現代社會中這種例子也很多。

美國聯合碳化物公司一幢新建的高達五十二層的大樓竣工了，公司總部要公關部提出一個好的策劃方案，提高本公司和本大樓的知名度。一天，公司一名倉庫保管員上頂樓大房間裡去取東西。他打開門一看，哇！密密麻麻的一大群鴿子停在這間房裡，到處是鴿子糞、羽毛。於是，精明的公關部經理一下子就看出了這件小事背後潛藏的機遇，完全可以開發利用，只要將此事曝光就能提高公司的知名度。於是他們立即打電話給動物保護委員會，請他們迅速派人前來協助處理這件有關保護動物的「大事」。

動物保護委員會也從未聽說過如此稀奇的事，立即派人帶著工具前往大樓捕捉鴿子。

與此同時，公司又電告各大小電台、報紙等媒體，說在該公司總部大樓發生了一件以前從未發生過的有趣而又有重大意義的捕捉鴿子「事件」。報社、電台等新聞機構紛紛派出記者現場採訪和報導。

他們故意把這件事表演了很長時間。他們先是把一隻隻鴿子網住，然後又一隻一隻地放進專門的鴿子籠中。從捕捉第一隻鴿子算起，到最後一隻鴿子落網，整整花了三天時間，各新聞媒體也對捕捉鴿子的事件進行了追蹤報導。到最後一天，他們還別出心裁地辦了一個盛大而隆重的「鴿子放生活動」，邀請了許多人參加。有些電台甚至以直播的形式報導了這一事件，影響之大可想而知。後來他們在動物保護上做了許多工作，如拍攝電台節目、出版書籍、舉辦活動等。這樣一來，這家公司就是與保護動物這一美好形象牢牢地聯繫在一起了。

宗吾認為，厚黑處世時，可以給別人一個假象，但是同時又不把自己的真實意圖說出來，使對手產生錯誤的判斷，並造成行動上的失誤，這時你就可以利用這個自己造出來的時機，完成自己的事業了。

【宗吾真言】　厚黑處世，不能赤裸裸的顯露自己的目的出來。王莽之所以失敗，就是由於後來把它顯露出來的緣故。在成大事過程中，一定要熟練使用這套法術，人前光彩奪目，以博得大眾的支持和喝采，背後該厚就厚，該黑就黑，絲毫不能有半點仁義道德，好聽一點就是不能有婦人之仁。

宗吾這種觀點，從一個同學的經歷中可以證實。這位同學，自小聰明幹練，學習成績優異，當時他們學校要保送一名學生到英國深造，那些許多功課平平毫無專長的學生紛紛向校方送禮，這位同學見此甚為氣憤，便聯合富有正義感的同學孤立他們，並在佈告欄裡對這些學生的行徑向全校曝光，結果那些學生灰頭土臉，弄得幾位學校主管也覺得沒趣。然後，這位同學把自己真實成績寫在幾份表格上，並各自夾入「鈔票」幾張，分別放入信封送與那幾位學校主管，結果這位同學順順當當地到了倫敦。

有人對這位同學氣憤地說：「無恥之極！你讓那些學生不送禮，你卻暗自送去鈔票！」誰知這位同學卻笑笑說：「觸怒了那幾個校方主管，他們會找我麻煩的。我知道他們是只認食的狗，我先給他們點好吃的，這樣我能順利出國，而且畢業以後回學校也好再拿棍子揍他們。」

這就是厚黑處世實質。而下面一節則是美國菲力浦煙草公司的做法。

今天，隨著人們對健康和環保的重視，幾乎全世界都在大肆宣傳吸煙的危害性，煙草業簡直處於四面楚歌。就在許多煙草業都感到營運維艱時，美國的菲力浦煙草公司卻生意興隆，業績連年增加。特別是一九九八年初，美國《幸福》雜誌對八名經理人員進行民調測驗時，該公司經理在全國最受讚譽的經理中居然排名第二。

原來，菲力浦公司的做法主要體現在它的廣告上獨具一格，不採用其他商家常用的在廣告上花重金的方式，而是把公司的產品「萬寶路」廣告上那個很有精神的西部牛仔，描繪成一個堅持「獨立自主，自由選擇」的偶像。同時，只要一有機會，公司就不惜重金擴大自己的影響。在各種競選和重要的社交活動中，它常常慷慨解囊，一擲千金。例如，在紀念《人權宣言》發表兩周年的活動時，該公司一下子就捐資六萬美元。這一行動深得廣大嚮往「民權自由」的人們極大的好感，公司經理因此而獲「殊榮」。同時它的產品也被嚮往「民權自由」的美國大眾所接受。

其實大家都知道吸煙害人害己，但菲力浦公司的「萬寶路」卻成了世人喜歡的產品，這種令人不可思議的功效，只有精通厚黑處世之道才能創造。這跟李宗吾的觀點又何嘗不是如出一轍呢，只要你把你的目的用大眾所喜愛的觀念掩蓋起來，曲徑通幽，這樣一定會得到大眾認可，不過目的事先絕對不要說出來。

【宗吾真言】 厚黑處世靠什麼？枕頭上放一部厚黑學，案頭上放一部四書五經；心頭上供一個大成至聖先師李宗吾之神位，壁上供一個大成至聖先師孔子之神位。

宗吾認為，厚黑處世，應該牢記，不管做什麼事，採取什麼手段，調子一定要亮，要光明正大，冠冕堂皇，讓人不好找出破綻來攻擊。這方面，我們還得學學古人。

諸葛亮三氣周瑜是羅貫中在《三國演義》中創造的眾多藝術的經典之一，對於修煉厚黑之人有其特殊的指導意義。

先是，劉備向東吳孫權借得了荊州作棲身之地。後來，諸葛亮又設計奪了南郡；再後來，劉備又賺娶了孫權妹妹……所有這些都使周瑜氣不得出，總想找諸葛亮報仇。

偏巧，遠在北方的曹操接受下屬的建議，以漢獻帝的名義委任周瑜為南郡太守，給周瑜找到一個奪取南郡的機會。於是，周瑜派了魯肅前來向劉備索取荊州，劉備按照諸葛亮的計謀使荊州得以拖著不還，反說請周瑜領兵去奪取巴蜀，代作荊州償還給東吳。此時巴蜀已在劉璋手下，劉備也想在巴蜀自立為帝。今劉備請周瑜去奪，自是馬到成功，因為東吳周瑜的力量強過劉璋數倍。

誰知周瑜率大軍來奪南郡時，關羽、張飛、趙子龍等蜀漢猛將從四圍殺出，殺得周瑜落花流水。又一次跌下馬來，箭傷毒發，終至身亡。這便是諸葛亮巧用連環計氣死周瑜的結局。

周瑜被諸葛亮氣死後，東吳眾將都對諸葛亮恨得牙癢癢。面對東吳將士義憤，誰也想不到諸葛亮的臉皮竟然如此之厚，他竟然親至柴桑弔孝。精通厚黑之道的諸葛亮，明明心裡高興得樂不可支，但祭文卻寫得言詞悲切，並且哭聲無比悲哀，哭得東吳眾將改變了態度，只有一個龐統揣知了內幕。龐統是諸葛亮的好友，故意笑他說：「你氣死了周瑜，又來弔唁周瑜，你欺天下無人知乎？」

孔明笑笑說：「不如此，又何以掩天下人耳目呢？」宗吾看來，這句「掩人耳目」說得太好了，可說是厚黑處世中「人前一套，人後一套」的最佳註解。

【宗吾真言】要懂得包裝自己，把自己裝扮得光明正大，不能把本質透露出來。「人前一套，人後一套」的做法不受世人歡迎，可是有幾個人不在實踐著？關鍵不要給人有識破的機會，那麼保證你百試百靈。

宗吾認為，在官場上，明升暗降就是一種極好的打擊對手的手段。關鍵是用「明升」使對方和世人都以為你光明磊落，不能讓他們看到「暗降」的真實目的。

東漢末年，馬騰、韓遂等擁兵割據關中一帶，對東漢王朝造成嚴重威脅。曹操挾天子以令諸侯，在中原群雄角逐時，為了穩住自己的側翼，始終對馬、韓兩人採取懷柔政策。後來，馬騰與韓遂之間發生了衝突，曹操想藉機拉攏馬騰，以進一步控制關中一帶。

建安十三年（西元二〇八年），曹操打算南下平定劉表、孫權。為了穩定後方，他上表給漢獻帝，請任命馬騰為衛尉，把馬騰調離關中，讓他到漢獻帝手下任職。同時，將馬騰的家族都迎到曹操自己控制的鄴城，以防止馬騰在曹操南征期間，趁機在兵力空虛的後方搗亂。

衛尉一職，在漢代是很有實力的朝廷要位，專門負責掌領皇宮門禁衛及禁衛軍。但是，此時的漢獻帝只是一個傀儡而已，手下已沒有任何軍隊，就連漢獻帝本人的性命也掌握在曹操的手掌心捏著。所以，這時的衛尉，名義上雖高，但實際上只不過是個虛職而已，毫無實權。

曹操正是透過這種明升暗降的方法，控制住了馬騰。當然，馬騰的原先部隊也並不是讓給了韓遂，而是由馬騰的兒子馬超統領著。控制了馬騰，也就等於控制住了馬超，意味著控制住了關中的軍隊。

宗吾認為，如果官場上，你已大權在握，可是仍存在著強勁的潛在對手，不妨用這種明升暗降的計謀控制對方，削弱其勢力。

厚黑處世二十五　春風蕩漾，笑裡藏刀

■世人都懂得「笑裡藏刀」，但是如何「笑」，又如何「出刀」？卻是大有學問。運用「笑裡藏刀」的關鍵在「笑」，我們的「友善」要表現得非常虔誠，使對方信以為真才行。

古人云：「信面安之，陰以圖之；備而後動，勿使有變。剛中柔外也。」使敵人相信你是友好的、善意的，因此對你不做任何戒備，你則在暗地裡伺機謀取他。這就是表面友善而暗藏殺機的一種謀略。雖然這種謀略在世人看來，是一種心術不正的表現，但無論是情場、商場還是戰場，運用此計者不乏其人，而且往往還是屢見奇效。

【宗吾真言】　我並不是勸你做那種表面和氣、內心陰險、口蜜腹劍的兩面派。而只是想把它借用到厚黑處世上，透過各種偽裝手段，欺騙麻痺對手，以掩蓋自己的意圖。

宗吾認為，之所以要採取這樣一種手段，主要是因為對手太過強大，或在與對手之間的衝突尚未明朗時，欺騙麻痺對手，以圖一舉將之打敗。

元末農民起義中，群雄割據，其中以朱元璋、陳友諒和張士誠較為強大。一三六二年五月，朱元璋受到陳友諒和張士誠聯合對應天的兩面夾攻。在雙方正進行一場血戰的險惡形勢下，江北形勢驟變。小明王韓林兒和劉福通派出的三支北伐軍，遭到元軍反擊而慘敗。小明王退兵安豐後，張士誠卻派大將呂珍圍攻安豐，情況十分危急。

這天，朱元璋召開軍事會議，討論派兵解圍問題，會上議論紛紛，有的說：「我們正在和陳友諒血戰，自己還顧不了，若分兵北去，陳友諒若趁虛進攻，那我們豈不是進退無路？」有的說：「救出小明王對我們會有什麼好處呢？不是平添一個頂頭上司管制我們嗎！」眾將都反對派兵，朱元璋這次力排眾議，毅然派兵去救安豐小明王。

朱元璋為什麼願冒此風險？他葫蘆裡究竟賣的什麼藥？其實，有帝王之才的朱元璋自有他的妙計。他認為安豐是應天的屏障，安豐失守，自己的應天就暴露在敵方攻擊下，救安豐就是保應天。至於小明王，他在紅巾軍和群眾中影響最大，有號召力，是一面旗幟。他朱元璋尊小明王為主，打著他的旗號，一來是利用小明王影響，爭取人心；二來，敵方打擊的矛頭首先衝著小明王，是為了實現更大的圖謀。於是，他親自率軍北上，殺退呂珍，保住了安豐，救出了小明王。小明王對此感激涕零。朱元璋趁勝回師，與陳友諒在鄱陽湖經過一場激戰，陳友諒兵敗身死。朱元璋獲得大勝後，打著小明王的旗幟，又被封為吳國公。此後，他利用小明王的旗號，實現了更大的目的。

一三六四年以後，朱元璋節節勝利，兵多地廣，他野心大發，覺得時機已經成熟，於是激化衝突，一舉將小明王踢開，取消小明王給他的吳國公封號，自立為吳王。朱元璋覺得小明王已無多少利用價值，而且愈來愈成為絆腳石。於是設計淹死了他，為掩人耳目，把船工斬首示眾，還假惺惺地痛哭了一場。其實他正在慶幸自己的陰謀得逞。

宗吾看來，一三六八年正月，朱元璋能在應天正式登上皇帝寶座，就是用厚黑的手段，實現了其稱帝的野心，小明王到死都心存感激，就足以證明朱元璋確是一個臉厚心黑之人。

【宗吾真言】很多人都懂得「笑裡藏刀」，但是如何「笑」？又如何「出刀」，卻大有學問。而且對方是個吃軟不吃硬的人，還是一個專「挑軟的捏」的主，運用這招又有不同。

宗吾認為，對於這種人運用「笑裡藏刀」，關鍵在「笑」，我們的「友善」要表現得非常虔誠，使對方信以為真才行。

東周初年，衛莊公有三個兒子，長子桓，次子晉，三子州吁。州吁生性乖戾，喜武好兵，動輒講打喊殺，但莊公卻非常喜愛他，任其所為，一點也不加以引導。

大夫石厝是一個正直之人，他有個兒子叫厚，和州吁的個性一樣，好似天生一對兄弟，經常同玩同遊，騷擾居民。石厝將石厚鞭責了一頓，並把他鎖禁在一個空房裡。可是石厚野性不改，竟然爬牆跑了，躲在州吁府裡不回家。石厝沒辦法，只能把氣忍在肚裡。

不久，衛莊公死了，公子桓繼承了王位，是為桓公。桓公生性懦弱，毫無主張。這樣一來，州吁更加肆無忌憚了，日日夜夜和石厚商量怎樣去奪取王位。正巧周平王死了，太子即位。這是國家的一件大事，各地諸侯要親自前往弔唁，衛桓公整裝入朝。州吁趁機殺了桓公，自立為君，拜石厚為上大夫。州吁的二哥公子晉著了慌，逃到邢國去尋求政治庇護。

州吁即位後，聽到外邊都在傳說他殺兄奪國之事，因此又和石厚商議起來。石厚說：「我父親是一個正直的人，國人對他很尊重，不如主公把他召入朝中，給他一個重要的職位，國人一定不會議論紛紛了。」

州吁即命人帶了很多貴重的禮物去聘石碏入朝議事，石碏卻託病不肯入朝。石厚於是回家親自去請。石碏就問他：「新主要召見我究竟為什麼？」石厚告訴父親說：「就因為國人對新主沒有好感，誠恐王位不穩，故想請父親決一良策！」

石碏說：「這有什麼困難？凡是諸侯即位，必先稟告於朝才算真王，如果新王能得到周天子的冊封，國人還會說什麼呢？」

「這主意十分好，但現在無故入朝，恐怕天子會起疑吧，最好先得在天子面前有一個說得上話的人疏通一下，但誰可以說得上話呢？」

「那還不容易！」石碏抖擻一下精神說：「目前周天子最相信的是陳國的桓公，只要他一說，包會成功。如果新主能親往陳國走一趟，央陳桓公幫幫忙，這件事絕不會失望的。」石厚把這番話告訴州吁，州吁不勝歡喜，立即備好禮物，帶了石厚到陳國。

石碏和陳國的大夫子針很是相好，他見機會來了，乃割指寫了一封信，託一個心腹帶往陳國，秘密交給了子針託他轉呈陳桓公，陳桓公拆開信，信上這樣寫著：

「外臣石厝百拜致書陳賢侯殿下：衛國褊小，天降重殃，不幸有弒君之禍。此雖逆弟州吁所為，實臣之子厚貪位助桀。二逆不誅，亂臣賊子行將接踵於天下矣。老夫年老，力不能制，負罪先公。今二逆聯軍入朝上國，實出老夫之謀，幸上國拘執正罪，以正臣子之綱，實天下之幸，不獨臣國之幸也。」

翌日，太廟上擺設得嚴肅堂皇，陳桓公站在主位，左右文官武將排列得很整齊。州吁一行到了以後，方要鞠躬行禮，只聽子針大聲高呼：「奉周天子命令，擒拿弒君賊州吁、石厚兩人，餘人俱免！」話聲未完，已先把州吁拿住，石厚急忙拔劍想抵抗，但埋伏在左右壁廂的武士一擁而上，把石厚也捆綁起來。

宗吾認為，石厝是石厚的親生父親，所以他做夢也想不到，他父親想除掉他，這就使「笑裡藏刀」順利地得以實施，而且是「笑」得那麼真心實意和顏悅色，不露半點蛛絲馬跡。可見，充分發揮「笑」的麻醉作用，以使對手自願地把脖子伸到你的刀下，是這一招的精髓所在！

厚黑處世二十六　感情投資，本小利大

■不管是什麼人，有基本的共性，就是喜歡聽好聽的，喜歡別人順著自己。正所謂：「逢人短命，遇貨添錢。」無往而不勝也。

宗吾認為，人是有感情的動物，人人都有被愛的需要，同時又都會有仁慈心、同情心。因此，透過滿足別人人性的需要、感情的飢渴而進行的投資，可以順利地達到自己的目的。清朝大貪官和珅，人們罵他的貪得無厭，但不得不佩服他的鑽營本領：懂得利用厚臉皮，進行感情投資，所以能夠扶搖直上，位居一人之下，萬人之上，經年不墜，而多少忠臣義士，即使英明傳世，但都難免禍及身家，他們的本事沒有完全施展開，就做了枉死鬼。對國、對家、對天下蒼生和自己的家人，對自己刻苦一生的艱辛和遠大抱負都是巨大的損失。一樣的事有不一樣的達成路徑，忠臣義士選的是路徑最直接風險最大的一條，結果敗者多；奸臣們所選的是曲線包圍的路，所以達成了心願，也嚴嚴實實保護了自己。

【宗吾真言】　奉承別人在厚黑處世中非常重要。假如你遇著一個人，你問他幾歲？他答：「今年五十歲了。」你說：「看你先生的面貌，只像三十幾的人，最多不過四十歲罷了。」他聽了，一定很歡喜。

宗吾用「逢人短命，遇貨添錢」，就想說明拍馬屁也是一種功夫，沒有厚臉皮，沒有隨機應變的本領，也是拍不好馬屁的，說不定會拍錯了地方，招來殺身之禍呢。

許多人都知道周文王姬昌的死對頭是商紂王，但實際上，早在紂王的上代，就是紂王的祖父文丁和父親帝乙，都曾千方百計要除掉姬昌。

當商朝國君還是紂王的祖父文丁之時，周邦只是商朝手下的一個小方國，而周邦的主公是姬昌的父親季歷。

季歷治理西部地區有方，以西岐為根據地，幾年之內就征服了周圍十數個西部小國，使之全部臣服於上國商朝。這下子，文丁起了疑心，暗自想道：許多西部小國雖然成了商朝的屬國諸侯，但他們首先就成了季歷周邦領土，季歷擴大了地盤，也掠取了財物，俘獲了人員，長此以往，季歷將來肯定尾大不掉，叛離我商朝，最後成為我殷商的心腹大患。我豈能不防患於未然。

於是，文丁藉故殺了季歷。他的西伯侯由其兒子姬昌繼承了下來。天命不爽，謀害季歷的殷商國王文丁也很快死去，他在位僅僅幾年時間。他死後由他的兒子帝乙即位，帝乙是紂王的父親。

商朝的新國王帝乙準備組織強大的兵力來攻佔周邦，此時整個商朝屬下有諸侯一千八百多個，周邦自己的力量頂多抵得五個小國的勢力，周邦與商朝的力量對比還處在一比三百的懸殊狀態中。

西伯侯姬昌深知自己根本不堪一擊，於是便想出了「奉承拍馬」以保全自己的謀略來。

商朝先皇文丁去世後，留下了一個女兒名叫亮麗公主，這公主名字好聽，其實是個醜女，她是帝乙的大妹子，已經過了二十歲還沒嫁出去，在當時女十三歲就「及笄」可以出嫁，到二十多歲還嫁不出去已經是老姑婆了。西伯侯姬昌派出自己的心腹散宜生，帶許多聘禮到商朝殷都去，對帝乙大肆「奉承拍馬」一番，公開宣稱西伯侯姬昌欲娶亮麗公主為妃子，這下便在殷都掀起了大波。

散宜生在周邦是有名的說客，能把事情說得天花亂墜，口若懸河，他對帝乙說：「父死，長兄為父，大王妹亮麗公主能得君王陛下為長兄，乃是她的福氣所在。君王定當為她做主，答應她與西伯侯的婚事，以保亮麗公主一生福壽綿長，以使妹婿西伯侯的周邦永遠忠於殷商本國。」

與此同時，散宜生還對亮麗公主本人也發動了「奉承拍馬」的煽情說合，因亮麗本是醜女，散宜生不能吹捧她如何如何國色天香，而是說她嫁給西伯侯定能帶給商、周兩國無窮福祉。散宜生對亮麗公主說：

「化干戈為玉帛的最好途徑，莫過於連理和親。公主嫁到我周國西岐去，必將使整個西部地區臣服上國商朝，永修姻親和睦。」

另外，散宜生還對商朝的文武大臣們展開了「奉承拍馬」的凌厲攻勢，對他們說：「諸位都是上國君王的臣工，定然知道上國的鞏固安寧即是諸位的前途命運所在，必將促成西伯侯與亮麗公主的和美聯姻。」這便使帝乙非把妹妹亮麗嫁給姬昌不可了。

在宗吾看來，姬昌的這次「感情投資」，的確「本小利大」，自從娶了帝乙的妹妹亮麗公主之後，使商朝在帝乙統治下的二十年之內再也沒有發動對周國的戰爭，姬昌贏得了積聚力量的大好環境。宗吾認為，上述招數並不難學，只要在日常生活中，多講「好話」、「套話」、「吉慶話」就可以了。

【宗吾真言】　厚黑處世時，「虛情假意」地進行感情投資目的何在？說到底是為了追求回報。因為，既然是投資，就要有回報，最好的結果當然就是小本大利了。

宗吾認為，感情投資，不在乎有沒有東西或者東西的多少，有些時候也許一文不值的東西也能籠絡人心。在福克斯波羅公司的早期，急需一項性命攸關的技術改造。有一天深夜，一位科學家拿了一台確實能解決問題的原型機，闖進了總裁的辦公室。總裁看到這個主意簡直難以置信，便思考該怎樣給予獎勵。他把辦公桌的大多數抽屜都翻遍了，總算找到了一樣東西，於是躬身對那位科學家說：「這個給你。」他手上拿的竟是一根塑膠香蕉。但別看香蕉小，卻使那位經過多少個不眠之夜才得以成功的科學家感到心滿意足，因為，它是一種榮譽，是一個人成功的標誌。就好像曾國藩的湘軍將領一樣，以得到刻有曾國藩筆跡的腰刀為榮。這些東西看似不值錢，但是卻因為融入了一種感情，表明了自己得到了上司的一種承認一種尊敬的感情。在這種感情的投資下，下屬自然肝腦塗地而在所不辭了。

當然，對於取得與眾不同的成績的人還應給予與眾不同的重賞，這對於想籠絡人心的人來講，尤為重要，這種「感情投資」得到的是一個下屬的忠心，再大的投資也是一種「小本」。近代袁世凱手下有個師長叫王懷慶。袁世凱一心要做皇帝，因此他想籠絡大批人才，效忠於自己，他把王懷慶也列入了自己的籠絡對象。

民國建立之後，蒙古的各親王在前清肅親王的煽動下，紛紛宣佈獨立，保住他們的親王地位。袁世凱便委任張紹曾為綏遠將軍，王懷慶為多倫鎮守使，征伐各蒙古親王。經過兩個多月的激戰，王懷慶率領的軍隊大獲全勝，凱旋回京。袁世凱命王懷慶將作戰的各項開銷列出清單，到國庫報銷。王懷慶回去統計了一下，一共花費了四十萬元左右。他想多報些以中飽私囊，就開了張六十萬元的軍費報銷單。第二天，他拿著報銷單讓袁大總統過目。袁世凱看完後，將單子往桌子上一扔說：「太少了，回去重寫。」

王懷慶馬上明白了這番話的意思，這是袁總統給他施加恩惠。他回去之後，壯起膽子寫了一張一百萬元的報銷單據，誰料到袁世凱看後仍然說太少。當王懷慶第三次來到袁世凱面前時，軍費報銷單已經虛報到一百四十萬元，袁世凱這才提筆批了「准領」兩個字。

在宗吾看來，袁世凱並不一定真的與王懷慶交情如何深，他不過是為了讓王懷慶為自己賣命而進行的一種「感情投資」罷了。那些所謂的「滴水之恩，湧泉相報」、「士為知己者死」等的思想，正是可供厚黑之士加以利用的弱點。

厚黑處世二十七　狼披羊皮，裡黑表義

■心最狠，卻要把仁愛之心表現出來；心最細，卻要把豁達大度表現出來。

宗吾認為，演技對厚黑處世極為重要，做大事尤其需要演技高明。具有經天緯地之才的帝王將相，心最狠，但卻經常把仁愛之心表現出來；心最細，但卻經常把豁達大度表現出來；他們是一群披著羊皮的狼，「作秀」是他們的專長。普通人為什麼難有大作為，就是因為無論大事小事，事事認真，表裡如一。

【宗吾真言】　明處難防暗算，真槍實砲難防糖衣炸彈。高明的演技，可以使人被殺頭之後仍感恩戴德，死而無憾；被賣掉了還幫他數錢，連連稱謝。

在宗吾看來，歷代明君和開國皇帝沒有不是演技高超的，他們最擅長於讓下屬感恩戴德，為其衝鋒陷陣，死而無憾。他們的天下也就是這樣得來的。

李世勣是唐朝的開國功臣，是第一個被賜為「國姓」的人（他原姓徐），又是李世民晚年囑以託孤重任的人。對這樣的重臣，李世民自然十分重視感情上的拉攏。有一次，李世勣得了急病，醫生開的處方上有「鬍鬚灰可以救治」的話，李世民看了，便毫不猶豫地剪下自己的鬍鬚送給李世勣。古云，身體

髮膚，受之父母，不可損傷。至於皇帝，連身上的一根汗毛也是珍貴無比的。李世勣感動得熱淚長流，叩頭以至流血，表達他感激不盡的激動心情。李世民卻說：「這都是為了國家，不是為了你個人，這有什麼可謝的！」

唐太宗對待罪臣，在繩之以法的同時，也動之以情，教下屬死而無怨。

侯君集也是唐朝開國功臣之一，後來他居功自傲，又頗貪婪，在平定高昌國時，未經報告，將一些無罪之人收為家奴，又私自取去高昌國的大量寶物，據為己有。上行下效，將士們也學著主帥，紛紛竊盜。班師回朝後，被人揭發，送進了大牢。後來雖然被釋放，從此卻萌發了謀反的念頭，與那個荒唐之極的太子李承乾攪混在一起，鼓動他鬧事。後來，陰謀敗露了，唐太宗親自將他傳來，對他說：「你是有功的大臣，我不想讓你去受獄中官吏的侮辱，因此親自來審訊你。」侯君集認罪之後，太宗徵求大臣們的意見說：「君集立過大功，留他一條活命，你們看行嗎？」大臣們都不贊成，唐太宗長嘆一聲說：「只好與足下永別了！」說完淚如雨下。

侯君集後悔莫及，臨刑時，對監刑將軍說：「沒想到我侯君集會落到這個地步，但我早年便追隨陛下，在平定異族時也立有大功，請求陛下能留下我一個兒子，以保全我侯氏這一門的血脈。」

按照封建社會的法律，謀反者是要禍及九族的，可是，唐太宗卻赦免了他的夫人及兒子的死罪，只是將其流放到嶺南，真是心細如塵且寬宏大度，這樣一來還可以繼續保持他聖賢的美名。

宗吾看來，李世民開創大唐盛世功不可沒，但是這與他善於駕馭下屬的本領有很大的關係。要駕馭下屬就得籠絡其心，要籠絡其心就得自己有「賢」的招牌，要盡量使自己符合人們觀念中聖賢的標準。

但是人不可能是想像中的聖賢人物，有人性不足的一面，而且為了追求自己的利益，需要把競爭對手擊垮，這就注定了他一定有其不可告人的內心真實想法。況且李世民為了皇位連兄弟都殺害，其心之毒辣可見一斑。為了迎合大眾的要求以得到大眾的支持，所以就需要有仁義的面孔，這就只好演戲了。其他的千古明君形象也正是這樣建立起來的。

【宗吾真言】　敵人畢竟愈少愈好，朋友畢竟愈多愈好；所以，使自己的朋友死心為自己賣命，還不算最高明，最高明的「作秀」是能夠把自己的敵人，感化為自己的朋友。

宗吾看來，透過「作秀」來獲得「仁義」的名聲，進而去感化對手為己所用，這對於正在創建自己事業或者事業正處於上升階段的領導者尤為重要。

清太祖努爾哈赤是清王朝事業的奠基人。他以十三副遺甲起兵，經過數十年的艱苦創業，終於使滿族發展成為能與明朝抗衡的一股力量。這當中固然有許多原因，而努爾哈赤長於表演，廣攬人才，則又是其中的重要原因之一。

萬曆十二年九月，努爾哈赤攻打翁科洛城，翁科洛有一位守城勇士鄂爾果尼藏在暗處向努爾哈赤施放冷箭。努爾哈赤閃躲不及，被射傷了。他拔出帶血的箭，繼續指揮戰鬥。這時，又有一個叫羅科的守城戰士藉煙霧的掩護，潛到努爾哈赤近處，一箭射中其脖頸，雖然未中要害，但箭頭如雙鉤，拔出之後，「血湧如注」，「血肉並落」。努爾哈赤頓時昏死過去。攻城部隊只好撤退。努爾哈赤傷癒之後，再次率兵攻陷了翁科洛城，並生擒了上次射傷他的鄂爾果尼和羅科。眾人憤怒地要將兩人亂箭穿胸處死，可是，努爾哈赤顯得十分冷靜，對眾人說：「兩敵交鋒，志在取勝。彼為其主乃射我，今為我用，不又為我射敵耶？如此勇敢之人，若臨陣死於鋒鏑，猶將惜之，奈何以射我故而殺之乎？」

然後，親自為兩人鬆綁，並好言安慰。鄂爾果尼和羅科終於被這一舉動感動得流下了熱淚，他們當即表示願意歸順努爾哈赤，並為其效力。後來，鄂爾果尼和羅科英勇作戰，為努爾哈赤的統一事業立下汗馬功勞。

清太宗皇太極也同樣是一位愛惜將才的馬上帝王，他自天命十一年（西元一六二六年）即位後金汗後，由於滿族人口不多，為了入關打敗人口眾多的漢族人，這就需要吸納更多的降將。所以皇太極特別善待降將並委以重任，他把這個問題看成是打敗明朝，實現統一大業的重要手段，並產生了巨大的效應。

天聰七年（西元一六三三年），參將孔有德、耿仲明率官兵數千人自山東登州航海來降。此後又有廣鹿島副將尚可喜、石城島總兵沈志祥等帶領大批官兵、人口來降。皇太極封孔有德為都元帥，耿仲明為總兵官，其他各官也視功勞分別封賞，並賜賞大量珍寶財物。孔、耿、尚部來降，不僅給後金帶來巨大的政治影響，使後金在與明朝進行改朝換代爭戰中打開了更廣闊的道路，而且使後金社會內部發生了新變化。清太宗下令孔、耿所部帥旗用皂（黑色），後又規定孔、耿與八個和碩貝勒同列一班，並為之營建府第。崇德元年（西元一六三六年）封孔有德為恭順王、耿仲明為懷順王、尚可喜為智順王，而孔、耿與尚獨立分管兩支由漢人組成的部隊，獲得類同八旗主一樣的權力。孔、耿、尚的來歸成為太宗編制漢軍旗的開始，使清軍的實力大大增強，孔、耿、尚為清朝的統一全國建立了汗馬功勞。

宗吾看來，皇太極實施的各種善待降將、委以重任的政策，使得皇太極身旁有著一支漢將隊伍，這樣，既解決了清軍軍事將才缺乏的問題，又削弱和瓦解了明軍，不斷壯大自己的力量。

第四篇 涉世圓轉善權變

◆性格耿直的人，常常官場失意。道理很簡單，耿直的人，往往生活在理想中，不懂得向現實妥協，在以通權達變為原則的官場自然無法立身。

因而，圓轉處世是一種智慧，而且是一種非常高級的智慧，愚昧的人只能墨守成規，亦步亦趨地走在別人後面，永遠不會越雷池一步。

而作為一種創造性的智慧，圓轉處世之術非聰慧睿智之人不能熟練使用，非大智大勇之人不能使之迭出新意。而這種處世技巧，不僅用於下屬對上司，或弱者對強者，哪怕是上司或強者，也要圓轉處世，以謀成大事。

厚黑處世二十八 以變應變，上乘變術

■ 真正成大事的人，是會始終保持清醒的理智和圓轉處世的作風的，不會隨著地位的變化而遷移。

能屈能伸、以變應變是政治家的處事原則；恪守信念、寧死不屈是仁人志士的處世信條。在我們的觀念中，前者不無道理，後者尤為「真理」，怎樣才能把這兩種觀念統一呢？道理很簡單，前者是做官，後者是做人。

【宗吾真言】 俗話說：「直如弦，死道邊；曲如鉤，反封侯。」在同一個競爭環境中，「直的」往往鬥不過「曲的」。

在宗吾看來，「曲」含有無盡的深意。在官場上，直腸子的人無法立身，而看似柔弱的人卻官運亨通，這種例子太多了。

唐玄宗時，李林甫、裴耀卿、張九齡同為朝廷重臣。張九齡以直言敢諫著名，暫時獲得了朝廷的信任，李林甫因此懷恨在心。

這時，寵妃武惠妃與太子有隙，誣陷太子私結黨羽，求玄宗將太子廢掉。玄宗動了心，提到朝廷上討論。張九齡堅決不同意，並說因一個女人之言就廢立太子，實非聖君之所為。玄宗聽了，不悅而退。李林甫趁機拜見玄宗，說張九齡實為太子一黨，故有此諫。自此，玄宗對張九齡產生了壞印象。

開元二十四年（西元七三六年），玄宗聽從郡州之舉，想加封鶉觚人牛仙客為幽國公。張九齡認為此人並無大功，不宜封此重爵，便相約李林甫一同去諍諫。李林甫當面表示同意，但到了玄宗面前，他卻裝作沉思之態。玄宗仍堅持封牛仙客，張九齡堅持己意，玄宗不悅，退身回後宮。李林甫又尋機會潛來，告訴玄宗：「張九齡固諫逼上，有不敬之罪，在用人問題上處處與皇上作對，只不過謀圖樹立太子黨群，為自己留條後路而已。」

一句話說得玄宗大怒起來，「我還沒到該死的年紀，九齡就懷此心，怎可重用！」當即令李林甫代擬詔書，將張九齡貶官外放。

李林甫怕因此在朝廷大臣中站不住腳，忙說：「張九齡固諫之後，皇上即把他貶斥外放，顯得皇上沒有氣量，不如緩緩再說。」玄宗聽聽有理，便沒讓李林甫寫詔，不過，玄宗對此事卻耿耿於懷，終於找個機會罷去了張九齡的宰相之職。

宗吾看來，李林甫與張九齡，同朝為官，同為重臣，同樣曾受到皇上重視，可是處世一「曲」一「直」，結局就大為不同。

【宗吾真言】 隨著一個人的地位升高，權力增大，他的意志變得可以不折不扣地被執行了。這時，他也就逐漸忘記「圓轉」處世了。這就是很多人在創業時，先勝後敗的其中一個原因。

宗吾認為，真正成大事的人，是會始終保持清醒的理智和圓轉處世的作風的，不會隨著地位的變化而遷移。

遼太宗率兵南侵，滅了中原的後晉。後晉一亡，中原無主。天顯二年（西元九二七年）正月初一日，太宗耶律德光進入汴京，二月改契丹國號為大遼。對於兒子太宗在中原稱帝一事，太后述律平很是擔心。果然，遼太宗以胡人身分君臨中國，不信任漢官，刺史等級官員都是契丹人，結果民不聊生，怨聲載道。另外，河東節度使劉知遠自立為帝，國號漢，得到愈來愈多各地反異族統治運動的回應。終於，遼太宗感到無法再統治下去了。於是找個藉口，召集百官說：「我是北方人，不適於南方氣候，我要回去避暑，同時省親。」並留下他的表弟蕭翰守汴州，自己自大梁出發回契丹。太宗撤退消息傳開，人心大亂，那些前晉的叛將官吏們又都趁機叛變，回應河東劉知遠。太宗於途中聞知，覺得到手的中原大地又要失去了，不無懊惱悲傷，想起當初太后的警勸，羞憤交加，行至臨城得了病，到了欒城病更加劇，不久即死，享壽四十六歲。

太宗耶律德光生前沒有立過皇太子，卻立了皇太弟耶律李胡。這顯然是述律太后精心策劃安排的。因為據史載，三個兒子中，述律太后所喜歡的除了德光，便是李胡。他以壽呂王的身分兼天下兵馬大元帥。太宗南伐，李胡留在本國侍奉太后，同時留在上國的還有太宗的兒子壽安王耶律述律。

太宗崩於殺胡林，那些以敗軍之將的面目回國的將領們，想起述律太后的嚴厲，對於回國後的前途吉凶不無憂懼。於是護駕的南院大王耶律吼與北院大王耶律斡會商，擁立太宗的姪子永康王，正式於恆州登大寶，改元天祿，是為遼世宗，並為太宗皇帝舉哀成服。

述律太后此時才知兒子太宗已死，但聞世宗自立為皇帝，赫然震怒，於是遣皇太弟李胡帥兵拒世宗回國，兩軍接戰，李胡大敗。無奈，年近七十的述律老太后不得不親自披掛，迎戰於潢河。就在雙方僵持一觸即發之時，述律太后問計於耶律屋質。耶律屋質向她建議：「李胡、永康王皆太祖子孫，神器非移他族，何不可之有？」耶律屋質一句話點醒了述律太后。就這樣，述律太后才沒有因為被加害而得以善終。

宗吾認為，述律太后一生善弄權殺人，性格剛直、寧折不彎，但在孫兒面前認輸服軟，根本原因是當時雙方實力懸殊，述律平在感情的背後更有著實力的權衡。其能屈能伸的圓轉政治風範，當真教人自愧不如。

【宗吾真言】機智靈活，變中取勝。戰場、職場、商場莫不如此。只有敏捷多變的人，才能遇險不驚，取得最後的勝利。

宗吾看來，如果身處官場，要想自我保全，往往要十分小心謹慎應變，否則，複雜的權力之爭就會禍及自己。

劉邦在平定英布的叛亂中受傷，又加上年老，回到長安就一病不起。這時，北方的燕王盧綰又反叛，劉邦便讓樊噲掛相印領兵出征。

樊噲離開長安後，與樊噲素有嫌隙的人就趁機說他的壞話，劉邦聽信了這些謠言，大罵說：「樊噲匹夫見我有病，竟然希望我死掉！」馬上命令陳平用驛車把周勃送到樊噲軍中，前去接替樊噲的主將職務，陳平則奉命取回樊噲的首級。

在路上，兩人商議說：「樊噲是皇上的老部下，戰功赫赫，關係眾多，又是呂后的妹妹呂須的丈夫，皇上對他素來倚重。這次皇上生病，容易動怒，聽信了別人的讒言，這才要殺他，恐怕將來會後悔的。皇上一後悔，恐怕要拿我們出氣，即使皇上不怪我們，呂后也會怪我們。再者，萬一皇上近日駕崩，那可就更麻煩了。我們不能親手殺他，寧願把他裝在囚車裡，送回長安，讓皇上親自處置他。」兩人議定，在樊噲軍的周邊，設了一個祭壇，用皇上的符節把樊噲召來，讀完了詔書，就把樊噲的雙手捆了起來，裝進了囚車，由陳平負責押回。

宗吾看來，即使奉行「皇命」也要隨機應變，看具體情況行事，否則，不折不扣地執行起來，反倒可能性命不保。在回長安的途中，陳平就聽說劉邦死了。陳平就先乘車趕回，向呂后稟報這件事。呂后當然不會因未執行「皇命」而怪罪陳平，反而對陳平大加讚許。陳平正靠著這套「圓轉處世」的手法，才在呂氏專權和因此掀起的血雨腥風中，「任憑風吹浪打，我自巋然不動。」

身在職場也應如此，上司也是人，是人都有感情用事的時候，都有衝動的時候。一旦過後他後悔了，那麼上司也許不一定會責怪你，但是內心起碼會對你反感，認為你沒有用，不能阻止他犯錯誤。

況且，有時情形還更加錯綜複雜，就好像陳平的處境一樣，這些錯綜複雜的關係更加要求我們辦事不能一條筋、只知道忠忠實實地執行上司命令。應先拍胸將上司的任務接受下來，但在內心一定要權衡利弊計較得失，選擇對自己而不是對上司最有利的方式來辦，那樣才能保護自己。

厚黑處世二十九 識時務者，方為俊傑

■ 大家都知道「大樹底下好乘涼」，可是應該靠哪棵樹，怎樣才能靠得上？不僅要緊靠真正用得上的「大樹」，還要切記不可在一棵樹上吊死，並且隨時準備開溜。

宗吾看來，在官場中，身為屬下的，很難做真實的自己，都要戴上一副假面具，先立身，後做事。為此，必須討好上司。誰讓他是上司呢？作為上司，他就是一棵大樹。你不討好他，他就不會在乎你，就不會給你好吃的。因此，只有「識時務」，針對性地去變換不同的手法，去順著上司，才能達到自己的目的。

【宗吾真言】 人在官場，最擔心的就是「一朝天子，一朝臣」。一旦自己的靠山倒了，作為「前朝老臣」，你就很難再有所作為。

宗吾認為，這一觀點也有例外，就是對那些善於見風轉舵、討好主子的應變能力極強的「厚黑高手」。比如，隋唐時代的裴矩，一生侍奉過北齊、隋文帝、隋煬帝、宇文化及、竇建德、唐高祖、唐太宗，共三個王朝，七個主子，他在每一個主子手下都很得意。原因就在於他善於「改弦更張」。

他知道隋煬帝是一個好大喜功之人，便想方設法挑動他的拓邊擴土的野心。他不辭辛苦，親自深入西域各國，探訪各國的風俗習慣、山川狀況、民族分佈、物產服裝情況，撰寫了一本《西域圖記》，果然大得煬帝的歡心。一次便賞賜他五百匹綢緞，每天將他召到御座旁，詳細詢問西域狀況，並將他升為黃門侍郎，讓他到西北地方處理與西域各國的事務；他也不負所望，說服了十幾個小國歸順隋朝。

有一年，隋煬帝要到西北邊地巡視，裴矩不惜花費重金，說服西域二十七個國家的酋長，佩珠戴玉，服錦衣繡，焚香奏樂，載歌載舞，拜謁於道旁；又命令當地男女百姓濃妝豔抹，縱情圍觀，隊伍綿延數十里，可謂盛況空前。隋煬帝大為高興，又將他升為銀青光祿大夫。

就這樣，裴矩個人是富貴了。但此時的隋朝正面臨巨大的災難之中，戰爭曠日持久，隋煬帝屢戰屢敗，耗盡了隋朝的人力、物力、財力，並最終滅亡了。

後來他降了唐朝，在唐太宗時擔任吏部尚書。他看到唐太宗喜歡諫臣，於是搖身一變，也成了仗義執言、直言敢諫的忠臣了。

唐太宗就多次在臣僚面前說過這樣的話：「裴矩能夠當眾表示不同的意見，而不是表面上順從而心存不滿。如果在每一件事情上都能這樣，還用擔心天下不會大治嗎？」

宗吾看來，唐太宗已是厚黑高手了，可是裴矩的厚黑功力又遠高於他！這就是他能保障自己無論怎麼改朝換代都能身居高位永無殺身之禍的最重要原因了。

【宗吾真言】 中國歷史上有一個厚黑大師，叫叔孫通，他的學生把他叫做「聖人」，宗吾認為，「聖人」之「聖」，就在於他「懂得現實世界的事情」。

宗吾認為，叔孫通能在哪個主子面前都走紅，足見他是一個「聖人」。同時，也證明了「識時務、知權變」是成為「聖人」的必備條件。

早在秦始皇時期，叔孫通便以博士的頭銜為秦王朝效力了。秦始皇焚書坑儒，坑的就是這些有博士頭銜的人，當時坑的人數多達四百六十餘人，而叔孫通居然能倖免於難，真不知他用的什麼手段討好了秦始皇。

到了秦二世時代，陳勝、吳廣農民起義，秦二世召來了一幫博士儒生詢問對策，有三十餘名博士紛紛進言道：「臣民不允許聚眾鬧事，聚眾鬧事就是造反，就是不可饒恕的死罪，請陛下立即發兵擊討！」

叔孫通明白了秦二世的心思說道：「他們說的都不對。現在天下一家，郡縣的城牆、關卡早已摧毀，兵器也早已收繳銷融，向天下百姓表示永遠不再用武。而且上有英明的國君，下有嚴格的法令，官吏們人人恪盡職守，四方百姓都心向朝廷，怎麼會有造反的人？南方那些戍卒不過是些鼠竊狗盜的小偷小摸，何足掛齒，當地的官員早已將他們拘捕殺戮，根本不必大驚小怪！」

結果，那些說是造反而堅持派兵鎮壓的博士們都被送交司法部門審訊，而叔孫通卻得到了二十匹布帛的賞賜，並將他的官職升了一級。其實，他已清楚地看出了秦國即將滅亡的形勢，當夜便逃出秦都咸陽，投奔陳勝、吳廣的隊伍去了。陳勝、吳廣失敗以後，他先後又歸順過項梁、義帝、項羽，最後項羽失敗，他投降了劉邦。

劉邦這個人不喜歡讀書人，叔孫通就脫掉了自己儒生的服裝，特意換上一身劉邦故鄉通行的短衣短衫。當他投降劉邦時，有一百多名學生隨他而來，但他並不向劉邦推薦，而他所推薦的，全是一些不怕死、敢拚命的壯士。當劉邦當上皇帝以後，那些故舊部下全不懂得一點君臣之間的繁文縟節。劉邦面對這幫昔日得力兄弟深以為患。這一點讓叔孫通看出來了，他便趁機建議制定一套大臣朝見皇帝的禮儀。劉邦自然同意。

漢高祖七年（西元前二年），長樂宮建成，諸侯們和大臣們進行十月朝拜歲首的禮節。整個朝會過程都擺設有酒，沒有敢喧嘩失禮的人。於是漢高祖說：「我直到今天才知道當皇帝的尊貴。」於是，讓叔孫通當了奉常，賞賜給他五百斤金子。

叔孫通趁機推薦說：「我的那些弟子儒生跟隨我很長時間了，和我一同定下的這套禮儀，希望陛下您賞他們做官。」漢高祖都讓他們做了郎中。

叔孫通出宮後，把五百斤金子全賞給了他的弟子。那些書生們於是便高興地說：「叔孫通先生是個聖人，懂得現在這個世界的事情。」

於是叔孫通加官晉爵，成為朝廷近臣，一直到漢惠帝還恩寵不衰。

宗吾看來，叔孫通以一人之身，能適應秦始皇之暴、秦二世之昏、陳勝之陋、項羽之威、劉邦之薄、惠帝之懦，在那樣一個天下大亂、文人遭劫的年代，不只苟全性命，而且處處得意，其保身取寵的訣竅，全在於「變與不變」之間。

厚黑處世三十 用之如寶，棄之如草

■ 厚黑處世者，就應該為了大目標，可以不擇手段。為了自己的生存和前途，在關鍵的時候，心安理得地「厚黑」一把。

宗吾認為，成就非凡的精英們，絕不會因為一時的海誓山盟和親朋好友而忘記自己追求和人生理想，甚至不允許因此減慢前進的步伐。在以大局為重的鮮亮旗幟下，他們可以背信棄義於過去的海誓山盟，恩將仇報於自己的父母、兄弟姐妹、同患難的親朋好友，甚至昔日的救命恩人。成吉思汗的少年時期三次結拜的兄弟，由於各自追求不同而分道揚鑣對抗了二十幾年，所以在宗吾看來，厚黑處世者，就應該為了實現目標，可以用感情來拉攏人心，但自己則不能被感情所支配。為了自己的生存和前途，「勝者王侯敗者寇」，關鍵時刻，一定要充分展現一下自己的厚黑天性。

【宗吾真言】 俗話說：「非常之時定有非常之賞」，厚黑處世者，用人之時不妨多開一些空頭支票，最終是否真的兌現，那就完全看當時的具體情況而行了。不想兌現時，千萬要把臉皮磨厚，甭管別人心裡怎麼想！

在宗吾的著作中多次提到，在中國歷史上，許多開國皇帝根基牢固後，為了自己子孫後代江山永固，一般都會對與自己出生入死的功臣名將痛下殺手，如劉邦翦除異姓王，趙匡胤杯酒釋兵權，朱元璋屠戮眾功臣，康熙削三藩等。

漢高祖劉邦，算得是其中的佼佼者了，他從一個「十里一亭」的江蘇沛縣泗水亭亭長起步，僅僅經過四、五年的時間，不僅達到了消滅秦朝的目標，而且取得了楚漢相爭的勝利，消滅了西楚霸王項羽而擁有了天下，創立了漢朝。他初時是很謙虛大度的，為了籠絡手下戰將，劉邦採取不論其是否劉姓，功勞夠封王者一律封王的策略，漢初劉邦先後封了韓信、彭越和英布等七個異姓王，並與諸王稱兄道弟。然而，坐了天下當了皇帝後沒多久，劉邦就後悔不該封異姓人為王，於是就開始施展厚黑手腕，設計誣陷七個異姓王中的六個王都「造反」。然後，劉邦便名正言順地征討他們。最後，劉邦規定：「非劉氏而王者天下共誅之。」

宗吾看來，說淮南王英布等人「造反」，是劉邦想要翦除這些異姓王而安的罪名，有些是逼他們造反，有的則更是無中生有誣其「造反」。試想，陷害殘殺昔日一同出生入死的兄弟，臉不厚和心不黑到相當的程度，能夠下得了黑手嗎？可是，千萬不要以為劉邦做得太過分，從厚黑學的角度來講，存在就是真理。假如劉邦讓那些手握重兵的「王」在自己的封地上說一不二，他怎麼能夠在皇宮裡睡踏實呢？

【宗吾真言】　對於兩種人絕不能手軟，一類是為了日後的野心，深深藏起自己的狐狸尾巴，極盡奉承之能事，以討主子歡心的人；一類是為了投靠新主子，可以毫不手軟地提著舊主子的腦袋去向新主子討賞的人。

大家不要以為上面兩種人就是厚黑之人，其實不是，厚黑學講究的是做事情要披上道德的麗衣，講究的是大智若愚、大巧若拙的一種生存智慧，然後自己暗地裡想辦法實現自己目標的一種哲學，它從不贊成別人赤裸裸的做一些傷天害理膽大包天的事，因而宗吾也認為，這兩類人是非常可怕的，第一類人一旦爬到有利地位，就開始興風作浪，害國害民，為禍一方，甚至有取主人而代之打算。第二類人就像狼一樣，養不熟的。沒有厚黑修煉的人，對這兩種人的臉皮之厚，心之黑是不易看穿的，很多人都會著了他們的道。對付這種人的辦法，就是以其人之道還治其人之身，用完了就消滅掉，以防遺留後患。

齊桓公四十一年，管仲病重將死，齊桓公向他問道：「你死之後，群臣中誰可以做相國呀？」

管仲說：「知臣莫若君，您自己認為如何？」

齊桓公說：「易牙最疼愛寡人，他見寡人病了，郎中說要吃小孩子的肉才能治得好。易牙二話不說，就把自己的兒子殺了，熬湯給寡人喝，果然就把寡人的病治好了。易牙可以當相國！」

管仲說：「易牙為了治好大王的病，竟然將兒子殺死給大王吃；一個對兒子都能下毒手的人，哪裡談得上愛國君。他不行！」

齊桓公說：「開方為了投奔齊國，從他的祖國衛國來到齊國，對齊國真是忠心耿耿。他可以當相國！」

管仲說：「開方原是衛國的公子，他背棄父母之邦的衛國到齊國來，圖的就是個人的發展前途。他怎麼能當相國呢？連接近都不要接近！」

齊桓公說：「豎刁為了寡人，把自己都閹割了，這樣忠心不二的人總可以當相國了吧！」

管仲說：「豎刁為了接近君王進皇宮，竟然連自己的身體都不愛惜，反而將自己閹割了，一旦有了需要，又怎麼能保證他不對國君動刀呢？這樣的人更不應該當相國！」

後來，管仲死了，齊桓公沒有聽從管仲臨終前的勸誡，把朝政大權委託給了易牙、開方、豎刁等人。結果他們各自粉墨登場，拉幫結派，把朝政搞得一團糟，齊桓公的幾個公子之間互相爭權奪利。結果在齊桓公死後，幾個公子各自靠著易牙、開方、豎刁互相攻擊，根本不理桓公的喪事。死屍在床上停了六十七天無人收殮，滋生的蛆蟲一直爬到了宮門之外。

宗吾看來，一代霸主齊桓公，就是由於沒有看清上述兩類人的可怕之處，沒有察人的本事，結果死不得安生。我們在厚黑處世中，應該記取他的教訓，看清下屬的險惡用心，有針對性地去調教他們。

厚黑處世三十一 利合義存，利分義亡

■利益永遠是第一位的，明處可以講義，暗處一定要取利；面子上講義，骨子裡一定要求利。

宗吾認為，「義」就是千金一諾，言必信，行必果。不管發生了什麼事，原來答應的話無論如何也不能改變，否則就是失信於人，就是不「義」。以這種方式行世，與厚黑學中所強調的圓轉處世背道而馳。因為，無論在官場、商場，還是戰場上，只有赤裸裸的利益爭奪，國與國之間，人與人之間，所有的結合都是為了更有效地追求利益和地位。所以，人們經常看到的是，明處講義，暗處取利；面子上講義，骨子裡求利。

【宗吾真言】孫子說：吳人和越人關係惡劣，但當他們同坐一條小船過河，遇到風浪時，他們共同的想法是求生，關係處理得好像一個人的左手與右手。足見，利合則義存，利分則義亡。

宗吾認為，因為小船將要沉沒下去，世代相仇的吳人和越人，都想把小船拖出來，促成了兩個人施力方向相同而產生最大的合力。平時的仇人，也就變成患難相救的朋友了。

韓信的背水佈陣，置之死地而後生，是因為漢兵被陳餘的兵所壓迫，前面是大河，是死路，只有轉過身來，才有一條生路。人人都想生存下來，就成了方向相同的合力線，所以烏合之眾也可以團結為一個整體，韓信就坐收成功了。

劉邦、項羽剛起事時，大家的志向都是消滅秦朝，目的相同，成為同一條直線上的合力，所以異姓的人可以結為兄弟。後來把秦王朝消滅了，由於都想登上皇帝寶座，彼此作用力的方向相反，異姓兄弟就血戰起來了。

唐太宗取代隋朝，明太祖取代元朝，在起事的初期，情況都與漢朝一樣，消滅了共同敵人之後，唐朝就是兄弟相互殘殺，明朝就是功臣整族被殺死，都與漢朝沒有什麼兩樣。大凡天下平定之後，君臣的力線就產生衝突，國君不消滅臣子，臣子就會消滅國君，看兩個作用力的大小，作用力大的一方決定了力的方向，決定對方的存亡。

岳飛想把中原淪陷地區收復過來，秦檜想把中原之地推給北方少數民族；岳飛想把被扣押的宋徽宗、宋欽宗解救回南宋，宋高宗想把徽、欽二帝推給北方少數民族。這樣一來，高宗與秦檜，成了方向相同的兩個作用力了，它的方向與岳飛的作用力方向相反，岳飛一人的作用力敵不過高宗、秦檜的合力，所以岳飛不得不死。

歷史上凡是阻礙路線之人，沒有不遭禍害的，因為阻礙與被阻礙者是兩個方向相反的力，它們之間沒有存在共同的利益。劉備殺張裕，諸葛亮為他求情，劉備說：「芳草和蘭草長在門口，把門堵住了，不得不清除！」芳草和蘭草有什麼罪！罪就在生長得不是地方。宋太祖（趙匡胤）討伐南唐李煜，徐鉉請求暫緩用兵，太祖說：「臥榻之側，豈容他人酣睡。」酣睡有什麼罪？罪在睡得不是地方。

古代還有一件奇事：狂人的後代花士兄弟兩人，對上不向周天子稱臣，對下不和諸侯結交來往，自己在原野上耕種，吃從地上面長出來的東西；自己在原野上鑿了口井，喝從裡面拎上來的水。這明明是空谷幽蘭，明明是酣睡在自家榻上，似乎可以免掉禍害了。但姜太公來到營丘後，首先就把他們殺了。這是什麼道理呢？因為太公在這個時候，正想用官爵俸祿驅使豪傑，偏偏有兩個不肯接受官爵俸祿的人橫空攔阻在前面。這仍然是阻礙了路線，如何容得他們？

逢蒙殺死后羿，是先生阻礙了學生的路；吳起殺死妻子，是妻子阻礙了丈夫的路；漢高祖分杯羹，是父親阻礙了兒子的路；樂羊子吃羹（兒子的肉做的），是兒子阻礙了父親的路；周公殺管叔鮮、蔡叔度，唐太宗殺李建成、李元吉，是哥哥阻礙了弟弟的路。可見路線衝突了，即使是父子兄弟夫婦，都要起殺機的，更有何義可談。

宗吾透過這麼多的例子，是想用力學的原理來說明「義」與「利」在厚黑處世之中的關係。

【宗吾真言】　在「義」「利」的把握上，需要冷靜的思慮和淵博的知識。因為如果一味地堅持以「義」用事，固然得不到「利」，但是「義」與「利」之間又是可以轉化，如果過早地斷義，有可能得不到或者增加難度才能得到自己想要的「利」。所以這個火候要把握得恰到好處，而且尚未得到利之前一定不要暴露目的。

宗吾認為，對於「利」與「義」的把握上，有時不要小看書生之見，他們的見解，對於都沒有經歷過的事情來說，有時會判斷更準確。

唐德宗時，吐蕃的尚結贊請求講和，朝廷決定讓渾瑊作為唐朝的大使，去參加盟會。當渾瑊即將從長安出發時，李晟一再告誡他，要他在會盟的地方嚴加防範，不可大意。張延賞向皇帝上奏說：「李晟不想讓議和成功，因此告誡渾瑊要嚴加防範。和議是要講誠意的，我方若猜疑對方的意思，則對方也會有猜疑我方的行為，如此一來，這盟誓又怎麼能夠成功呢？」唐德宗便親自召見渾瑊，囑咐他要對尚結贊「以誠相待，不要懷疑」。不久，渾瑊向皇帝上奏道：「吐蕃定要在辛未日與我大唐結盟。」李晟偷偷地哭泣道：「我生長在西部邊境，當地的風俗人情我一清二楚。恐怕朝廷要受到這些部落的人的欺騙了。」

會盟的前一天，尚結贊將幾萬精銳的騎兵埋伏在會場的西邊，渾瑊等人還不知道，他們正準備進入帳內更換禮服時，吐蕃的騎兵衝殺了過來，渾瑊慌忙中得到了一匹馬騎上逃走了。唐朝派去的其他的將士，有的被殺，有的活捉。但就在這一天，在朝廷上，唐德宗還興奮地對幾位宰相說：「今天和尚結贊締結和約，從此刀槍入庫，馬放南山，這是大唐的福氣呀！」馬燧立即附和道：「陛下說的是！」柳渾瑊卻不無憂慮地說：「陛下，戎狄人都像豺狼，盟誓不是隨便可以締結的。今天會盟如何，臣恐怕凶多吉少。」李晟贊同道：「柳渾瑊言之有理！」德宗一聽，變了臉色，勃然大怒道：「李晟！柳渾瑊是一個書生，不知安定邊疆的大計，你作為一個朝中大臣，為什麼也有這樣危險的想法？」柳渾瑊、李晟趕忙伏在地上，頓首請罪，於是皇上拂袖罷朝。但，就在當天傍晚，吐蕃劫盟的不幸消息傳到朝廷，皇上大吃一驚。第二天上朝時不無讚許地對柳渾說：「愛卿本是個書生，竟然能料敵如此準確啊！」

因此，宗吾才強調，在厚黑處世中，「理智」是極端重要的。缺乏理智的人，是無法透徹理解「利」與「義」之間微妙關係的，在該講「義」時，卻把眼睛盯在一些蠅頭小利；在該講「利」時，卻為了圖虛名拋棄了自己的根本利益，其後果是可想而知的！

【宗吾真言】 人都是趨利避害的，哪怕兄弟父母妻子之間，也是這樣的。難怪蘇秦感慨地說：「人生在世，權位和財富真是不能忽視啊！」

宗吾這一觀點，古今成大事，莫不贊同！秦國商鞅就曾利用與公子卬的交情，欺騙公子卬。

商鞅曾向孝公建議：「秦之與魏，譬若人之有腹心疾，非魏併秦，秦即併魏。」孝公以為很正確，就派商鞅為將伐魏。商鞅率兵出發後，警報傳到西河，守將朱倉向魏都告急。魏惠王派公子卬為大將趕來抵禦秦軍。

商鞅是衛國人，後到魏國求仕，相國公叔痤在臨死前推薦商鞅代替自己執法，惠王不答應。公叔痤說：「如不能重用，必殺之，勿使之出境。」惠王走後，公叔痤又叫來商鞅，告訴他趕緊逃跑，把對惠王說的話又對商鞅說了一遍，並說讓惠王殺商鞅是為了國家，再告訴商鞅逃跑是為了朋友。商鞅說：「他不會聽你的話用我，也不會聽你的話殺我。」果然惠王認為公叔痤在重病之下說的是胡話。在這期間，商鞅和公子卬的交情也很深，初到魏國即住在公子卬家裡。

商鞅率兵伐魏，即是為秦國開疆拓土，當然也有向魏王示威報復的意思。聽說公子卬率五萬大軍進屯吳城，商鞅即派人給公子卬送了一封信，談起過去的交情不異骨肉，在魏國時受到的照顧未曾報答。如今魏國派他來守西河，這些城他就不好攻了，絕不敢骨肉相殘，情願締盟結約罷兵回去，希望在城外玉泉山相見，為衣冠之會，為表真誠都不帶兵，一來商定盟約條款，再就是藉機相聚一番。

公子卬看了商鞅的信，深為感動。他始終認為商鞅是個稀世之才，可惜在魏不得重用，現在秦國為相，大展抱負，他確實為他高興。現在各為其主帶兵對壘，能不廝殺當然是最好不過的事情。況且他也渴望和商鞅見上一面。

於是公子卬毫不戒備，脫去戎裝，只帶著一隊親隨和掌管飲食、車輛、器物及樂工三百餘人，到玉泉山赴會。商鞅在山上等候，見面互道寒暄，談起從前的交誼，都非常感慨，紛紛墜淚。

兩方面都擺下自己帶來的酒宴，互相推讓，樂工奏樂，場面壯觀和睦。然而等到酒酣耳熱，公子卬提出締結合約時，商鞅卻再一次敬酒。公子卬覺得商鞅太客氣了，卻忽然聽到山上號砲連響，看商鞅的神色立刻明白情況有變時，他的手已被左右兩個捧盤的力士牢牢押住。這兩個扮作捧盤侍役的一個是烏獲，另一個是任鄙，都是秦國絕頂的力士。

公子卬向商鞅問道：「相國莫非相欺否？」

商鞅答道：「暫欺一次，尚容告罪。以往在魏多蒙公子款待，難以為報，正欲請公子到鞅家作客耳！」

公子卬被擒，頓足長嘆懊悔不已。手下親隨、侍役等人全被預先埋伏的人馬拿住，滴水不漏，在包圍中一個也不曾走脫。商鞅命軍士將公子卬等人的衣服全部扒下，穿到秦兵身上，烏獲扮成公子卬坐在來時的車上，帶人趕往吳城。城上的人見公子卬回來，隨行的人馬還是原來去的那些，以為和約締成，高興地打開城門。秦兵一擁而進，逢人便殺，商鞅親率大軍跟蹤而入，一舉搶佔了吳城。

在宗吾看來，商鞅之所以能被秦孝公封為列侯，以商於十五邑為封地，號為商君，與其說是因為他的才能，不如說是因為他的「背信棄義」。

厚黑處世三十二　借梯登高，結網自重

■任何人都可能成為你的梯子，但是那就要看你的臉皮是否足夠厚，再者就是要看對方是否有資格，畢竟臉皮厚也要有的放矢。還要看看對方是否主動或者被動地借你使用，對於不主動者，你就要多加幾層厚臉功力了。

借梯登高的道理誰都懂，但是關鍵是「梯」從何處來？宗吾認為，先從親朋好友、同學同事、老上司中找，必有願意的。這些人即使不能直接出力，也能幫你出謀劃策，充當橋樑或梯子。如果自己有天生的號召力，就要果敢地揮臂，招來的好漢愈多愈好。如果自己沒有號召力，你就施展自己的三寸不爛之舌去說服別人入夥，或者施展小恩小惠收買一些自己需要的人。如果這些都不具備，就加入別人的圈子裡，成為圈內人，自然會得到照顧的。此處，梯子不能只找一條，不管高矮，統統找來，以備不時之需。

【宗吾真言】　通常的人，彼此之力相等，個個獨立。但是本事大的人，其力也大，能夠把他身邊幾個人吸引來成一個團體，成了團體以後，在合力的作用下，其力量更大，而且還會向外面吸引，愈吸引愈大，這樣要實現目標將會變得更加容易。

宗吾在這裡是說明，人只有抱成團才能有力量這樣一個簡單的道理。可是，如果同時有兩個人，力量都很大，誰也不受誰的吸引，並且都把自己前後左右幾個人吸引成一團體，也是愈吸引愈大，就成了對峙的兩黨。

在宋朝神宗趙頊的那個時代，王安石、司馬光、蘇東坡三個人是一個很奇怪的結合體。三個人在政治上是政敵。王安石主張激進的改革，是改革派的宰相；司馬光就是那位寫《資治通鑑》的大學者，他在政治上是保守派；而蘇東坡是介於改革與保守之間的人物。

但是王安石、司馬光、蘇東坡三人除了「政敵」之外，同時還是文友。我國文學史上有著名的「唐宋八大家」之說，這個八大家在唐朝只有韓愈、柳宗元兩人，其餘六人都是宋朝的，其中東坡一門「蘇氏」就佔了三家，而蘇軾、蘇轍兩兄弟考取進士的主考官是歐陽修，所以歐陽修是蘇氏兩兄弟的恩師；蘇軾、蘇轍父親蘇洵的入仕為官又全仗了時任禮部尚書的歐陽修的舉薦，因此歐陽修向來被蘇家視為恩人。

事實上，王安石、司馬光、蘇東坡三人都是所謂的正人君子，但是並不排斥「攜手並進」的做法，恰恰相反，每當高官大爵們升遷之時，他的心腹下人往往也隨同跟進。

王安石出任宰相變法時，他的高足曾鞏的弟弟曾布，以及他的弟弟王安禮，還有他的一個親戚謝景溫，都被王安石拉進了變法班底。這道理其實很簡單，因為王安石新創一項變法事業，沒有與自己心氣相通的班底根本不行，所以他把與自己觀點相同的一班人安插進了變法班底。

而反對變法的司馬光，被王安石趕去編纂《資治通鑑》。反對用「四時之變」的漸進方式而進行緩慢改革的蘇東坡，則被王安石趕到杭州當通判去了。

同樣的道理，當王安石改革失敗退守江寧（南京）寓居之後，司馬光又出來當了宰相，他一上任就將蘇東坡啟用了，起初是任命他為山東登州知府，蘇東坡到登州才三、五天，尚未正式接任知府工作，就又被調升到朝廷，當他的「內翰」（內丞相）去了，與此同時，蘇軾弟弟蘇轍便被司馬光先調到朝廷當官去了。

蘇東坡門下有所謂「蘇門四學士」，分別是黃庭堅、秦少游、晁補之、張耒，他們四人既自稱是蘇門四學士，並且先後參加科考而進士及第了，但他們的思想觀點均與蘇東坡相同，於是也和蘇東坡一起同進退，蘇東坡升遷，他們也都一齊跟進，這是十分有趣的現象。

在宗吾看來，以上三人及其圈內眾人的升遷進退，充分說明任何人都不可忘記只有「抱成團才能有力量」這句大白話。為了能抱團，那麼就必須懂得用厚黑之術拉攏人心。那就難免表面上多講幾句仁義道德，但是一定要記住內心要有原則。

【宗吾真言】　如果你還沉迷在既往的個人英雄時代，妄想靠一己之力縱橫天下，總有一天你會死得很難看，而且死得莫名其妙！這絕對不是危言聳聽！

宗吾認為，厚黑處世者一定要懂得吸納人才，以備急需時差遣。古代的許多達官貴人喜歡收留門客，他們一般不介意門客的身分高低貴賤，就是這個道理。

孟嘗君是戰國時的齊國人，姓田名文，他的父親田嬰曾經當過十多年的齊國丞相，田嬰得封為靖郭君。田嬰為相十餘年，家裡財富無數，但他並不重視延攬人才，於是田文開始勸說當了相國的父親田嬰。

田文問父親田嬰：「兒子的兒子叫什麼呀？」

田嬰回答：「叫孫子。」田文又問：「孫子的孫子叫什麼呀？」

田嬰回答：「叫玄孫。」

田文又問：「玄孫的玄孫叫什麼呀？」

田嬰說：「那我也不知道叫什麼了。」

於是田文說：「父親，您在齊國為相，已歷經了威王、宣王、湣王三代，但只見我們家財一年又一年的迅速膨脹起來，卻不見齊國更加強大富足，父親您知道這是什麼原因嗎？」

田嬰認真想了一下，說不知道。田文說：「父親，這就是因為您沒有盡量延攬人才的結果。父親連玄孫的玄孫叫什麼都不知道了，而國中的民眾那可是比玄孫的玄孫更多得多的大眾，您有足夠的財富可以養活他們，延攬他們，他們之中就必定會有傑出的人才可以使齊國富強起來。」

田嬰覺得田文這話很對，但是反問他說：「我養活那麼多的人，又怎樣去判斷出誰是真正的人才，誰又不是呢？」

田文說：「父親，真要養人蓄士，就不管他是不是人才都要養起來。其實要判斷出他們究竟是不是人才也很容易，只要看他們能不能完成某一件差事就行了。」

田嬰去世，田文繼任齊國丞相，得封孟嘗君。孟嘗君一當上丞相，馬上就實現自己的諾言：大養食客三千，卻從不要求他們做什麼事。

可是，孟嘗君在接見任何客人之時，都派人在屏風後面暗暗做了記錄，對他家住哪裡，家裡還有哪些親戚朋友，有些什麼特長本領，以及有些什麼實際困難，都做了詳盡的記載。等客人告辭之後，孟嘗君會派人到他家裡去噓寒問暖，慰問留贈，使那客人備感溫馨。

在宗吾看來，對於所有的食客，孟嘗君是熟知他們的本領特長的，以便在需要時量才使用。而孟嘗君一生的成就，說到底就是得益於他善於掛著仁義道德的招牌來網織「人才」，然後借助這些人才的力量來實現他的抱負。事實上，愈偉大的抱負愈需要別人的幫忙，此即唯有善借梯者方能登高望遠。

【宗吾真言】當你遇到了某種困難，想找某人幫你解決時，卻突然想起來，你已經有很長時間沒有和人家聯繫了，現在有求於人家就去找，會不會太唐突了？這就叫「平時不燒香，臨時抱佛腳」。效果自然大打折扣。

宗吾認為，厚黑處世者都要有長遠的眼光，早做準備，未雨綢繆，懂得燒冷灶拜冷廟，這樣在急時找人幫助也比較容易。

首先，要在平時把關係網建好。厚黑處世，最好伏脈千里，能把十年後的關係都搞定。許多人可能有這樣的體會，一家公司提拔某人當主管時，很可能出乎所有人的意料之外。事後才得知，原來此人早在數年前就與某某上層人物交情匪淺，所以才能不顯山不露水地「一步登天」。

善於放長線、釣大魚的人，看到大魚上鉤之後，總是不急著快速收線揚竿。因為這樣做，到頭來不僅可能抓不到魚，還可能把釣竿弄斷。此時，他們會按捺下心頭的喜悅，不慌不忙地輕輕收幾下線，慢慢把魚拉近岸邊；一旦大魚掙扎，便又放鬆釣線，讓魚游竄幾下，然後再慢慢收線。如此有收有放，待到大魚筋疲力盡，無力掙扎時，才將牠拉近岸邊，用網子撈上岸來。

利用關係也同此理，如果平時不燒香，等到需要時才「臨時抱佛腳」，儘管可能你追得很緊，下得功夫很大，對方也可能一口回絕你的請求。孫子兵法講「造勢」，關係的建立，在某種程度上說就是一種「造勢」。平時關係網建好了，到需要時才會信手拈來為你所用。

據說，某中小企業的董事長利用關係的手腕特別高。他長期承包那些大公司的工程，對這些公司的重要人物常施以小恩小惠。這位董事長的交際方式與一般人不同之處是：不僅奉承公司要人，而且對暫時沒什麼用處的年輕職員也禮遇款待，尊重有加。

誰都知道，這位董事長並非無的放矢。事前，他總是想方設法將對方公司內每一名員工的學歷、人際關係、工作能力和業績，做一次全面的調查與瞭解，認為某個人大有可為，以後可能成為該公司的要員時，不管他有多年輕，都盡心款待，全力討好。這位董事長這樣做的目的，是為日後獲得更多的利益做準備。他明白，十個欠他人情債的人當中有九個將來會給他帶來意想不到的收益。他現在做的「虧本」生意，日後肯定會連本帶利加倍收回。

其次，要不斷充實自己的人情帳戶。中國人最講究量入為出，而且為了應付某種急需，一般人即使省吃儉用也要在銀行裡存一筆錢。因為有了這樣一筆儲蓄，心裡就踏實，就可以在關鍵的時候拿出來抵擋一陣。同樣之理，要想在最急需的時候，你的關係網能夠用得上而且管用，也要注意在你的人情帳戶上做好儲蓄。人是感情的動物，你在感情的帳戶上儲蓄，就會贏得對方的信任，那麼當你遇到困難，需要幫助的時候，就可以利用這種信任。即便你犯有什麼過錯，也容易得到別人的諒解。雖然說理論上強調請求別人的支持和幫助，應該自信主動、坦誠大方地提出，儘管有許多有效的方法和技巧可以採用，然而最重要的還是自己要披上樂於助人、關心他人這件道德的外衣，不斷增加感情帳戶上的數額，實際上你內心怎麼想誰又知道。

宗吾認為，自己樂於助人，多主動幫助別人，會不斷增加感情帳戶上的儲蓄。雖然說求人與被人求，是一筆無法精確計算的人情帳，但是也應當心中有數。在求對方辦事時，對方並不情願為你白忙一場，他希望你也能幫他做些事情，有的甚至希望在他辦事之前，你得先為他辦成。如果你瞭解對方這種心理，主動滿足他的欲望，他就會很痛快地回報你。

厚黑處世三十三　隨風就勢，捨小取大

■在實力強大的敵手面前，臉皮厚一點，暫時做出一些妥協和讓步，保存自己實力；時機來臨時，心黑一點，一舉將對手擊垮。

宗吾認為，要圓轉處世，就要懂得在實力強大的敵手面前，暫時做出一些妥協和讓步，甚至送給對方一些利益，藉以保存自己實力，伺機反撲。對於一個人來說，有時要捨棄一些小「義」，而求得大「義」；捨棄一些小「名」，而求得大「名」。這絕對是一筆划算的買賣。當然，這裡的「大」與「小」不能用社會上世俗的觀念去衡量，只能用你心中那把私家秤去衡量，從你自身的利益出發，衡量哪種情況對你更有利。

【宗吾真言】　即便是為形勢所迫，進入一個對手的陣營，也應採取積極的態度，主動適應環境，尋找機會，以成就一番事業。不要拘於「忠臣不事二主，好女不嫁二夫」的愚見。

在宗吾看來，在歷代名臣中，魏徵是名臣之尤，能趕得上他的，恐怕還不是很多，原因就在於他是一位忠臣。可是這位忠臣，如果以事君比作嫁夫的話，是三嫁猶不足，直到第四嫁才找到了正主。

魏徵生於北周時代的靜帝大象二年（西元五八年）。其時，天下大亂，他剛出生不久，北周政權就為楊堅所推翻。魏徵出身於書香世家，年輕時讀書刻苦，學習勤奮，在學問和政治才幹上打下了良好的基礎。

當時正值隋煬帝荒淫無道，天下英雄豪傑紛紛起兵反隋。在各路起義軍中，李密的勢力最大。一天，他接到了另一支起義軍首領元寶藏的來信，拆開一看，竟被書信中深刻的見解、磅礴的氣勢和富麗有力的文辭所吸引，覺得書信絕非出於元寶藏之手，寫信之人肯定既有才華，又有政治才能。李密就派人前去打聽，才知道起草書信的人是元寶藏的秘書魏徵。李密立即派人把他請去，讓他掌管軍中的文書。這時的魏徵，已經三十八歲了。

在李密的軍中，魏徵的地位很低，對重大的軍事決策，他沒有任何發言權。當時，李密的瓦崗軍聲勢浩大，攻佔了全國最大的糧倉——河南的洛口倉、回洛倉和黎陽倉，開倉救濟飢民，使起義軍發展到了全盛階段。也就在這時，隋朝的大將王世充據守洛陽，與起義軍展開了生死搏鬥。由於起義軍發展迅速，又被勝利沖昏了頭腦，起義軍中存在著速戰速決的思想。魏徵清醒地看到了起義軍中的許多不足，就找到李密的長史鄭頲，對他說：「起義軍雖有重大勝利，但傷亡也很大，現在軍中費用短缺，儲備有限，且賞罰不均，不宜於和隋軍死拚硬打。目前之計，在於深溝高壘，以待敵軍糧盡，等敵軍撤兵，再行追擊，可獲大勝。」鄭頲十分藐視魏徵。結果，慘遭失敗，經此一役，瓦崗軍徹底覆滅。李密被迫率殘部投降了李淵。當時，魏徵看到李唐政權較有前途，就向李淵請求前去招撫李密的舊部，李淵就任命他為管理國家圖書檔案資料的尚書丞，前去太行山以東地區活動。

那時，李密的部下徐世勣勢力很強，他就先寫了一封信，對徐世勣說：「當初李密起兵反隋之時，振臂一呼，四方就有數十萬人響應，幾乎得了隋朝的半個天下，後被王世充打敗，繼而被殺，瓦崗軍是無法東山再起了，而李淵得天下卻已成定局。現在你所守的黎陽是兵家必爭之地，你應該早做打算，如果不能認清形勢，將來恐怕悔之不及了。」徐世勣覽信後，覺得也無其他善策可想，便聽從了魏徵的勸告，投降了李淵。

李密的其他舊部見徐世勣降唐，也多紛紛投降。

武德二年（西元六一九年）十月，農民起義軍首領竇建德領兵南下，攻佔了徐世勣防守的黎陽，恰巧魏徵也在城中，竇建德仰慕他的文名，就命他為記錄皇帝言行的起居舍人。魏徵雖在竇建德軍中歷時一年半，其實並未產生什麼作用，隨後，竇建德、王世充被李世民打敗，魏徵就又與人一起復投李淵。

魏徵原先招撫李密舊部有功，但被脅入農民軍中一年半，再度歸唐後就很難被重用。太子李建成聽說魏徵既有才華又有才能，就把他找來，給了他一個管理圖書經籍的小官，叫做洗馬。在這一階段，魏徵雖有文名，實際上並未發揮多大的作用，只是給李建成提過一個建議，讓他帶兵去攻打不堪一擊的劉黑闥，既可建立軍功，又可暗結豪傑，太子聽信了他的建議，結果取得了圓滿的成功。

不久，李世民發動「玄武門之變」，殺死了哥哥太子李建成、弟弟齊王李元吉，自己當了太子。李世民也知道魏徵既是李建成的心腹，又非等閒人物，就立刻召見了他。責問他說：「你為什麼挑撥我們兄弟間的關係呢？」魏徵沒有巧言機辯，而是據理回答，不管是否觸怒李世民，是否會被李世民殺頭，他說：「人各為其主。如果太子早聽信了我的建議，就不會遭到今天的下場了，我忠於李建成，是沒有什麼錯的。管仲不是還射中過齊桓公的帶鉤嗎?」

李世民聽他說得既坦率又有理，尤其他舉出了管仲射小白的歷史故事，自己更不能顯得連齊桓公小白重用仇人管仲的氣度都沒有，就赦免了他，並封他做掌管太子文書的管事主簿，至此魏徵結束了他轉來跳去更換主人的生涯，開始了他一生真正有價值、有意義的時代。

魏徵曾對唐太宗說:「我希望陛下讓我做一個良臣，不要讓我做一個忠臣。良臣身享美名，君主也得到好聲譽，子孫相傳，流傳千古;忠臣得罪被殺，君主得到的是一個昏庸的惡名，國破家亡，忠臣得到的只是一個空名。」

宗吾認為，魏徵處世高妙之處，就在於他懂得「隨風就勢，捨小取大」的道理，即使自己贏得了名聲，又使君主獲得了聲譽，還使國家百姓得到了好處。

【宗吾真言】 生命的規律就是不停的變化，沒有變化就沒有生存。動物的外表會隨季節的變化而變化，厚黑處世也同樣應該如此，這就是「隨風就勢、捨小取大」真諦。

宗吾曾多次談到的陳平，就是這樣一位懂得「隨風就勢、捨小取大」的厚黑之士。這裡再略作詳述。

西元前一八八年，年僅二十三歲的漢惠帝駕崩，年已花甲的呂雉哭得驚天動地，但卻「哭而不哀」。呂雉的心意被陳平猜中，為免除殺身之禍，保住元勳們在朝中的地位，便向呂雉推薦了她的三個姪子呂台、呂產、呂祿去軍中任將。呂雉心花怒放，當即對陳平大加讚賞，並宣詔大赦天下。隨後，劉恭即位，由太皇太后呂雉臨朝稱制。

呂雉臨朝之後，打算為呂氏家族諸呂封王。一次上朝時，呂雉將此事告知右丞相王陵，王陵以「非劉氏而王者，天下共誅之」的祖制告誡呂雉。

呂雉聽了，怒不可遏，又轉身詰問陳平及周勃等重臣元老。陳平明白，此時與權傾朝廷內外的呂雉針鋒相對，只會激起她的殺戮之心。與其自取滅亡，不如暫且順應，以待時機。於是便忍住怒氣，說出太后稱制天下，冊封呂氏子弟，也是順理成章的話來。

退朝之後，呂雉對王陵恨之入骨，不久便將王陵另任為太傅，升任陳平為右丞相，酈食其為左丞相。呂雉趕走王陵，立刻分封諸呂，官拜七王九侯，將漢室的一統天下，分了個七零八落。這便是史稱的「呂氏之變」。

正在呂氏家族得意忘形之時，剛剛懂事的小皇帝劉恭得知自己並非母后所生，自己的皇位是生母慘死的代價所得到的，不由悲憤萬分。並在悲憤之中說出要為生母報仇的話來。此事不久便傳進呂雉的耳中，呂雉惱羞成怒，召集群臣，將小皇帝廢掉。群臣懾於呂雉淫威，誰敢反對，於是在眾臣的默認之下，將小皇帝秘密殺害了。

劉恭被害之後，呂雉又在劉氏家族之中挑選皇帝，最後選中了恆山王劉義，將其改名為劉弘，擁立為新的皇帝，但仍然由呂雉專權。呂氏專權至此，已到了登峰造極之勢。

西元前一八〇年正月，發生了日全食，白晝昏暗如夜晚。呂太后自認為是上天誡示她，心中極度憂慮，神情恍惚。於是，她便召進許多和尚道士以及江湖術士，設壇祭鬼，以尋心安之策，但卻常常夢見趙王劉如意的鬼魂找她算帳，睜眼閉眼便覺周圍都是劉邦的兒子前來討債，不由驚懼無常，從此一病不起。

西元前一八年夏季，呂雉病入膏肓，但她仍不放棄呂氏稱霸天下的最後努力。她詔命趙王呂祿為上將軍，統領北軍；呂王呂產統轄南軍。形成南北保衛呂氏的陣勢。同時將呂產升為相國，並讓呂祿的女兒與新皇帝劉弘成婚，又封了一批侯爵給呂氏族。

是年七月歲末，呂雉結束她野心勃勃的一生。隨後，劉、呂爭鬥公開化了，周勃、陳平定計謀聯合劉襄、劉章，奪取南、北軍，一舉消滅了諸呂勢力，從劉邦的下一代中挑選劉恆繼承了皇帝，這就是漢文帝。由此，西漢的歷史開始邁向興盛時期，史稱「文景之治」。

宗吾正是從陳平等人的故事中，才悟出了「厚黑救國」之說。先有長遠的打算，然後自己的一切利益服從這個長遠的打算，不惜委曲求全違心辦事，自己的言行舉止所作所為隨著環境的變化亦變，只有這樣才能保存自己以圖實現目標。

厚黑處世三十四 淚眼鑠金，笑臉蝕骨

■以哭和笑為武器，都是需要極大勇氣的，必須具有極深的「厚」功。如果一個人能把哭和笑的功夫運用得到家了，就沒有辦不到的事了。

宗吾認為，控制自己的情緒固然重要，但發揮其神奇的作用就更為重要。在世人心目裡，女人是弱者，女人的哭是天經地義的，男人愛哭就不多見了。可是，男人一旦哭起來，威力無比。在關鍵時節哭上一哭，沒有達不成的目的。男人動不動就哭，並以哭作武器，是需要極大的勇氣，必須具有極深的「厚」功的。同樣，女人的笑是迷人的，而男人的一張笑臉卻給人一種安全、自信和平易近人的感覺。因此，要保持一張永不疲倦的笑臉同樣得有修煉到家的「厚」功。如果一個人能把哭和笑的功夫運用得到家了，就沒有辦不到的事了。

【宗吾真言】劉備的特長，全在臉皮厚，他生平善哭，寫三國演義的人，把他描寫得維妙維肖，遇到不能解決的事情，對人痛哭一場，立即轉敗為勝。

宗吾認為，當一個人處於劣勢時，委曲求全和忍氣吞聲，必要時的痛哭流涕未嘗不是一種最好的生

存和積蓄力量的辦法。同時，透過哭和笑也可以掩飾其他的情緒，使之不輕易顯露出來，否則會成為別人打擊的有力藉口。

齊欲攻宋，燕昭王派張魁作為使臣率軍隊去助齊國，誰知齊王卻因一件小事把張魁給殺了。燕王得知後咬牙切齒，決心發兵攻打齊國。

大臣凡繇勸諫說：「我一向認為您是賢德之君，現在看來你並非我心目中所仰慕的人。我不願再當你的臣子了。」燕昭王問他為什麼？凡繇說：「松下之亂，我們先君被俘，你對此深感羞愧，卻去侍奉齊國，原因在於自己太薄弱了。而現今張魁被齊所殺，你卻欲攻齊，這難道不是把張魁看得比先君還重要嗎？」燕王問道：「如此說來，兵不得出。張魁已死，我們應怎樣辦才好？」

凡繇說：「煩請您穿上喪服住在郊外，派出使臣到齊，以客人身分去謝罪，對齊王說：『大王您是賢德之君，這些都是我們的過錯。大王心胸寬廣，一定不會殺死諸侯們的使臣的。現在燕王之使被殺，此乃燕國擇人之誤，望能改換使臣以表謝罪。』」燕昭王於是忍氣吞聲地又向齊國派遣了一位使臣。

齊王正在舉行盛大宴會，燕使到達，拜見齊王說：「我們君主非常恐懼，因此派我來向大王請罪。」齊王聽後洋洋得意，派了位官職低微的使臣命燕王返還官室，以示寬恕。

如果說燕昭王厚著臉皮，低聲下氣地討好巴結齊王，完全是因為燕弱齊強而不得已之所為，還體現不出他的「厚」學功夫。那麼，燕昭王為了燕國的強大，不顧一國之尊的身分，討好逢迎自己的臣下，其「厚」功煉之深，真是令人嘆服。

歷史上的燕昭王，可以說是個相當有作為的君王，他厚臉忍受齊王的羞辱過後，立志要重振國勢，報仇雪恥。過了二十多年，燕國變得十分強盛，國富兵強。於是燕昭王派樂毅為將軍，出兵攻齊，連戰連勝，一直攻破齊國都城臨淄，齊王狼狽逃竄，要不是後來出來一個田單，幾乎就被燕國滅掉了。

宗吾看來，燕昭王的故事，不僅說明了「委曲求全和忍氣吞聲」在厚黑行世中的極端重要性，也說明了「曲則全，枉則直，窪則盈，敝則新，少則得，多則惑」的厚黑辯證法。

【宗吾真言】如果有人向你挑釁，就心平氣和地退一步，讓他灰溜溜地從你的眼前消失掉。當你已經被捲入衝突時，就要保持自己的平靜，認真思考解決的方法。當你遭到對方的打擊，將要被激怒時，就要換上一副笑臉來面對對方。否則，你將會自取其辱。

宗吾認為，要做到上面這一點，那麼就得有高深的厚臉皮功，因為只有臉皮厚的人才能在自己受到侮辱時仍保持笑臉，懂得控制自己的情緒。不善於控制自己情緒的人，最容易給攻擊自己的對手留下致命的缺口。厚黑處世者，一定要以厚黑面對世界，別為自己挖情緒的陷阱。在這方面，巴頓的教訓是非常深刻的。

一九〇九年畢業於美國西點軍校的巴頓，在二戰期間成為世界矚目的戰將。但由於我行我素，口不擇言，不能控制自己的情緒，吃了不少虧。

一九四四年八月，盟軍雖已在諾曼第成功登陸兩個月，但被德軍阻止在諾曼第的「灌木籬牆」地區而動彈不得。此時，巴頓帶領其第三集團軍一舉突破了死氣沉沉的膠著狀態，揮師圍困了布勒斯特。這時候，立了頭功的巴頓說了我們一直作為「好戰份子」自供狀的一段著名的話：「與戰爭相比，人類的一切奮鬥都相形見絀！上帝啊！我是多麼熱愛戰爭！」

在戰爭中，儘管巴頓屢屢與上司意見相左甚至發生頂撞，但只要對戰爭有利，上司們也能從大局出發來原諒他、容忍他，因為他在戰場上的勝利同時也是他上司的勝利。比如突破萊茵河之役，為了加速進攻步伐，巴頓竟不惜一切代價不擇手段地弄來油料，他授意其下屬冒充兄弟部隊去冒領油料，甚至採取偷竊、搶劫的手段把友軍的油料弄到自己手裡。

作為集團軍司令，巴頓竟自己開著只剩最後一點汽油的吉普車，到上司那裡強行加滿油箱。巴頓的這些越軌行為無疑使他的上司大為光火，但是他用這些非常手段得來的油料打了一個大勝仗，一舉率先突破了德軍的萊茵河防線，從而為美國陸軍爭了光，使那位從骨子裡瞧不起美軍的英國名將蒙哥馬利不得不對美軍刮目相看。

然而，當戰爭結束後，巴頓的這些「小節」便會赫然成為「大節」。比如在盟軍完全佔領德國之後，巴頓參加了盟軍的閱兵式，蘇軍將領出於對這位美國名將的欽佩，派聯絡軍官和一名翻譯來邀請他去飲酒。巴頓居然憤怒地吼道：「告訴那個俄國狗崽子，根據他們在這裡的表現，我把他們當成敵人，我寧願砍掉自己的腦袋，也不和我的敵人去喝酒。」他的話嚇壞了翻譯，而他卻命令翻譯一字一句地翻譯過去。這就幾乎釀成了一次非常不愉快的外交事件。

誰都知道，巴頓常常張口閉口「他媽的」。他曾因打罵兩名士兵而差點受到軍法審判，只是因為戰爭需要和上司艾森豪的庇護，才免遭議會那幫無事生非、小題大作者們的追究。但是當戰爭結束之後，議會用一個「人權」藉口就將他打倒在地。最後，他在忿忿不平中溘然逝去。

宗吾認為，運用「淚眼鑠金，笑臉蝕骨」這一厚黑處世技巧，關鍵在於要控制自己的情緒。而對於大多數人而言，控制自己實在是太難了，因為說到底，控制自己就是磨練自己的厚黑能力，培養自己的忍耐力。

厚黑處世三十五 厚黑之至，天下無敵

■ 精於厚的人，被逼迫到走投無路時，也會突然施出黑招；而精於黑的人，在一時達不到目的時，也會以厚功蓄積力量。

宗吾發現，有一種人，他們有厚和黑的潛能，但不能做到極厚或極黑或兩者俱極，然而他們能夠盡情發揮現有的本事，也能成就非凡。對於精於「厚、黑」其中一樣、或者兩樣雖都不精但可一齊施展出來的人，可讓極厚者或極黑者不能佔去便宜，從而三分天下可成。如果兩者兼有，都達到極地，那將是天下無敵了，不僅前面三者都不是你的對手，就連那些所謂大仁大義之士也莫奈你何。

【宗吾真言】 在充滿競爭的社會中，尋職位、謀官位、爭地盤的鬥爭無處不在，若想在各個戰場上始終立於有利地位，一方面要厚黑兼修，全面磨練自己的厚黑技能，另一方面要厚黑兼施，以達相得益彰的效果。

宗吾認為，厚黑兼備者，不論做什麼事情，只要施展出自己的本事，就可得到豐厚的回報。呂不韋為了自己的政治野心，將懷上自己骨肉的妻妾，慷慨地送給了把他當好朋友看待的秦質子異人為妻，不

僅自己撈著丞相的位子坐了，而且讓自己的兒子成了中國歷史上的第一位皇帝，欺瞞了當時的天下所有人。

呂不韋很早就開始行商，富有以後，並不滿足於豐厚的財富。原來自他開始經商起，就暗暗地下定決心，要從事政治。

一天，呂不韋的小妾見丈夫每天愁眉不展，便關切地問：「夫君所為何事，竟這般愁苦？」

呂不韋抬眼看著愛妾，長嘆一聲：「唉！我呂不韋時運不濟，有志難發，枉有報國之心，卻無報國之門。」

小妾忙問：「夫君何出此言？」

呂不韋說：「妳哪裡知道，我呂不韋自從長大成人，便立志從政。本以為經商獲利後，便可以錢財為跳板，跳入政界圈內。誰料，前些日送給他們財物，卻並不見他們重視於我，想是此路不通，豈非枉存報國之志嗎？」

小妾聽完，問：「這麼說，就毫無辦法了嗎？」

呂不韋長嘆一聲，又低頭望望她的腹部，悠悠地說：「辦法是有，只是——」

他的愛妾忽地明白了，淚水倏地湧出眶外，撲跪在呂不韋腿旁，低聲啜泣起來。呂不韋的小妾哭了一會兒，流著淚問道：「夫君，難道真的只有這個辦法了嗎？」

呂不韋長嘆一聲，說：「恐怕唯有此途了！」

小妾伏跪在地，嚶聲道：「既是這樣，妾身唯夫君之命是從，只要對夫君前途有利，妾毫無怨言，但請夫君決定！」

後來呂不韋便將懷了孕的小妾送給了秦異人，這便是趙姬。秦異人後來即位成了莊襄王，趙姬深受寵愛。秦莊襄王很快便封呂不韋為國相入宮主事。趙姬生下一子，便是秦始皇嬴政，明為秦莊襄王之子，實為呂不韋之兒。

這個故事有演義的成分，但是在宗吾看來，其中蘊含極深入的厚黑原理，讀者不妨多玩味幾遍，定在厚黑處世上得到一些啟示的！

【宗吾真言】司馬氏父子算是受了曹、劉諸人的陶冶，集厚黑學之大成。他們能夠欺人寡婦孤兒，心子之黑與曹操一樣；能夠受巾幗之辱，臉皮之厚，還更甚於劉備。所以，天下就不得不統一於司馬氏了。

宗吾認為，孫權與劉備聯盟，並且還是郎舅之親，忽然襲取荊州，把關羽殺了，心子之黑，彷彿曹操；無奈他黑不到底，隨後又向蜀請和。他能與曹操比肩稱雄，不相上下。但後來卻對曹丕稱臣，臉皮之厚，彷彿劉備，無奈厚不到底，隨後又與魏絕交。儘管他黑不如操，厚不如備，卻是兩者兼備，也不能不算是一個英雄。他們的故事說明一個道理，在競爭環境中，立志厚黑處世者，一定要利用厚黑手法來除掉自己的競爭對手。比如，先用「面厚」之術把對手捧上天，徹底去除警惕心，然後突然施展「心黑」之術，置對手於死地。

晉朝是司馬氏的王朝，司馬炎稱帝後追封了祖父司馬懿為晉宣帝，其父司馬昭為晉文帝，而司馬炎自己是為晉武帝，建國於西元二六五年，亡於西元三一六年，這五十一年間建都河南洛陽，相對於後來元帝司馬睿建都於建康（南京）來說，洛陽在西，稱為西晉。

西晉短短的五十一年當中，經過了「八王之亂」，政權更迭不停。西晉「八王之亂」的八個王，分別是汝南王司馬亮、楚王司馬瑋、趙王司馬倫、齊王司馬冏、長沙王司馬乂、成都王司馬穎、河間王司馬顒與東海王司馬越。這八個王先後當丞相或是自己登基稱帝，幾乎無一例外是自己先爬到了半空中，或是被別人捧到了半空中，都是中了其他王的「厚臉」吹捧術。而當他們掌握了朝政實權之後，馬上就被摔下地來，粉身碎骨，不得善終。這裡，我們且來看看其中的一個長沙王司馬乂的下場，就可窺見其餘的情景了。

長沙王司馬乂是晉武帝司馬炎的第六個兒子，晉惠帝的司馬衷是他的大哥，這位大哥皇帝實際上是個近似白癡的人物，所以等於誰當了他的丞相誰就掌握了朝政實權。在「八王之亂」的八王中，長沙王司馬乂排在「第五」的位置上，他性格開朗果敢，平時待人謙恭和善，名聲極好。他為了自己登上相位，卻先吹捧成都王司馬穎，論輩分排起來，成都王司馬穎是他的十六弟。「六哥」司馬乂卻對「十六弟」司馬穎說：「現在的這個天下，是先帝創立下的事業，怎麼能夠讓他們胡作非為呢？希望你能挺身而出加以維護。」

司馬乂在這裡說「胡作非為」的「他們」，其實也就是叔伯兄弟們。「十六弟」司馬穎一聽「六哥」吹捧自己，忙就反轉過來吹捧司馬乂說：「六哥怎麼把話說反了，六哥您待人謙和，名聲極好，要出來維護先帝基業的怎麼能是我『十六弟』呢？應該是您『六哥』出來吧，我支持您當丞相！」

於是，司馬乂名正言順地當上了丞相。可是他還沒有來得及去上任嘗嘗「丞相掌權」的滋味，就被吹捧他的叔伯兄弟們抓住了。司馬乂的叔伯兄弟手可真夠黑的，抓住了司馬乂連刀都不用，就將他用火活活烤死了。

司馬乂臨死時哭訴說：「你們這些王八蛋，把我捧上天原來是假，要摔死我、殺死我、烤死我才是真！」

宗吾認為，司馬乂臨死時所說的話，說出了一個厚黑原理：非厚黑兼備者，不能行厚黑之道。不行厚黑，不捲入是非之地，說不定可以安度餘生；強行厚黑，硬闖入名利的漩渦，反而可能會在殘酷的競爭環境中過早「夭折」。

第五篇　虛虛實實猜不透

◆孫子曰：「戰勢不過奇正，奇正之變，不可勝窮也。」

處世不外厚黑，厚黑之變，不可勝窮也。

用兵是奇中有正，正中有奇，奇正相生，如循環之無端。

處世是厚中有黑，黑中有厚，厚黑相生，如循環之無端。

不知兵而用兵，必至兵敗國亡。不懂厚黑哲理，而實行厚黑，必至家破身亡。

明面上替別人辦事，暗處為自己辦事。明暗虛實如同形影相隨，聲音相和，稍有不慎，就會有覆舟滅頂之災。

厚黑處世三十六　見縫插針，攻敵不備

■與人打交道，不能都採用直來直往的方式，要多動腦子，懂得尋找、利用一切可能的機會。

在生存競爭日益激烈，人際關係日益複雜的社會，處理各種事情，與人打交道，不能都採用直來直往的方式，要多動腦子，懂得見縫插針，攻敵不備。比如，在處理重大、複雜或棘手問題，和競爭對手相處時，特別是在處於暫時的弱勢地位時，不要過早暴露自己的企圖，可以採取相反的行動，公開製造一種表面現象，隱瞞自己的目的，引開對手的注意，麻痹對手的警惕性，而在暗地裡加緊自己的努力，積蓄實力。可是，時機一到，絕不能放過，以迅雷不及掩耳之勢，令對手猝不及防，或使對方在莫名其妙中著了你的「道」。

【宗吾真言】一定要學會鑽空子，並且不放過任何可以鑽的空子。此法用於經商，發現空子即隨機大撈一筆；此法用於為官，發現空子即隨之飛黃騰達。切記！切記！該鑽的空子絕不能放過。

宗吾在著作中，曾講了一段自己的經歷：「民國初年，楊澤溥為審計院科員，奉委為雅州關監督……後解款回省，對我說道：『西徵兵至雅州嘩變，通城搶劫，城內有哥老會首領某某，我趕緊命人請他來，他拖把高椅子坐在門口，亂兵至，即麾之去，公款無絲毫損，翌日辦魚翅席酬之，此等費不能支用公款，只好自墊。』我說道：『澤溥，你幹些什麼？財神菩薩進門，你都要驅他出去嗎？亂兵不來，還應叩頭請他來，只要進來走一遭，即可報十萬八萬的損失，終身就吃穿不盡了，我發明的學問，你拿來這樣幹，我這一教還行得走嗎？』

宗吾的意思，就是教人一定要學會鑽營，並且不放開任何可以鑽營的機會。

美國有一個名叫麥克的精明商人，他特別喜歡研究有關經商方面的法律，發現漏洞即趁機大撈一筆，而這些法律依旁人看來毫無漏洞可言。

有一次，麥克在法國購買了一萬副女式皮手套。按規定，這批貨物在通過美國海關時要交納高額關稅。為了減少所交稅額，麥克非常奇怪地把手套分成兩批，先把第一批運回美國，另一批則封存不動。先期運回的手套如期抵達，麥克卻故意不去提貨。按海關法律規定，逾期無主認領的貨物就要被拍賣。拍賣之日，聞風前去購買手套的商人為數不少，麥克置身其中。當負責拍賣的人打開包裝一看，原來運來的手套儘管品質堪稱上乘，但都是左手手套，根本無法使用。這樣的貨物誰還會感興趣，於是頓時冷場。接下來的事情自然是顯而易見，麥克以唯一投標人的身分，以極低的價格買走了所有的手套。

很快，麥克的第二批手套又到了海關。這次他怕引起海關的懷疑，就把一萬隻右手手套兩兩相配，去冒充一左一右的「正常」手套。結果，海關人員只收了麥克五千副手套的關稅。於是，麥克只用一半的關稅，外加拍賣左手手套時花去的一小筆費用，就成功地把一萬副手套弄到美國境內。

宗吾看來，「見縫插針，攻敵不備」的實質就是發現漏洞，見縫插針。可是，發現了漏洞，還不一定能把針插進去，還必須結合權謀的運用。麥克就是一位懂得權謀的厚黑之士，他的「一反常規，以此代彼」的計謀很顯然是一種詐術，也是一種厚黑之道。

【宗吾真言】 見縫插針固然有效，但如果沒有縫可插怎麼辦？厚黑處世者要善於製造「縫」。比如，使對手相信我們是友好的，善意的，或不帶有威脅性的，以使其失去戒心。

宗吾認為，在即將向對手發動進攻的前夕，為了使我方戰前準備更具有隱蔽性，使戰時的進攻更具突然性，便採用偽裝手段，故意裝扮出友好和善的面目來騙取敵人的信任，使其戒備鬆懈，甚至以我為友，我則在暗中謀劃，最後置敵於死地。這招在古今政治、軍事鬥爭中，屢試不爽。

唐高宗時，西突厥原酋長阿史那都支表面上臣服唐朝，但暗地裡卻與吐蕃聯手，一起侵擾唐朝西境。於是，唐高宗命裴行儉為使者，護送波斯王子回波斯即位，實際上則是要趁機降服西突厥。

西元六七九年盛夏，裴行儉到達西州，四處揚言說天氣實在太熱，等到天涼之後再啟程西行。阿史那都支本來擔心裴行儉會趨勢猛攻，如今聽說裴行儉要留在西州，自然萬分高興，一下子放鬆下來，到處尋歡作樂，消磨難熬的酷暑，絲毫不加防範。

裴行儉又召集西州四鎮的酋長，對他們說道：「以前我在西州時最喜歡打獵，現在正好閒著沒事，我想重遊舊日獵場，同時遊遍各地，不知誰願與我同行？」當地人本以遊獵為生，一聽此言，所有酋長子弟及下屬，都欣然應聲同行。裴行儉又說：「你們既願與我同行，就應該聽我約束。」眾人自然又齊聲應允。

於是裴行儉精選其中的萬餘人馬，編成隊伍以打獵為掩飾，暗中加以操練，待時機成熟，他便急令隊伍抄小路向西快速行進，過不了幾日便來到了阿史那都支的部落附近。

本來阿史那都支打算，從現在開始積蓄力量，等秋涼時與唐軍決一雌雄。如今唐兵冷不防地來到眼前，頑強抵抗無異於自取滅亡，於是，故意裝出一副尊唐的樣子，只率子弟親信五十餘人前去拜訪裴行儉。裴行儉表面上表示歡迎，暗地裡卻早已設下埋伏，一等阿史那都支等人進入營帳，號令立下，五十餘人被悉數拘禁起來。

宗吾認為，裴行儉在這次行動中，就製造了一個「縫隙」。使對方高度緊張的神經鬆弛下來，放鬆了警惕，裴行儉卻充分利用了這個機會，兵不血刃，擒獲了西突厥的酋長，大功告成。

【宗吾真言】在軍事中施放煙幕，是為了遮蔽敵人的眼目，並查明敵人虛實。這一招同樣可以用於厚黑處世，如施放政治煙幕，打擊政敵。不過，在厚黑處世中施放煙幕的最基本條件就是一定要面厚心黑。

宗吾認為，「指鹿為馬」的故事是中國史籍中關於施放政治煙幕的最早記載。

秦始皇死後三年，秦始皇的丞相李斯也已被趙高害死，秦二世胡亥在位，實際掌權者為丞相趙高。趙高想造反，害怕群臣不聽使喚，就想先設法瞭解群臣對自己的態度，便拿著鹿獻給二世說：「這是一匹馬。」二世笑著說：「丞相你錯了，怎麼把鹿當作馬？」趙高就問左右大臣，大臣們有的不答，有的說是馬，以阿諛趙高，有的就說這無疑是鹿。趙高便把說是鹿的人暗記下來，送去嚴辦。

唐朝的武則天可以說是一個天生的厚黑高手，她憑藉著自己過人的面厚心黑，成為中國歷史上唯一的一位女皇帝。

為了試探群臣對自己這個女皇的態度，一天上朝的時候，武則天拿出一枝梨花給群臣看，並說：「梨花本應在春季開花，秋季結果，如今這枝梨花竟在秋天開放，大家說說這是吉兆還是凶兆。」許多大臣討好地說：「陛下治國英明，上天賜梨花秋天開放，當然是吉兆，應驗皇上萬壽無疆！」可是，丞相杜景卻說：「這花開得不是時候，是我們為臣子的有過失的結果，不是什麼好兆頭。」

武則天聽後，誇獎他說：「你才是真正的宰相啊，敢講真話。」

宗吾看來，這些施放政治煙幕的歷史故事都十分發人深省。秦朝趙高的「指鹿為馬」、武則天「秋天梨花」都是試探人心的妙招，由此可見，這招人人可行，並且在任何場合下都可以使用，不用擔心它會產生什麼「負面效果」。

厚黑處世三十七 鋸箭補鍋，無中生有

■與上司相處，使自己保持可利用的價值；與潛在對手競爭，「把豬養肥了再殺」。

有人中了箭，請外科醫生治療，醫生將箭桿鋸下，即索謝禮。問他為什麼不把箭頭取出？他說：那是內科的事，你去找內科好了。做飯的鍋漏了，請補鍋匠來補。補鍋匠一面用鐵片刮鍋底煤灰，一面對主人說：「請點火來我燒煙。」他趁著主人轉背的時候，用鐵錘在鍋上輕輕地敲幾下，那裂痕就增大了許多，及主人轉來，就指與他看，說道：「你這鍋裂痕很長，上面油膩了，看不見，我把鍋灰刮開，就現出來了，非多補幾個釘子不可。」主人埋頭一看，很驚異地說：「不錯！不錯！今天沒遇著你，這個鍋恐怕不能用了！」及至補好，主人與補鍋匠，皆大歡喜而散。可見鋸箭補鍋之妙用。

【宗吾真言】世上卸磨殺驢的事太多了，於是才有了鋸箭法這樣一個辦事公例。如果違反了這個辦事公例，天真地想把問題徹底解決。可能箭頭還沒有取出來，自己的小命先賠進去了。

宗吾認為，如果不通人情世故，不懂得辦事公例，不僅費力不討好，還可能事辦得愈漂亮，自己的

危害愈深。武則天病重，宰相張柬之等人發動政變，歸宗李氏，擁立中宗李顯復位。可是，作為第一勳臣的張柬之，不久卻遭到了殺戮。

張柬之，字孟將，出生在一個累世無官宦的寒門之家。這種家世，在世族禮法門風盛行的初唐，地位是極為低下的。長安二年（西元七〇二年），武則天讓宰相狄仁傑舉賢。狄仁傑大力推薦，張柬之拜司刑少卿。後又在姚崇的大力舉薦下，遷為鳳閣鑾台平章事，進拜鳳閣侍郎，正式登上宰輔之位。

神龍元年（西元七〇五年），武則天已經八十二歲，這一年的正月，武則天病重，宰相、太子等都見不到她，唯有張昌宗、張易之侍側，「居中用事」。

朝廷局勢迅速緊張起來。雖然二張根本沒有覬覦皇位的資格，但他們擔心武則天一旦死去，失去靠山後的處境不妙，因此「引用黨援，陰為之備。」在這種情況下，姚崇回到洛陽，張柬之立即派桓彥範和他商議，得到贊同後，聯絡禁衛軍將領，統率禁軍簇擁太子李顯來到玄武門，迅速斬關而入，直奔武則天的寢宮迎仙宮長生殿活捉二張，斬於床下。

武則天在既成事實面前，很不情願地禪位太子。次日，下詔命皇太子監國制。第三天，李顯繼位為皇帝，是為中宗，復國號「唐」。

中宗復位，張柬之成為有赫赫功勞的勳臣，與其他四人共同掌握朝中軍國大政，稱「五人輔政」。被中斷了多年的唐王朝獲得了「中興」。張柬之等人摩拳擦掌，準備轟轟烈烈地大幹一場，把射入唐王朝軀體的「箭頭」徹底地拔出來。

中宗登位不久，就暴露出他目光短淺、心無遠圖，不僅不能剷除武氏勢力，而且縱容諸武肆虐。張柬之、桓彥範等看到武三思與韋后狼狽為奸，玩弄權柄，曾不斷上疏進諫，希望中宗清除外戚干政，獨立行事。中宗不僅不予採納，而且厭惡和反感。由於武、韋勢力強大，加之中宗的曖昧態度，最後，張柬之對中宗李顯如此大的功勞，卻死於中宗之手。

宗吾看來，張柬之之死，就是因為違反了辦事公例——鋸箭法，想把問題徹底解決了。所以箭頭沒有取出來，自己的小命先沒了。

【宗吾真言】 下屬的最高利益，在於把持上司對自己的利用之心。一旦「箭頭」取出來了，你對上司就沒有利用的價值了。一個無用之人，肯定是無足輕重的，甚至是有害的。

宗吾認為，有人認為自己與上司一起做了一些不想讓其他人知道的事情，自己與上司的關係已經非同一般，所以地位就變得更加穩固了。如果你這樣想就大錯特錯了。因為，自古以來，一旦陰謀得逞之日，也是幫助君主實施陰謀的臣子覆滅之時。從這個意義上說，陰謀要嘛不要，要嘛就連著要下去，直到把君主踏在腳下。

雍正帝即位後，就將刀鋒轉向自己的寵臣，打擊尤重的是幫助他登上皇帝寶座出力不少的大將軍年羹堯與隆科多。康熙末年，雍正帝在諸皇子爭奪嗣位的鬥爭中勝出，正是依重此兩人。所以後來史家也認為：「世宗之立，內得力於隆科多，外得力於年羹堯。」

雍正即位之初，隆科多和年羹堯便成為新政權的核心人物，恩寵有加。雍正元年十月，青海厄魯特羅卜藏丹增發生暴亂，雍正帝任命年羹堯為撫遠大將軍。年羹堯也不負聖恩，率師赴西寧征討，平定成功，威震西南。雍正帝詔授年羹堯一等公爵。

雍正不但對年羹堯加官晉爵，甚至把他視作「恩人」，並且要求「朕世世子孫及天下臣民」，當對年羹堯「共傾心感悅，若稍有負心，便非朕之子孫，稍有異心，便非我朝臣民也」。雍正就這樣以其過分的姿態、肉麻的言語哄矇、迷惑著年羹堯。年羹堯卻被矇在鼓裡，真以為有皇帝老子作他知己。其實，雍正就要對他下手了。

雍正三年四月，雍正僅以年羹堯奏表中字跡潦草和成語倒裝，就下詔免其大將軍之職，調補杭州將軍，以解除兵權。而臣僚們見年羹堯失寵，便紛紛上奏，檢舉揭發年的種種違法罪行。最後議政大臣等羅列了年羹堯幾條罪狀，擬判死刑，家屬連坐。雍正以年羹堯有平青海諸功，令其賜死自裁。父以年老免死，子年富立斬，其餘十五歲以上男子俱發往廣西、雲南極邊煙瘴之地充軍。族人全部革職，有親近年家子孫之人，也以黨附叛逆罪論處。

隆科多的下場亦與年羹堯差不多。

宗吾看來，表面上看，好像年、隆兩人被處罪的司法程序完全符合當時的法律制度，然實際上這所謂司法程序也完全由皇上所控制，兩案的製造與殺戮完全出自雍正本人的意圖，這無疑又應了那句老話：「狡兔死，走狗烹；飛鳥盡，良弓藏。」

【宗吾真言】　兵法中的欲擒故縱之計，是對「補鍋法」的最好注解。透過縱敵，使之日益驕狂，並可能因此產生重大失誤，從而給對手提供實施打擊的機會。在厚黑處世中，運用「補鍋法」也是基於同樣目的。

宗吾看來，縱容他人，使之多行不義，然後再以正義的旗號舉兵征討，這種運用補鍋法擊敗對手的例子，在中國歷史上是屢見不鮮了。

鄭莊公兄弟倆，莊公的名字叫寤生，弟弟的名字叫段。寤生出生的時候難產，使母親姜氏受驚，從此就不喜歡寤生。而段則長得一表人才，人也聰明，所以姜氏非常喜歡他。

姜氏看見段沒有當上國君，心裡很不舒服，就去為段要封地。姜氏要求莊公把京城封給段。於是，莊公只好把京城封給了他。

在段要離開都城前往封地的時候，先向母親告別。姜氏說，一定要先操練好兵馬，做好準備，有機會就來個裡應外合，推翻莊公，讓段繼承君位。

段到了京城，稱作京城太叔。首先，太叔段緊鑼密鼓地招兵買馬，擴充軍隊，嚴加訓練，並經常行軍打獵；其次是大修城牆，既擴大又加高加厚。很多大臣知道後非常著急，可是，鄭莊公卻說，太叔是為國家操練兵馬，為國家建造防禦工事，有什麼不好？況且母親要他這樣做，自己就是想管也不好管呀！

大臣祭足對莊公說，姜氏是貪得無厭的，不如早早地定下主意，替她找個地方，安排一下。不要再讓太叔的勢力繼續發展了，如果繼續發展下去，恐怕就很難收拾了。

鄭莊公只說了一句話：「多行不義必自斃，子姑待之。」

過了不久，太叔段終於修治好了城郭，聚集完了百姓，修整好了戰爭用具，準備好了步兵和兵車。而在這個時候，鄭莊公偏偏到周天子那裡去辦事，不在鄭國的都城。姜氏認為這是絕佳的機會，就寫信給太叔。太叔接到信，就對部下士兵說是奉命到都城去辦事，發動了步兵和兵車。

其實，鄭莊公並非到洛陽周天子那裡去辦事，而是偷偷地繞個彎帶了兩百輛兵車直到京城來了。莊公還派公子呂埋伏在太叔的信使所必須經過的道路上，截獲了太叔寫給姜氏的回信。這樣，鄭莊公就完全掌握了主動權。

太叔剛帶兵出發兩天，鄭莊公和公子呂就來到京城外，公子呂先派了一些士兵扮成買賣人的模樣混進城去，看準時機在城門樓上放火，公子呂看見火光，立刻帶兵打進城去，一舉攻佔了京城。

太叔出兵不到兩天，就聽到京城失守消息，十分驚慌，連夜返回，但士兵已經聽說太叔是讓他們去攻打國君，就亂哄哄地跑了近一半人。最後，在鄭莊公和公子呂兩路大軍夾攻下，太叔走投無路，最後只好自殺了。

鄭莊公聽到弟弟自殺的消息，立刻跑去抱屍痛哭，一邊哭一邊說弟弟不該自殺，縱使有天大的錯做哥哥的也會原諒的，哭得周圍的人也忍不住流淚。鄭莊公又一次贏得人心，大家都說他是一位好哥哥。

宗吾認為，莊公在對待他弟弟反叛的態度上是極其令人深思的。莊公知道他的母親和弟弟懷有二心，但完全可以極早地採取措施加以制止，用不著陷人於死地。不過，莊公也十分清楚，一天不徹底除掉弟弟，他的心裡就一天不得安寧。而明火執仗地除掉自己的親弟弟，又會置自己於不義。於是，莊公才運用了「欲擒故縱」之法，一步步地把弟弟誘向反叛，而且又全在他的掌握之中。

【宗吾真言】 先給對方描繪一個可怕的前景，把對方弄得驚慌失措，然後就可以把自己並不是無懈可擊方案推銷給對方。對方明明吃了大虧，還對你感恩戴德，這就是「補鍋法」的另一妙用。

在宗吾看來，戰國時期的張儀就是這樣運用「補鍋法」，實施他的連横之計的。

當蘇秦的死訊傳來，張儀對魏惠王作了一次這樣的勸導。他說：「魏國的土地狹小，軍事力量弱小。四周地勢平緩，沒有什麼名山大川的阻隔。魏國的士卒，戍守在與楚、韓、齊、趙各國交界的邊境哨卡上，就已經用去十多萬人，能夠靈活調用的軍事力量剩下不多了。當初魏國接受蘇秦的建議，與關東諸侯們在洹水上結盟，大家結成兄弟關係，互相支持。但是，這不是永遠都靠得住的盟約。有些親兄弟，還在為爭奪錢財相互殘殺，何況蘇秦已死。而且蘇秦自己就是一個反覆無常的人，大家還想依靠他的影響，保持互不侵犯，顯然是不可能的。大王如果不抓緊時機追隨秦國，秦國要是揮兵進攻黃河南岸一線，佔據我們的大片土地，搶佔魏國的要塞晉陽，那時趙國的軍隊就不能南下，魏國也就無法北上；趙、魏被切成兩面，合縱互援的關係還在哪裡呢？那時，大王再想維持魏國的安全就不可能了。所以，我迫切地希望大王重新審定大計；否則，還是先讓我辭職離開得好，我不敢承受這種災難。」一番巧舌如簧的說辭，可謂言明利害，曉以損益，處處為魏王著想。於是魏惠王聽從了張儀的意見，宣佈脫離合縱同盟，並派張儀到秦國去聯絡。

張儀的下一個遊說目標是楚國。他用了近兩年的時間擺佈了昏庸偏聽的楚懷王，然後在周郝王四年威脅他說：「合縱抗秦，等於驅使一群無力的綿羊去攻擊猛虎，肯定是不能取勝的。現在大王您不追隨秦國，秦國一旦挾持韓國和魏國共同攻打楚國，楚國就危險了！秦國西部擁有富庶的巴、蜀，如果從那裡打造船隻、籌集糧餉，經岷江而下，長驅直入不到一天就可能使整個東部地區無險可守，黔中、巫郡就都不是大王所有的了。然後秦國再從武關東出一支軍隊，楚國與北方的聯繫也告中斷。大王，秦軍攻打楚國，危險在三個月之內；楚國等待其他合縱諸侯國的救援，時間卻要超過半年。現在楚國只記得依靠弱國的支持，而忘記了秦國的襲擊，這一點多麼使人擔心！大王假使真能聽我的建議，與秦國結盟，與他們長期建立兄弟關係，雙方互不侵犯，那該多好！」

楚懷王儘管吃了張儀很大的苦頭，還是被他嚇住了，乖乖地把自己重新套上了秦國的車轅。

宗吾認為，張儀就是如法炮製，反覆運用「補鍋法」，連哄帶嚇地說服了韓國、齊國、趙國和燕國，把他們都集中在了秦國的旗幟之下。可見，張儀對此法運用可以說已經達到了登峰造極的地步。

厚黑處世三十八　未雨綢繆，蓄勢不發

■拉滿弓對準敵人時，你讓他做什麼他就做什麼，而一旦箭射出去了，威懾力就沒有了。所以最後的殺招不要輕易使出來。

人無遠慮，必有近憂，不可貪圖眼前而忘記長遠，更不可有臨時抱佛腳的態度或過於自信自己的臨場應變能力。宗吾認為，事前的運籌和計畫是很重要的，只有精心把準備工作做好，組織人力、物力和財力，才能萬無一失。因此，一個人一定要懂得蓄積自己的能量。物體的能量有動能和勢能之分，動能和勢能可以相互轉化。人的能量也有勢能和動能，要盡量蓄積勢能，但不要輕易發出來，保持對對手的威懾力。

【宗吾真言】　凡與人交涉，必須將他如何來、我如何應、四面八方都想過，臨到交涉時，任他從哪面來，都可以應付。特別是與小人交往，更要時時警惕，做好各種應敵的準備。

宗吾認為，壞人在走投無路的情況下，會不擇手段地蠻幹，也就是所謂「狗急跳牆」。預先防備的方法其實很簡單，就是事先把牆弄得很高很高，弄到讓狗跳不過，另外還要防止自己被狗咬死，這實際

上就是未雨綢繆。

當然，敵人畢竟不是狗，對他們的防禦可沒有築高圍牆那樣簡單。那有沒有可以防禦壞人加害的方法呢？讓我們先來看一段歷史故事。

陸賈，楚國人，曾是漢高祖劉邦的辯士，代表漢朝朝廷出使周邊各國，都很順利地完成了任務。在追隨劉邦起事創天下的過程中，陸賈曾多次向劉邦講說《詩經》、《書經》，劉邦罵他說：「都說些什麼呀！我的天下，是馬背上爭奪下來的，用不著什麼『詩』呀、『書』呀的！」

陸賈說：「未雨綢繆，今天就要想到明天，今天你能在馬背上奪天下，明天也能在馬背上治理天下嗎？你必須提倡文武之道，像昔日殷湯與周武王那樣學會用那些『文』的東西來治理國家。」

劉邦一聽很對，便叫陸賈寫一部國家治理方面的書。陸賈遵命寫完後交給劉邦看。劉邦看後認為很好，並給它取了個書名，叫做《新語》。陸賈就是這樣一個能夠未雨綢繆的大人物。

劉邦還在世時，呂后就表現出了極強的權力欲，陸賈便對當時擔任副丞相的好友陳平說：「未雨綢繆即是預先防範狗急跳牆的方法，你當然能懂我的意思吧？」

陳平知道陸賈是說劉邦死後呂雉會專權的意思，可是礙於她「皇后」的地位，便也不好明說，而只是側面試探說：「狗還沒到急著要跳牆的時候，未必你就能預先想出好辦法來預防牠跳牆吧？」

陸賈說：「要防狗急跳牆，要先防牠突然咬死你。牠咬死了你就出去了，不用再跳牆了。」

陳平說：「那你說說該如何避免被牠咬死啊？」

陸賈說：「你順著牠的意思去辦，牠不就不咬你了嗎？」

果然，等劉邦一死，呂后就跳了出來，而陳平也正是用了陸賈的方法，先保住了「親劉派」，穩住了「親呂派」，呂后一死，就一舉幫助劉姓奪回了天下。事後陳平對陸賈說：「你那未雨綢繆的辦法預防狗急跳牆真管用！只有預先防止自己被狗咬死了，最後才可能一刀把狗宰了！」

宗吾認為，被動地砌高牆以防狗的方法，還不是最好的方法。最好方法是先厚下臉皮，降低自己的身分，甚至與狗融為一體，保護好自己，防止被狗咬死，然後注意調整力量，看準時機，將狗一棒打死。

【宗吾真言】運用「蓄勢不發」這一厚黑技巧，自身的「膽氣」非常重要。遙想三國時長阪坡上，張飛的三聲巨吼，震退了曹操的數十萬大軍，嚇死了曹軍的數名將領，原因何在？心無所懼，膽氣豪邁。

其實這次張飛可不只是一名有勇無謀的武夫了，因為他懂得「蓄勢不發」，只是巨吼而已，因為一旦發勢，他確實沒有辦法戰勝十萬大軍。其實這是人性的一個弱點，當面臨強敵時，但他們又都處於安全的環境之中，誰都不願意第一個以身試險，一馬當先上來犧牲。但是一旦他們的安全環境受到了一點威脅，馬上就會產生抱團作用，發揮極大的威力將敵人除去。所以當時張飛要是將勢發了出去，那麼只有死路一條。

由此引申出去，宗吾認為，厚黑處世者，要想在瞬息萬變的環境中，始終立於不敗之地，除了敏銳的觀察力和判斷力之外，還必須敢於冒風險，因為只有內心無所畏懼，行動時才能果斷。

希臘船王歐納西斯出生於土耳其西海岸的伊密爾，一九二二年全家逃難到了希臘。

第一次世界大戰之後的經濟復甦階段，很多人沒有摸清楚市場的脈動，拚命地擴大再生產。不久就出現了市場過剩，物價迅速下跌。歐納西斯就想，生產過剩、物價暴跌之後，經濟必然再次繁榮，商品的價格一定回升，有的還會暴漲。毫無疑問，現在買進便宜的商品，到那個時候就會獲得成倍的利潤。

可是買什麼好呢？股票、房產、黃金……這些東西，他都不買，他買的是經濟危機之中最不景氣的海上運輸工具——輪船。歐納西斯是這樣分析的：世界經濟一旦復甦，運輸必須先行，他投入的錢就會像植物一樣瘋長，利潤就會源源不斷地產生出來。有了這種認知，他馬上把全部財產都拋了出去，購買輪船。

歐納西斯的運氣終於來了，但不是因為經濟復甦，而是第二次世界大戰爆發了。無論是歐洲戰場還是亞洲戰場，到處都需要美國的各種各樣物資。一時間，歐納西斯的艘艘貨船幾乎成了座座浮動的金山……

第二次世界大戰結束時，歐納西斯已經成了擁有希臘「制海權」的商業巨頭之一。話得說回來，如果不是戰爭，歐納西斯發財的速度不會這樣快，但是，只要世界經濟復甦，他是一定會發財的。

正如歐納西斯自己所說：「我時刻都充滿了信心，我從來不懷疑自己。一個人只有突破自己對自己的限制，才能夠充分展現自己的才能。」其實這就是宗吾所強調的，在運用厚黑處世之道時，必須具備的品質：膽略過人、認真思考！

【宗吾真言】 中國古代官場講究新官上任三把火。三把火之後就開始給自己留後路了,表面是雷厲風行,其實是雷聲大雨點小,只要能讓上司看到自己所謂的政績就可以了。這是另一種「蓄勢不發」。

《官場現形記》中描寫了朝廷派出欽差大臣去整肅浙江官場的故事。那欽差大臣到了杭州,一下子新造十副新刑具、三十副手銬、腳鐐、十副木銁子、四個站籠,並一下子抓了一百五十多名官、幕、紳、吏,把浙江官場嚇得戰戰兢兢。可是這三斧子砍過,欽差就緩了許多,那些撤了職的人也不查辦,抓了的人也不審訊。原來這欽差先嚇唬一番,落個好名聲,然後就要撈回幾個錢。過了幾天,浙江巡撫與欽差接上線,彼此透過關節講條件,欽差得了兩百萬,滿載而歸。

在宗吾看來,厚黑處事者,一定要善於把自己這張弓拉起來,把能量蓄積起來。沒有能量也要製造能量,要有無中生有的本領。

春秋戰國時期,爭相收養門客成了一種社會風氣,各種有才能或是有一技之長的人往往投奔當權貴族,寄食在他的門下。這些收養門客的人就藉此提高自己的聲望和地位,鞏固自己的勢力。

在戰國時期,養士最為有名的是所謂的「戰國四公子」,即齊國的孟嘗君、魏國的信陵君、楚國的春申君和趙國的平原君。他們所養「食客」之多,有時竟達三千之眾,例如孟嘗君就曾號稱自己門下有「食客三千」。他的門下有各色人等,三教九流之徒無所不備。他對待門客也是視為兄弟,坦誠相見,因此,門客們對他十分忠誠。

由於孟嘗君能夠招攬人心，門客無論貴賤他都能使之與自己在吃穿用度上一樣平等，因此，「能傾天下之士」。

孟嘗君的名氣愈來愈大，連秦王都感到既羨慕又害怕。一天，秦王和大夫向壽議論起這件事，希望能讓孟嘗君到秦國來。向壽說：「這並不難，如果您能讓自己的子弟到齊國去做抵押，孟嘗君是不會不來的。您如果能拜孟嘗君做秦國的丞相，齊國肯定也會拜您的子弟做丞相，那時候，秦、齊聯合，就容易收服諸侯了。」

宗吾看來，孟嘗君就是善於先把能量蓄積起來，把自己的弓拉滿，然後待價而沽。齊、秦爭著要他。真是搶著的瓜甜，分著的飯香，秦王這一搶，可就奠定了孟嘗君在齊國的穩固地位。至於孟嘗君到底有多大的能耐，能為國家出多少力，那就不得而知了。

厚黑處世三十九 鷸蚌相爭，坐收漁利

■挑撥離間，挑起事端，引發利害衝突，使兩強相爭，自己兵不血刃，獲取最大利益。

宗吾看來，兩強相爭，第三者獲勝，是軍事對抗、政治鬥爭和商業競爭中常見的一種結局。當爭奪的雙方由於勢均力敵而相持不下時，往往會有「黑馬」作為折衷妥協的產物出人意料地殺出。鷸蚌相爭，坐收漁利，首先需要設局造局，有意在敵方與勢力強大者或他方力量之間挑起事端，引發利害衝突，使他們相互殘殺，挑撥離間者則「坐山觀虎鬥」，坐收漁人之利。

【宗吾真言】 厚黑處世要善用「隔岸觀火」，使兩個對手相互傾軋，自己採取坐壁上觀的態度，促使衝突更加激化，在其兩敗俱傷時，從中取利。

明朝末年，女真族只是一個只有十幾萬人口的小民族，但是他們卻順利進關君臨了華夏大地。當時，「衝冠一怒為紅顏」的明寧成總兵吳三桂本想率部進京歸順李自成，但在途中聞知李自成拘押其父和愛妾陳圓圓，驟然生變，屯兵山海關，向清軍請求援助共同對抗李自成。清軍到達以後，先不發兵攻打李

自成，而是隔岸觀火，任其飛沙走石，戰馬嘶鳴，等到兩強的實力都消耗殆盡時，才一舉出兵，掃清入關障礙，這就是一個「隔山觀虎鬥、坐收漁人之利」的案例。但同時宗吾認為，要運用這一計策並不容易，臨近火場觀火是十分危險的，稍不注意就可能引火焚身。

張居正是明神宗時的政治改革家，自隆慶六年（西元一五七二年）六月，在朝輔助年幼的明神宗理政。他躬身輔政，忠君愛國，又銳意革新，革除宿弊，終於使明中葉以來的積弊衰敗，在萬曆初年為之一改，出現了短暫的「海內肅清、四夷賓服，太倉粟可支數年，府庫寺積金四百餘萬」的清平世界。張居正成功，有他個人的突出才幹、皇族的信賴等多方面的原因，但其中的一個主要原因，是他獨居朝廷魁首地位，大權獨攬，可以大刀闊斧地施展手腳。

張居正青少年時期即有遠大政治抱負，曾上《論時政疏》指陳明政權有宗室驕恣、吏治因循、邊備廢弛、財用大虧等弊端，要求興利革弊。當時因為嚴嵩專權，他鬱鬱不得志，等到嚴嵩失勢，徐階擔任內閣首輔，張居正開始被重用，到了穆宗隆慶初年，他連年晉升，晉遷禮部尚書，兼武英殿大學士。到隆慶六年（西元一五七二年）一月，他由太子太傅再遷少師兼太子太師。六年五月，明穆宗中風病逝，臨終前遺命高拱、張居正、高儀三人輔助皇朝。三位顧命大臣中，大學士高拱專權用事，居三顧命之首。高儀體弱疾病纏身，穆宗死後，沒多久也一命嗚呼。於是，留下高拱、張居正兩顧命居朝理事。

秉筆太監馮保本應升補司禮監掌印太監而不得晉遷，他清楚這是高拱從中阻攔作梗，對高拱由憤生仇。於是連續施展陰謀，行誣陷栽贓之法，跑到陳皇后、李貴妃面前誣告，說高拱輕蔑新皇。馮保不僅挑起皇后、貴妃對高拱的仇恨，還偽言高拱居心不良，又在宮內暗地散佈流言，說首輔高拱要另擁周王為帝，煽動神宗對高拱的厭惡。

高拱居內閣首輔，自認勢力強大，於是授意各位給事中、御史等眾言官，上折彈劾馮保矯詔亂政，行為不軌，想以此定馮保死罪。馮保乾脆把全部奏章扣匿起來，高拱不知還以為自己穩操勝券。六月十六日朝臣上早朝時，他照例站在前列，卻見馮保手執黃紙文書，代為宣讀皇后、貴妃和幼帝旨：「大學士高拱，攬權擅政，威福自專，通不許皇帝主管。我母子日夕驚懼。令回籍閒住，不許停留。」

高拱與馮保的權力爭鬥，最大的贏家是張居正。高拱被流放，馮保得勝後，只不過升上了自己理應升上的司禮太監之座，此職雖是內朝要職，但當時李貴妃、陳皇后等人對內宮控制甚緊，他要想大有作為，困難重重。高拱與馮保兩人相鬥伊始，張居正就看得清清楚楚，馮保的暗中活動，高拱的摩拳擦掌，時值穆宗新喪，幼皇嗣立之初，作為同列閣輔的張居正，理應居中調和勸解。但是張居正並沒有這樣做，而是恪守保身取利的原則，在馮保與高拱準備決鬥、但勝負未卜的情況下，他絕不直接介入，只是隔岸觀火，坐觀高、馮成敗決戰。當時他找了個十分正當的理由，就是與司禮太監一起，到天壽山為明穆宗卜擇陵地，遠離權力鬥爭的漩渦。六月十六日，宣詔逐高拱後，他見大局已定，趕緊走向前台，不再迴避。十九日，他在平台見神宗，旋升任內閣首輔，坐收高拱失勢後的漁翁之利，一任十年，終於成就了一番「中興」事業。

宗吾認為，運用「隔岸觀火」的高妙之處在於，要與對手之間保持一定的安全距離，時刻關注但不靠近，讓別人感覺不出自己的存在，或誤認為自己身在局外，即使火燒過來，因有相當距離，也有迴旋的餘地。

【宗吾真言】「觀火」並不是最終目的，觀火是為了相機取利。所以，在鷸蚌相爭之時，不能一直袖手旁觀，必須要抓準時機，收取漁人之利。不然，就會被別人所得。

宗吾認為，觀火的目的是等待敵人自相消耗，以使他們由強變弱，但不能最終達到消滅對手的目的，最終的目的還要靠直接出擊來完成。

三國後期，國力最弱的蜀漢君臣採取以攻為守的策略。蜀漢的不斷進攻，騷擾魏國邊疆，使文王司馬昭決心大舉進攻，滅亡蜀漢。但諸多大臣反對攻蜀，伐蜀將領成了難產的人選。

司馬昭選中了鄧艾、鍾會。鄧艾當時官征西將軍，都督隴右諸軍事，爵鄧侯。鄧艾長時間在前線與蜀漢大將姜維作戰，但要大舉滅蜀還是困難重重。起初他也認為蜀漢暫時沒有亡國的跡象，不同意立即發大軍攻滅蜀漢，是司馬昭派人去說服了他，他才接受命令。

滿朝文武中，鍾會是唯一積極主張發兵滅蜀漢的。司馬昭正是看中了鍾會的才幹和主張滅蜀的積極性，點派他為鎮西將軍，都督關中軍事，率十萬大軍取漢中。

下屬邵悌求見文王說：「現派遣鍾會統率十萬大軍征伐蜀國，我的愚見認為鍾會可單身出征，不要委以重任，否則會有不測之變，不如派別人去。」此時司馬昭明知鍾會有才幹但心術不正，平滅蜀國後可能造反，但他還是任用了鍾會。他對邵悌分析道：「蜀為天下作患，使民不得安息，我今伐之如指掌耳，而眾人皆言蜀不可伐。夫人心預怯則智勇並竭，智勇並竭而強使之，適為敵擒耳。唯鍾會與我意同，今遣會伐蜀，必可滅蜀。滅蜀之後，就如卿所慮，當何所能一辦耶？凡敗軍之將不可與語勇，亡國之大夫不可與圖存，心膽以破故也。若蜀以破，遺民震恐，不足與圖事；中國將士各自思歸，不肯與同也。」

事情的發展恰如司馬昭所料：伐蜀之軍雖小有挫折，但總體上來說是節節勝利，最後鄧艾度陰平，一戰成功，先攻下了成都，蜀國君臣投降，蜀漢滅亡。

鄧艾自以為立下大功，張狂起來，主張馬上趁勝順長江而下去滅東吳，並公開揚言：現正是千載難逢的滅吳時機，要事事請示朝廷，就什麼事也做不成了。他還表示要遵從《春秋》之義，為國家的根本利益，見機行事，準備進攻東吳大幹一番。

這時鍾會的野心已膨脹起來，又經蜀漢降將姜維煽惑，決心造反。而鄧艾成了他造反必須克服的障礙。而鄧艾要「將在外君命有所不受」的言行，恰好給了鍾會口實，他秘密上書告鄧艾有造反的行為。到了滅蜀漢的第二年春天，司馬昭果然以朝廷名義下令給鍾會，押解鄧艾回洛陽。但司馬昭心中有數，他發出命令後，又派自己親信賈充出兵斜谷，自己從洛陽親往長安。

果如司馬昭所料，鍾會順利將鄧艾捕獲。緊接著，鍾會入據成都，決計造反，他的如意算盤是派姜維通過斜谷入長安，自率大軍隨後。再從長安到洛陽，只須五天時間，便可奪取天下。正在這時，鍾會接到司馬昭手書，司馬昭的信上說：怕鄧艾不肯俯首就擒，現已派賈充率領軍隊萬人進屯斜谷，我自率兵十萬進屯長安，我們兩人相見有日了。這封信實際上是告訴鍾會，你那套出斜谷取長安東奪天下的打算行不通了。

鍾會也明白司馬昭識破了他的造反企圖，便索性決定公開打出造反的旗幟，結果被部將殺死。鄧艾被亂軍殺死。

在宗吾看來，司馬昭深知兩人必反，但又派兩人前去，這是用其勇。但兩人皆有反心，必然相互牽制，這是用其奸。結果，正如此司馬昭所預料，鐘鄧兩人取了成都，卻鷸蚌相爭，漁人得利，最後把勝利的果實拱手送給了司馬昭。

厚黑處世四十 逆理出牌，出奇制勝

■撒潑使賴，說起來不怎麼好聽，也被很多人嗤之以鼻，但這種無賴之舉卻是一種非常實用的「不按常理出牌」的手法。

兩個人玩牌，如果你只知道按照正常的牌理出牌，你的每個招，對方都能算出來，並提前做好準備，你如何能贏。只有打破常規，突破思維定勢，運用「實則虛之、虛則實之」的變幻莫測之術，讓對手無法招架。如撒潑使賴，就是一種說起來不怎麼好聽，也被很多人嗤之以鼻的無賴之舉，但卻是非常實用的手法。宗吾看來，仔細考察歷史上的事例，不循常理，以無賴成功者比比皆是。

【宗吾真言】誠信對於欲成就一番大事業的人是否重要？如果沒有誠信，如何號令天下？但是，如果達到目的之後仍對自己的競爭對手講誠信，就是愚蠢之極。

宗吾認為，司馬遷首創不以成敗論英雄的歷史觀，他雖是在漢代寫的《史記》，但對漢代的開山鼻祖卻不隱其惡，不虛其美，而是用一種隱諱的筆法勾畫出了劉邦的流氓無賴相。而正是這種無賴，才真正懂得「逆理出牌」的厚黑真諦！

但運用此法獲得成功的，在劉邦之前就大有人在。

鄭莊公晚年想廢掉太子忽，立次子突，結果被謀臣祭足勸住，但自此給小兄弟倆留下芥蒂。莊公一死，太子忽即位，公子突便跑到宋國去了。

忽即位為昭公，派祭足到各國聯絡關係。哪知祭足一到宋國，便被扣了起來，宋君要脅他擁立突為國君，取代昭公，否則便把他殺掉。而後宋君又召來公子突，說：「你哥哥派使臣來遊說，讓我們把你殺掉後，割給我們三城邑作為謝禮，你看怎樣？」公子突一聽，裝作誠懇地對宋君說：「您若能讓我回國即位，那麼我的謝禮就不僅是三座城邑了。」宋君一聽公子突中計，忙問：「謝什麼？」公子突忙說：「六座城邑，年年貢奉糧食。」

宋君叫來祭足說：「你既然立了誓盟，我們就放你回去。告訴你們國的大臣們，若不擁立公子突，我們將用武力護送他回國即位。」

祭足撿了一條命，忙回到鄭國，告訴各位大臣宋國將派兵送回公子突。那時宋國正強盛，鄭國哪裡是它的對手，所以大臣們紛紛倒戈擁護公子突。太子忽見大勢已去，忙收拾了一下跑到衛國避難去了。這年秋天，公子突回國即君位，是為厲公。

宋國一面派人來稱賀，一面索要厲公允諾的城邑和糧食。厲公反悔抵賴，宋君十分生氣，聯合齊國準備攻打鄭國。鄭國與魯國聯合起來抵抗，打敗宋齊聯軍，城邑的事也就沒人再提了。

在宗吾看來，宋國趁人之危，製造事端威脅利誘，妄圖坐收漁人之利，實屬厚黑。鄭厲公在緊迫形勢下，假意承諾，取得宋國支持達到了自己的目的，而後過河拆橋，一反前諾，既保全了國土，又奪得了君位，則是以厚黑對厚黑，實在是妙啊！

【宗吾真言】　如果想運用「出爾反爾」的方法，誆騙對方，一定要事先想好後果。也就是說，自己只有有恃無恐時，才能運用。如果對方有能力報復的話，還是別用這招。

宗吾認為，戰國時期的張儀就經常運用「出爾反爾」的方法，屢屢欺騙六國，就是因為他所代表的秦國，實力太強大了，所以他才「吃定」了六國。而六國明知上當也沒辦法。

戰國中期，張儀以針對蘇秦六國「合縱」計畫的「連橫」之策，面見秦惠文王嬴駟，立刻被賞識，重用為客卿。於是，張儀極力推行「連橫」政策，以外交為手段夾之武力，先後破楚攻趙伐韓侵魏，擴張了很多土地。秦惠王十二年（西元前三一三年），為了摧毀以齊、楚兩個大國為首的「合縱」國，張儀出使楚國，受到了楚懷王熊槐的熱烈歡迎。

張儀首先用重金收買了楚國的嬖（寵幸）臣靳尚，使之互為表裡，作為內應，然後對楚懷王說：「今天下大國以齊、楚與秦最強，秦東合於齊則齊重，南合於楚則楚重。寡君之意恨齊人反覆無義，願與楚為婚姻之國。大王誠能閉關絕約於齊，臣請獻商於（今河南省淅川縣西）之地六百里，使秦王之女得為大王箕帚之妾。秦楚娶婦嫁女長為兄弟之國，計無便於此者。」

楚懷王大悅，不動刀兵就可以白得秦國商於之地六百里，又可以娶秦女為妻，而楚國需要做的只是斷絕和齊國的盟約，和秦國締交結好，並未損失什麼而又得到了利益，於是立即答應。還把楚國的相印給張儀佩帶，厚賂張儀使之盡力，派人閉關絕約於齊，派大夫逢侯醜隨張儀入秦接受割地。

張儀未到咸陽就裝作墜車傷腳回家治療，把逢侯醜扔在秦國都城不管。楚懷王聽說後道：「張儀猶以寡人絕齊未深也。」於是派人到齊國邊境上大罵，齊王憤怒，即派人以最謙恭的條件和秦國講和，約定共攻楚國。

張儀入朝被逢侯醜堵住討要土地，張儀耍賴說：「楚王搞錯了，吾是說將吾之奉邑六里獻給楚王。」楚王聞之大怒，派兵十萬伐秦，被秦、齊夾擊，在藍田大敗楚國的增援部隊，佔領了楚丹陽和漢中。秦、齊兩國大兵壓境不退，萬不得已，又派人割讓武關（陝西省商縣東南武關鎮）之外二城講和。

宗吾看來，楚懷王欲佔便宜，損兵折將，喪失土地吃了大虧。原因就是沒有看清張儀的厚黑嘴臉；而張儀的成功，除了精通厚黑之道外，還在於背靠強大的秦國，有恃無恐！

厚黑處世四十一　避重就輕，迫敵就範

■為了迫使對方做出放棄的決定，而透過非正規管道放出自己將採取行動的風聲，使對方知難而退。

當競爭對手想採取對自己不利的行動，而自己不想為對手所制時，就可以根據對手的實力，提出更有優勢的相似方案，並且公開宣傳，使對手感到強大的壓力，繼續執行他們的方案討不到任何好處，不得不放棄，從而達到一箭雙鵰的效果。如果對手已經在執行對自己不利的方案時，自己也採取同樣的方案，但標準一定要比對手高出一大截，一出手就以強大的攻勢迅速削弱進而瓦解對手的氣勢，將他們逼至懸崖邊緣，讓他們主動放棄。

【宗吾真言】有時候，你對別人極為尊敬，別人卻不尊敬你，拿你當作傻瓜。如果你還沒有一絲鋒芒地忍下去，那只有落得「馬善被人騎，人善被人欺」的結局了。

宗吾認為，對付惡人，你不能一再地心慈手軟，不能任他放縱下去。否則，他會愈來愈猖狂，認為那是理所當然，一旦形成一種輿論傾向，想再扭轉過來，就會變得極為困難了。為此，你可以毫不客氣

地警告對手，如果警告沒有效果，就找一個恰當的時機給他一頓拳腳。

一般來說，身為下屬如果不是到了萬般無奈之際，誰也不願抗上，但在許多情況下又不得不抗上。這時，如何抗上而不損害自身，就需要面厚心黑的技巧了。

當年，宋神宗皇帝趙頊年輕氣盛，支持王安石行「熙寧變法」；當時身為資政廳大學士的司馬光堅決反對；而身為登聞鼓院正堂的蘇東坡夾在中間，左右不得，他的登聞鼓院即是通常所說的擊鼓鳴冤衙門，他與王安石和司馬光既是政敵又是文友。

先是一品重臣司馬光為了反對王安石推行急進變法，和共同生活長達三十二年的老妻各自吟詩，表明誓死的決心。

司馬光先念起頭：「黃面霜鬚細瘦身，不自量力正乾坤。」

張夫人接著說：「朝中若少站班者，林野定增釣魚人。」

司馬光又念：「縱使只得河豚子，豈敢嗜毒私下吞。」

張夫人又念：「猶記茅扉妻正盼，齊眉舉案不偷生。」

蘇東坡一貫主張「四時之變」的漸進式改革，他站在司馬光一邊反對王安石的急進措施。登聞鼓院的公事本來就不多，蘇東坡便藉著自己是當朝駙馬王詵好朋友的關係，透過王詵妻子蜀國公主的手，把一個個的諫奏摺子遞到了皇上跟前。

而相國王安石，一下子就要推行「農田水利法」、「保甲法」等三部急進改革的大法，連改動幾個字他都不願，非要強制推行不可。

左想右想，趙頊想出了一個「一碗水端平」的平衡策略，二月初十日，趙頊發出第一道諭旨：「詔令蘇軾以直史館權開封府抵官」。

二月十一日，趙頊發出第二道上諭：詔令王安石等議停「青苗法」。這是對王安石的懲戒。

二月十二日，趙頊發出第三道諭旨：詔令司馬光為樞密院副使，樞密院副使是副丞相之級，但是沒有任何實權。只是享有豐厚的俸祿而已。

趙頊自以為平衡三位人傑，朝廷該太平了。可是，蘇軾到開封府上任後，不管多少案子，他很快就審完了。照樣一封接一封的奏摺呈了上來。

趙頊召了蘇軾來責問道：「蘇軾，你不怕死嗎？」

蘇軾說：「君要臣死，臣不得不死，有何怕哉？」

司馬光拒不接受樞密院副使一職，趙頊九下詔命，司馬光九次推辭，那推辭的奏章都只是一句話：「光受陛下聖恩任侍近之臣，數度上疏諫止新法而不被接受，是光之言再無效矣，何敢再受新任恩命？」

趙頊又把司馬光召來，責問他說：「司馬光，你不怕死嗎？」

司馬光說：「臣已備好河豚，只待聖上賜死就吃。」

司馬光說得言語懇切，但又堅持了自己的立場，趙頊也沒有辦法了。

宗吾看來，抗「君命」是殺頭之罪，當然要講究策略，看了王安石、司馬光、蘇東坡三人與宋神宗針鋒相對的較量，我們可以得到很多啟示。當然，這裡舉的是與上司之間一種明強的方式，其實與同事或者與下屬相處中，有時更應該注意明強的策略。身邊總有一些得寸進尺不知高低不明進退的人存在，你一味屈服，他還以為你膽小，他不明白你以和為貴的良苦用心，你對他大方不計較他反而會認為你是傻瓜好欺負。這時候你就應該綿裡藏針地給對方一點顏色回敬，讓他知趣點。

【宗吾真言】有的人，面對不平等的事，敢於挺身而出，即使被擊敗了，也絕不退縮。這種人值得敬佩，但不值得效仿做無謂的犧牲。在對方步步進逼之時，還是採取以柔克剛、明哲保身之術，避其鋒芒為妙。

宗吾認為，厚黑行世，要敢於捨去世俗的東西，以厚黑作為終生的盾牌，抵擋來自各方面的謠言、誹謗、誣衊，做一個知退知進、善於審時度勢的智者。

東晉時的劉湛，字弘仁，出身於官宦世家，少有大志，常以管仲、諸葛亮自比，是劉裕代晉自立，建南朝、宋朝的功臣之一。

劉裕死後，長子劉義符繼立。但劉義符昏暴淫亂，兩年後被執政大臣徐羨之、謝晦等人廢掉並殺死，劉義隆（劉裕三子）做了皇帝，是為宋文帝，改年元嘉。元嘉六年（西元四二九年），劉義隆重用彭城王劉義康（劉裕四子），劉義康總攬朝政，權傾群臣。

劉義康為彭城王時，劉湛是彭城長史，深得劉義康的信任。劉義康專主朝政，劉湛的勢力也跟著膨脹起來。

劉義隆雖信任義康，但尚能自掌權柄，有一定的主見，他起用領軍將軍殷景仁為尚書僕射，以制約弟弟。此時劉湛因為義康的推薦由太子詹事升任為領軍將軍。

本來，劉湛開始步入仕途時，曾受到殷景仁的推薦。但此時他有劉義康為靠山，就千方百計要排擠殷景仁取而代之。

殷景仁深悔當日不識人，曾經對親朋嘆息說：「引虎入室，便即噬人。」為了避其鋒芒，便上書以有病為由請求辭職，劉義隆堅決不許，但允許他帶職在家養病。劉湛還不甘休，又打算派手下扮作強盜去刺殺殷景仁。謀尚未發，就有人密告劉義隆。劉義隆立即傳令讓殷景仁住到西掖門，使其接近宮禁，便於保護，劉湛再也無法加害了。

劉湛志大而少謀術，約束劉義康的所有屬員及他自己的朋友不准登殷景仁之門。彭城王主簿劉敬文的父親劉成不知道此事，曾到殷景仁處請求一個郡守之職。劉敬文知道這條規矩後，嚇得靈魂出竅，到劉湛府中長跪請罪。

殷景仁見劉湛、劉義康權勢很大，一時難以硬鬥，就採取以柔克剛的方法，終日在家閒居，名為養病，實是逃避是非。文帝劉義隆每遇軍國大政派人密往殷宅進行諮詢。因此殷景仁雖在家閒居，朝中之事盡知，而且每問必答，為文帝出謀劃策。但這一切都是在暗中進行的，外人根本不知，劉湛也放鬆了對殷景仁的警惕。

殷景仁繼續在家養病，劉湛繼續在劉義康府中掌權。時間一過就是五年，朝廷中發生了重大的變化。

劉義康不讀書，不通歷史，不知君臣之大防。他自以為是親兄弟，故毫不避嫌。執政日久，內外只知有彭城王，不知有皇上。於是，劉義隆決心對劉義康手下動手。

天意助人，正當劉義隆苦無機會之時，劉湛的老母死了。古人居官者在父母死亡之時要守喪丁憂三年，除特殊需要外，本人必須主動去職。此時劉義隆當然不會「特殊需要」劉湛了。

殷景仁讓文帝先用詔書召劉義康入宮，留宿在中書省，使劉黨外無主心骨。劉義康應召而來，時已夜半，即被軟禁。接著打開東掖門召殿中將軍沈慶之入宮面授旨意，讓他控制朝廷及宮中的局面，又分派兵丁去逮捕劉湛父子及劉湛死黨劉斌、孔胤、劉敬文等，天明時，這些人已被投進大牢。當天晚上，文帝下詔公佈劉湛等人的罪狀，在獄中誅殺劉湛父子及奸黨八人。文帝下詔劉義康為江州刺史，往鎮豫章。

在宗吾看來，殷景仁受嫌遭忌，在對方步步進逼之時主動遜位，從而保住了實力，最後在時機成熟時，一舉將劉湛掀翻。殷景仁與劉湛之爭從本質上無所謂奸忠好惡，但他的這種以柔克剛，暫避鋒芒的做法，卻值得借鑑。

厚黑處世四十二 棄道穿山，寧彎不折

■固執己見、剛愎自用就會失去良機，也得不到朋友的幫助。自己的意見沒人聽，就不要再堅持。

宗吾認為，厚黑處世最講究機智變通，萬萬不可一條道走到底。不管對人還是對事，一條道行不通，找找別的路，一個辦法不行，想想其他的招數。正面不行，從反面來，厚字訣無效，考慮一下黑字訣。這個人不幫你，就找別的人。中國人的性格，大多是外圓內方型的。因為千百年來經驗總結是，太露稜角、寧折不彎，往往很快碰得頭破血流，從容行事、棄道穿山，才能事事成功。

【宗吾真言】厚黑處世者，可以因獨出心裁而大獲成功。然而如果這個獨出心裁犯了世人的忌諱，那可就得小心，一旦失敗，面臨的壓力和冷嘲熱諷是很可怕的。如果沒有厚學功夫做底子，一般人很難應付的。

宗吾認為，深通厚黑之道，情況就不同了，只要一直堅持到底，因為別人不敢為，你敢為，所以一定會闖出名堂的。

泰國的養鱷大王楊海泉出生於一個貧苦的華僑家庭。十五歲那年，楊海泉在別人的幫助下，開了一家小小的雜貨店，主要收購當地的土特產轉賣給商人，但是沒有多久，雜貨店就關門了，這是他生意場上的第一次失利。楊海泉從此次失敗中意識到：在激烈的競爭中必須獨闢蹊徑，大膽開創冷門生意，這樣才能獨佔鰲頭。

可是，冷門在哪裡呢？一天，楊海泉遇到了一個以獵殺鱷魚為生的舊識，兩人在一起談起鱷魚。那人介紹道：鱷魚的全身都是寶，捕殺鱷魚的人發了大財，但是現在鱷魚已愈來愈難捕了。

楊海泉靈機一動，立即想到：如果把鱷魚的幼仔飼養起來，長大了再殺，不就可以「無窮無盡」了嗎？

然而畜養鱷魚自古未聞，家人和親友對他冷嘲熱諷。可是楊海泉毫不動搖，說做就做，一面扮作獵鱷者，到鱷魚產區去廉價收購幼鱷魚，一面很快就在自家的地裡修築了一個養鱷魚的池子。小鱷魚不值錢，楊海泉是一個十分勤勞的人，得到了那些獵鱷人的好感，很多人就免費把小鱷魚送給了他。

可是，楊海泉的母親以「養虎傷人，養鱷積惡」責怪他，說楊海泉是異想天開，想錢想瘋了……但是，楊海泉就是有一股「九頭牛拉不回」的倔勁，一點也沒有動搖，用他的厚臉頂住了來自各方的壓力。他認為，別人嫌棄的，不願意做的，才有可能取得成功。

的確，楊海泉成功了，如今他擁有世界上面積最大的鱷魚池，飼養四萬多條鱷魚。在被人們稱為「龍年活化石」的鱷魚面臨滅絕時，他擁有如此龐大的「財富」，足以讓很多人羨慕不已。

按宗吾的觀點，楊海泉的成功，看似並無出奇之處，但是在他之前卻沒有人想到這個「金點子」，這從一個側面說明了「厚黑處世之道」本身並無出奇之處，其無比的威力全在於「存乎一心」運用之妙！

第六篇 以柔克剛獲大利

◆對付敵人，當然希望泰山壓頂，一舉全殲。

但是如果敵人過於強大呢？

以硬對硬，猶如以卵擊石。

俗話說滴水可以穿石，柔竹能敵強風，不妨來個「纖細陰柔之術」。

何為「纖細陰柔之術」？

其術「纖」為表，而思慮之「細」在其中，「柔」為表，而行事之「陰曲」在其裡。心細如絲，方能防欺絕奸；行事曲折隱秘，才能出人意料。

厚黑處世四十三　以迂為直，曲徑通幽

■ 有的時候，直來直往不僅很難奏效，甚至還會引起對方的反感。此時，稍微繞一繞彎或增加一些中間環節，就可把困難化解掉。

宗吾認為，厚黑處世要懂得迂迴之術，直來直往的人很難成功。拐彎愈多，別人愈看不出來你的真實意圖，也就能出其不意攻其不備。等到他反應過來時，你的目的已經達到了。很多開國皇帝，都雄傑一世，在政治鬥爭的風浪中練就了一套玩權弄術的高超「本領」。

【宗吾真言】有些事情，如果直接去辦，會遇到很多困難，如果繞一繞彎，就可以把困難避開了。同一個目的，可以透過不同的手段來實施，但並不是所有的手段都能收到相同的效果。

宗吾看來，厚黑處世好比開車上山，從山下直奔山頂，路雖最直最近，但卻是最陡最險的，即使能爬得上去，也會費時費力。

東晉元帝時代，權臣王敦欲發動叛亂自立。當時，溫嶠頗受晉元帝的信任，任中書令之職。北方大亂時，溫嶠奉劉琨之命到建康勸元帝即位，所以受到器重。但這卻使王敦很嫉妒，就找藉口請皇帝批准

讓溫嶠做了他的左司馬。

溫嶠對王敦的為人特別瞭解，就採取以柔克剛、陽奉陰違的策略。表面上對王敦特別尊敬順從，盡心盡力為其辦事，並不時幫助王敦出一些主意。王敦漸漸地對溫嶠有了好感。溫嶠又看出王敦最信任錢鳳，而錢鳳又是王敦集團中最有智謀的人，所以他和錢鳳也極為親近，並常在王敦面前誇獎錢鳳說：「錢世儀經綸滿腹。」

正當王敦、錢鳳等人秘密加緊準備起兵時，丹楊尹出現了空缺。丹楊是由姑蘇通往建康的要道，地理位置十分重要。於是，溫嶠去見王敦說：「丹楊是個咽喉要道的重地，丹楊尹的位置格外重要，明公應該選派自己的人去擔任這個職務。」

王敦問誰可勝任，溫嶠馬上推薦錢鳳。他知道王敦須臾不能離開錢鳳。錢鳳聽說後又推薦溫嶠，溫嶠也假意推辭，一再推薦錢鳳。最後還是王敦拍板定案，就上表推薦溫嶠做了丹楊尹。

但是，溫嶠明白，他必須防備自己離開後錢鳳醒悟過來再向王敦進言。於是，溫嶠臨行的前一天，王敦設宴為之餞行。酒到半酣之時，溫嶠站起來逐一敬酒，走到錢鳳面前時，錢鳳端起酒杯還未來得及喝，溫嶠就有些搖晃，舌頭根有點發硬地說：「你錢鳳算個什麼人，我溫太真敬酒你竟敢不飲！」一邊說一邊用手去拍打錢鳳的腦袋，把錢鳳頭上的頭巾都弄掉地上了。這是對人最不尊敬的做法，錢鳳的臉一下子就紅了。王敦見了，以為溫嶠喝醉了酒，忙站起來解釋，賓客不歡而散。

第二天，溫嶠到王敦府中去告別，在王敦面前流著淚說：「我昨天喝醉失態，得罪了錢世儀。我走之後，真擔心您疏遠我啊！」王敦馬上說：「你放心赴任去吧，我心中有數。」溫嶠剛邁出門檻又返回來，想要說什麼，停了停又返回去，來回三次，彷彿滿腹心事的樣子，最後才慢慢離去。

溫嶠走後，錢鳳果然去向王敦說：「溫嶠與朝廷的關係很親密，與庾亮的交情又很密切，不可相信他。」錢鳳的話剛說完，王敦滿不在乎地說：「溫太真昨天喝醉了酒，對您說話時有些不禮貌，何必為這麼點小事就來說他的壞話？」

溫嶠到建康後，立刻把王敦的陰謀全盤報告給朝廷。朝廷馬上調兵遣將進行周密的防範，並先發制人，發兵討伐王敦。

宗吾看來，溫嶠能夠審時度勢，設法離開王敦並謀得丹楊尹這個重要職務，已經顯示出他的智慧。臨行前故意得罪錢鳳，堵住這個智囊的嘴，更是令人拍案叫絕！

【宗吾真言】 在你的身邊，可能有一類人專伺機找別人過錯，動輒加以貶抑，而本人又缺乏真本事。對待這類人，你不要硬頂，不如退身「讓賢」，讓他做，等他做不下來了再說。

宗吾認為，在世上，「站著說話不腰痛」的大有人在。尤其是有些實務性的工作，不是內行的人不知其甘苦，再進行瞎指揮更令人討厭。最好的辦法，那就是請他也來試一試，不要讓他總持批判權。

劉仁軌「少貧賤好學，值亂，不能安業。每動止，畫地書空，寓所習，卒以通博聞」。由於他掌握了豐富的軍事知識，隋末大動亂中飽經戰陣，至高宗時已成為一位赫赫有名的大將了。

儀鳳二年（西元六七七年）八月，劉仁軌奉命鎮洮河軍，此地是防禦吐蕃進攻或討伐的軍事要地。

劉仁軌到洮河軍後，每次奏請，多數為中書令李敬玄所阻抑。他對李敬玄很瞭解，知道他不是將帥之才。但見他對自己的意見毫不尊重，多加干涉，便上奏書，說西邊鎮守實屬要務，必須重臣方可，非李敬玄難勝此任。高宗不知其中的隱情，見劉仁軌薦賢，心中大悅，馬上批准。

李敬玄只通文墨，不明軍兵之事。他只能硬著頭皮接受職務，帶領副手大將軍劉審禮等人統兵十八萬前去換回劉仁軌。劉審禮孤軍深入，李敬玄沿途逗留，前後相距甚遠。劉審禮被吐蕃大軍包圍，苦戰不出，受傷被俘。敬玄聽說劉審禮兵敗，全沒了主意，慌忙退走，奔至承風嶺，敵軍已蜂擁而至，又大敗引兵退回鄯州。其後又戰湟川，大敗。只好以有病為藉口求罷歸。回朝後，高宗察覺他並沒有病，將其貶為衍州刺史，不久遷揚州長史。卒於官。

在宗吾看來，李敬玄本人不知兵，何必多干預軍事，又何必與劉仁軌過不去？劉仁軌明知李敬玄「草包」一個，卻假意推薦他來擔當一個無法勝任的工作，使其「跌到」，把他送上絕路。

【宗吾真言】 由於場合因素和人際關係等原因，有的意見不便於直說，這時可以採取正話反說、話中有話、綿裡藏針的攻心術，即用表面肯定而內心反對，或表面反對而用肯定的話來含蓄地說服對方。

宗吾認為，給上司提建議時，如果只考慮自己的意願，不考慮對方的想法，是很難成功說服對方的。所以，明明是於對方不利的建議，也要偽裝成為對方著想。

西元一一二七年，康王趙構來到南京（商丘）應天府稱帝，這就是宋高宗。趙構最信任的是黃潛善和汪伯彥，將黃潛善起用為中書侍郎，汪伯彥為樞密院事，執掌兵權。後又提黃潛善為右相，與李綱並列。

當時有個叫張所的將領，很有才幹，在他擔任監察御史時，他看到黃潛善等人朋比為奸，便上疏彈劾黃潛善等人，但卻被黃潛善作梗而被貶到了江州。

北宋滅亡後，河東、河北地區的百姓，自動組織抗金武裝。張所英勇善戰，在兩河百姓中素有聲望。因此，李綱想起用張所，讓他擔任河北安撫使。可是張所彈劾過當朝宰相黃潛善，是黃潛善的死對頭，起用張所，必然會受到黃潛善的阻撓，難以實現。

有一天，李綱碰見了黃潛善，便和他寒暄了幾句，閒扯了起來。李綱說：「今朝廷正處在艱苦危難之時，李綱身受朝廷隆恩。收復失地，光復我大宋是我們大家的共同職責。近日朝廷準備設置河北宣撫司，我認為應讓張所去。張所這個人，不曉事理，出口狂妄，冒犯了大人，像他這樣的人，讓他身處要職擔任監察御史，當然是不行的。現在讓他去擔任河北安撫使，招撫流民，嘗嘗這項差事的艱苦，以此贖清以前的罪責，似乎也是十分妥當的。」

黃潛善聽了這一番話，心裡非常開心。於是，當即答應了李綱的建議。張所上任後，廣招義軍，這些地區的百姓踴躍響應，岳飛等紛紛投效於帳下，抗金隊伍不斷壯大。

在宗吾看來，對於黃潛善這樣心胸狹窄的人，如果直接向黃潛善推薦張所，黃潛善必定會反對。而採取示假隱真的策略，表面上似乎是替黃潛善說話，懲罰這位黃潛善的死對頭，而把讓張所有用武之地，統兵抗金，收復失地這一真實的意圖，巧妙地隱藏了起來。這正是「曲徑通幽」的高妙之處。

厚黑處世四十四 挾知而問，倒言反事

■要隱藏就要借助偽裝，去掉了偽裝，隱藏的部分就會顯現出來。同樣對暴露部分進行打擊，就會引出隱藏部分。

權術大師「韓非子」曾說過，君主不可輕易信賴臣屬，應當想方設法對他們進行各種檢查監察。君主可以透過明知故問或者故意說錯話和辦錯事的辦法，檢查臣屬是否真正忠誠。挾知而問，倒言反事，故意說錯話、做錯事，誘敵深入，請君入甕，以猜忌為基礎，以殺戮為手段，以詭秘捍衛威權，防止群臣為非作歹、貪贓枉法、欺蒙君主。在宗吾看來，他的這一套，正符合了以「黑」處世的真諦。

【宗吾真言】前方道路情況不明，可能有「蛇」隱伏，如果貿然踏過去，風險很大，透過打草或投石發出聲響，使其暴露自己的位置。這就是厚黑處世中的「投石問路，引蛇出洞」。

在宗吾看來，當對手隱藏得很深，我們一時無法用直接觀察的方法獲得真實情況時，就要設法誘使對手自我暴露。

韓昭侯就是一位深得防奸去奸奧妙的厚黑高手。有一次，為了考察左右的近臣對他是否忠誠，就將

手上一個指甲剪掉放在手中，然後假裝說掉了一個指甲，到處尋找。左右近臣感覺這是獻媚取寵的機會，於是紛紛剪掉自己的指甲獻上，說是昭侯所丟失的。韓昭侯以這樣一件事，就立刻看出待在身邊這些於己極為重要人物的忠誠虛偽。

衛嗣公聽說集市上小吏收受賄賂、勒索錢財，就暗中派員假扮成客商，果然遭到小吏的刁難，以金子行賄才得以買通關卡。回來後，衛嗣公找來這些小吏，訊問他們道：「某時某刻有一客商來到你們集市，送給你們多少金子，才得以脫身，可有此事？」眾小吏一聽，認為嗣公料事如神，嚇得趕緊認罪。

清朝雍正帝是一個只相信自己，而不相信任何人的帝王，對手下的大臣，他採用特務政策，派人監視，防止他們的反叛。

有一年元旦，狀元王雲錦退朝，回到家中，與幾位朋友相約，玩起一種叫做「葉子戲」的遊戲。大夥興高采烈，玩得十分痛快，玩幾局後，忽然失去了一葉牌，眾人都起身尋找，桌上桌下，幾乎找遍了房內各個角落都沒有找到，大家都覺得奇怪，找不到牌，也就算了。

元旦過去，王雲錦上朝見雍正帝，雍正帝問王雲錦：「元旦那天，你用什麼方法消遣啊？」

王雲錦以實情相告，說自己和幾個朋友玩了「葉子戲」。

雍正帝笑著說：「好！你光明磊落，不花言巧語，很了不起，是真狀元啊，朕今天賞你一件東西！」說著遞過一個很精緻的盒子。

王雲錦跪下謝恩，高呼萬歲，接過盒子。

「不要打開，回家再看吧！」雍正說。王雲錦心懷疑慮，回到家中，急忙打開盒子，不看則罷，一看嚇了一身冷汗，盒子中放著一葉牌，拿出元旦玩過的牌一對，正是丟失的那葉牌。

「好險哪！」王雲錦心中自嘆，多虧今天講了實話，否則腦袋可就搬家了。

在宗吾看來，這些事例說的就是韓非子所說的「挾知而問」、「倒言反事」等測臣之術。明明知道事情的真相，卻故意假裝不知道；或者故意說錯話、或者故意辦錯事，來考察群臣是否忠誠，是否懷有不軌之心。這些方面對現代的上司們同樣具有借鑑意義。

【宗吾真言】作為上司，表面上要虛靜無事，而私下裡要仔細觀察下屬的毛病；要設法掩蓋自己真實的想法，以防下屬猜測，牢牢地抓住權柄，杜絕他們的奢望，徹底打消他們染指的念頭。

宗吾看來，韓非子的「帝王之術」對於現代的上司們，同樣有借鑑意義。按照韓非的權術理論，作為人君最基本的厚黑處事原則是不可相信別人。人性好利趨害，即人性皆惡，每個人對他人來說，均是一種極大的生存威脅，更何況身處權力最高峰的君主？

韓非極言人主之最大禍害不是來源於民亂外患，而是來自朝中的大臣、將領，最致命的則是來自身邊最信任的人。國君好色之心不減，后妃年過三十則已是明日黃花，早歲子以母貴，但等到母后年紀大了則母以子貴。這樣面對日漸疏遠、冷淡、懷疑的現實，后妃及其子女們無時無刻不在期望這位喜新厭舊的老君早日歸天，好讓母親成為太后，兒子的王位不會再動搖；兒子及早即位，成為既成事實，那樣才會萬事大吉。即使最親信的妻后與兒子，心都是如此陰暗、惡毒，人君還有誰能信任呢？

所以，韓非子要求人君如若想使君位永固，統治永久，則必須使自己深藏不露，秘不可測。首先就是不表露自己的情感，永遠在臣屬心目中保持一種神秘而不可捉摸的形象。君主的意向與決斷，絕不能讓臣屬事先能夠猜測、揣摩到，以免使他們有諛媚和防備，增加君主受欺騙、蒙蔽的機會。君主喜歡、厭惡什麼人，有何種特別的喜好，切不可讓臣屬瞭解，以免他們趁機趨進，投其所好，最終為其所箝制。

其次，韓非要求人君行事要遮掩行跡，首鼠兩端，藏頭匿尾，使群臣失去借緣的機會；君主用人更須詭秘，用人如鬼，使群臣莫測高深，增加無窮的畏懼感，這樣就能達到防奸與去奸的目的。

韓非說，君主應當虛靜處事，無是無非，先不談自己看法，而讓負責該項事務的官員說話和決定，君主只需透過成效來檢驗他所說與做的是否一致，然後以重刑與厚賞來區別對待。君主不可表露自己的欲望，以免群臣窺知而掩藏自己；君主不可透露自己的想法，以免臣屬諂媚跟進，標新立異。君主不表示自己的好惡，臣下就能夠顯示他們的本來面目；君主不使用自己的智慧就可以顯示聖明，不表現自己的才能就可取得成功，不以喜怒表示自己的意志就可以顯示出強大。韓非子的這番論述都是高妙的厚黑統馭之術。

厚黑處世四十五 求同存異，韜光養晦

■ 生活中，原則問題需要爭論，對於一些枝節問題則大可不必非要爭得「面紅耳赤」。

對任何一件事情，不同的人常有不同的看法。將這些不同的看法形之於言論，就會引起爭論。因此，生活中到處都有衝突，人們隨時都會出現歧見。可以說，互相之間展開不同形式的爭論，是正常的，也是在所難免的。面對可能的衝突如何處理？宗吾認為，「求同存異、韜光養晦」，幾乎是一切政治家、官場人物必用的謀略。

【宗吾真言】 儘管每個人都在為自己做打算，但是在某一階段或某一時期，由於雙方目標相同，故可以形成暫時的利益同盟，以強大的力量去對付共同的敵人。為此，必須求同存異。

宗吾認為，「求大同，存小異」並不容易，要不為一切虛名所累，不在乎世人怎麼看，不怕被世人誤會和唾棄，一切以自己的利益為前提，即使對方與你有什麼「不共戴天」的仇恨，只要有利用的價值，就可以暫時與他結盟。

隋煬帝大業十一年（六一五年），李淵出任山西、河東撫慰大使。突厥兵肆無忌憚，李淵視之為不共戴天之敵。

西元六一六年，李淵被詔封為太原留守，突厥竟用數萬兵馬反覆進攻衝擊太原城，李淵遣部將王康達率千餘人出戰，幾乎全軍覆沒。後來巧使疑兵之計，才勉強嚇跑了突厥兵。更為可惡的是，盜寇劉武周，突然攻打歸李淵專管的汾陽宮，掠取宮中婦女，獻給突厥。突厥即封劉武周為定楊可汗。另外，在突厥的支持及庇護下，郭子和、恭舉等紛紛起兵鬧事，李淵防不勝防，隨時都有被隋煬帝以失職為藉口殺頭的危險。

大家都以為李淵懷著刻骨仇恨，勢必會與突厥決一死戰。不料李淵竟派遣謀士劉文靜為特使，向突厥屈節稱臣，並願把「子女玉帛」統統送給始畢可汗。

在人們紛紛指責的情況下，李淵卻「眾人皆醉我獨醒」，因為他有他自己的盤算。原來李淵根據天下大勢，已斷然決定起兵反隋。要起兵成大氣候，太原雖是一個軍事重鎮，但還不是理想的根據地，必須西入關中，方能號令天下。西入關中，太原又是李唐大軍萬萬不可丟失的根據地。那麼用什麼辦法才能保住太原，順利西進呢？

當時李淵手下兵將不過三、四萬之眾，即使全部屯駐太原，應付突厥的隨時出沒，同時又要追剿有突厥撐腰的四周盜寇，也是捉襟見肘。而要進軍關中，顯然不能留下重兵把守。所以，唯一的辦法就是採取和親政策，讓突厥「坐受寶貨」。

唯利是圖的始畢可汗果然與李淵修好。在李淵最為艱難地從太原進入長安這段時間裡，李淵只留下第三子李元吉率少數人馬駐守太原，卻從未遭過突厥的侵犯。

宗吾看來，李淵為了自己的根本利益，透過「求同存異」的方法，擴大了自己的力量，為此不惜屈節受辱，這種「韜光養晦」的功夫，果然是得了厚黑真傳，並且先透過求同存異的手段，來實現自己的目標。

厚黑處世四十六　善擇明主，借勢成事

■ 遇到昏君，遇到小事，要隱智息心；遇到明主，遇到大事，就要脫穎而出。

宗吾認為，人生在世，可能會遇到很多上司，不同的上司「心智」不同，你必須差別對待。不能在每一個上司面前都出盡自己的力、用盡自己的智。不可時時刻刻繃得很緊，也不可急急忙忙把才氣顯露出來。要善於把握關鍵時刻，善於抓住關鍵靠山，善於把握進取的節奏。

【宗吾真言】　厚黑處世者，善於在自己的人生道路上，做出極為認真的選擇。需明白：一個人再有才能，如果沒有一個聰明能幹的上司，其才能是無法發揮出來的。而正確地選擇自己的上司，本身就是一個人才能和智慧的體現。

宗吾認為，「良禽擇木而棲，賢臣擇主而從」這句古話，應該作為厚黑處世者進取的「座右銘」。千萬不要因為投錯了人而遺恨終生。

王猛年輕時，曾經到過後趙的都城——鄴城，只謀得了一個功曹的職位。他認為自己的才能不應該只做功曹之類的小事，而是幫助一國的君王做大事的，於是，逃到西嶽華山隱居起來。

西元三五一年，氐族的苻健在長安建立前秦王朝，力量日漸強大。西元三五四年，東晉的大將軍桓溫帶兵北伐，擊敗了苻健的軍隊，把部隊駐紮在灞上。

王猛身穿麻布短衣，徑直到桓溫的大堂求見。桓溫聽了王猛對當時社會局勢的看法，意識到面前這位窮書生非同凡響。過了好半天，他才抬起頭來，慢慢地說道：「江東沒有人能比得上你。」

後來，桓溫退兵了，臨行前，他送給王猛漂亮的車子和優等的馬匹，又授予王猛高級官職「都護」，請王猛一起南下。可是，王猛拒絕了邀請，繼續隱居華山。

王猛本來是想出山顯露才華，做一番事業的。可是，在考察桓溫和分析東晉的形勢之後，他認為桓溫懷有篡權野心，但未必能夠成功。所以，他第一次拒絕別人的邀請和提拔。

桓溫退走的第二年，前秦的苻健去世，即位的是中國歷史上有名的暴君苻生。他昏庸殘暴，殺人如麻。苻健的姪兒苻堅想除掉這個暴君，於是廣招賢才，以壯大自己的實力。他聽說王猛很有才華，就派當時的尚書呂婆樓去請王猛出山。

苻堅與王猛一見面就像知心的老朋友一樣，談論天下大事，雙方意見不謀而合。苻堅覺得自己遇到王猛好像三國劉備遇到了諸葛亮；王猛覺得眼前的苻堅才是值得自己一生效力的對象。於是，他十分樂意地留在苻堅的身邊，積極為他出謀劃策。

西元三五七年，苻堅一舉消滅了暴君苻生，自己做了前秦的君主，而王猛成了中書侍郎，掌管國家機密，參與朝廷大事。王猛三十六歲時，因為才能突出，精明能幹，一年之中，連升了五級，成了前秦的尚書左僕射輔國將軍、司隸校尉，為苻堅治理天下出謀劃策，做出了一番轟轟烈烈的大事業，成為傑出的政治家。

宗吾看來，王猛之所以能闖出一番轟轟烈烈的大事業，不是偶然的。他在動盪不安的形勢下，正確選擇了自己的道路，所以才有其事業的成功，才有他一生的輝煌。可見，「善擇明主，借勢成事」說起來容易，但卻不是人人都能做得到的！

【宗吾真言】　厚黑處世者一定要忍住一般人求遇心切，急於求取功名富貴之心。認定了正確的人選，才投身仕途，這是他獲得成功的重要經驗。一旦投錯了對象，也要果斷地改換門庭。

宗吾認為在日常工作中，應該盡力去選擇一個你認為合適的主管，這是你事業順利發展的前提。漢初的陳平就是因劉邦而成一代名謀。

西元前二〇九年，陳勝揭竿而起。這時，陽武縣一個叫陳平的年輕人，前去投奔魏王咎，被任命為太僕。陳平來投奔魏王，本來想有一番作為，但他多次獻策不僅未被採納，反而遭他人的詆毀，陳平意識到魏王咎是一個平庸之輩，於是毅然出走，投奔到項羽麾下，參與了著名的鉅鹿之戰，跟隨項羽進入關中，擊敗秦軍。項羽賜給他卿一級的爵位。

西元前二〇六年四月，陳平看到項羽無道乏能，難成大氣候，便單身提劍抄小路逃走。在修武，他透過漢軍將領魏無知見到了劉邦。劉邦賜給他酒食，並說：「吃完了，就休息去吧。」

陳平說：「我為要事而來，我對您要說的事不能挨過今天。」劉邦聽他這麼一說，就跟他談起來，兩人縱論天下大事，談得非常投機。劉邦問陳平：「你在楚軍裡擔任什麼官職？」

陳平回答說：「擔任都尉。」當日劉邦就任命陳平擔任都尉，讓他當自己的驂乘，主管監督聯絡各部將之事。

西元前二〇四年。正是楚漢戰爭打得最酷烈的一年，雙方在滎陽爭奪得你死我活。劉邦心裡非常焦急，他問陳平：「天下紛紛擾擾，什麼時候才能真正安定呢？」

陳平經過一番分析後，說出他的計謀來：「我想楚國存在著可擾亂的因素，項王身邊就那麼幾個剛直之臣，如范增、鍾離昧、龍且、周殷之輩。如果大王捨得花幾萬金，可以行使反間計，離間他們君臣關係，使之上下離心。項王本愛猜忌，容易聽信讒言，這樣，必定會引起內訌和殘殺，到那時，我軍再趁機進攻，一定會獲勝。」

由此，鍾離昧等因遭猜忌而得不到重用。

西元前二〇四年五月，陳平又在滎陽設計喬裝誘敵，使劉邦得以逃走。

西元前二〇三年十一月，漢軍大將韓信在平定齊地以後，想自立為代理齊王，派使者向漢王報告。劉邦聽後脫口大罵韓信，但卻被陳平、張良阻止了。陳平讓劉邦順水推舟，封韓信為齊王，這樣，避免了可能發生的兵變，以致形成楚、漢、齊三足鼎立之勢。

在楚、漢大戰後，項羽率領部隊東歸，劉邦也想引兵西返。此時，陳平、張良再次不謀而合，他們都以謀略家敏銳的洞察力，看到了項羽的困境，建議派兵追擊項羽，終至在垓下全殲楚軍，贏得了楚漢戰爭的勝利。

宗吾看來，陳平不愧是一位厚黑高手，他兩次拋棄「舊主」，別投「新主」，這種明智地「改換門庭」，終於使自己成就了畢生的抱負。

厚黑處世四十七 吃虧事小，面子事大

■給人面子無關乎道德，都是在社會上混的人，對於一些無關緊要的事，不僅要把面子留給別人，還要盡量把面子給別人留足。

宗吾認為，在中國人的社會裡，面子是一件頂重要的事，為了面子，小則翻臉，大則會鬧出人命；如果你是個對面子不看重的人，那麼你必定是個不受歡迎的人；如果你是個只顧自己面子，卻不顧別人面子的人，那麼你同樣不會受歡迎。中國人很奇妙，可以吃虧，就是不能沒有面子。所以，在厚黑處世中，必須瞭解到這一點。比如，不要輕易在公開場合說一句批評別人的話，而是一頂頂地送高帽子，這樣既保住別人面子，別人也會如法炮製，給你面子。

【宗吾真言】 握有一定權力的上司都有著非常強的尊嚴和成就感。對他們來說，被侵犯尊嚴等於是對人的污辱和蔑視，是絕對不能被容忍和諒解的「大逆不道」犯上之舉。

宗吾認為，為下屬的人在與上司打交道的時候，切記你的衝撞會使上司下不了台，面子難堪。如果上司的命令確有不足，採用對抗的方式去對待上司，這無疑會使他感到尊嚴受損。因為，上司絕不會允

許你對他的權威提出挑戰。

中國人在講自己的成績時，往往會先說一段客套話：成績的取得，是上司和同事們幫助的結果。這種客套話雖然乏味得很，卻有很大的妙用，顯得你謙虛謹慎，從而減少他人的記恨。要是你有遠大的抱負，不要斤斤計較成績的取得究竟你佔有多少份，而應大大方方地把功勞讓給你身邊的人，特別是讓給你的上司。這樣，做了一件事，你感到喜悅，上司臉上也光彩。以後，上司少不了再給你更多建功立業的機會。否則，如果只會打眼前的算盤，急功近利，則會得罪身邊的人，將來一定會吃虧。

對上司讓功一事絕不可到處宣傳，如果你不能做到這一點，倒不如不讓功的好。對於讓功的事，讓功者本人是不適合宣傳的，有些邀功請賞、不尊重上司的味道，千萬使不得。宣傳你讓功的事，只能由被讓者來宣傳。雖然這樣做有點埋沒了你的才華，但你的同事和上司總有機會設法還給你這筆人情債，給你一份獎勵。

厚黑處世之道強調，在處理上下屬關係時，得罪人的事情不妨攬下來，出頭露臉的好事歸上司。這樣做，肯定是好處多多，受益無窮。如果你與上司的交往中總是咄咄逼人，不知道給上司留面子，就會引起上司的反感。更有甚者，把本該屬於上司的光輝硬往自己臉上貼，完全忘了自己的身分，老做一些「越位」的事，搶上司的「風頭」，恐怕離被上司「炒魷魚」的日子也就不遠了。

宗吾看來，很多人死要面子活受罪，處於高位的人，在下屬面前更是這樣。因此，即使上司做錯了你也要尊重他，而不是攻擊和責難。如果你在與上司打交道的過程中，總是這樣厚臉相迎，那麼上司心裡就會對你有好感。因而，一旦有晉升機會時，自然就會優先想到你。人們常說「吃小虧佔大便宜」這句話，並且大多奉行不二。

【宗吾真言】 對於相同愛好的人相互切磋，可以使萍水相逢者一見如故。可是，要記住，當你想恭維討好對方時，不妨把自己表現得「外行」一些或水準更低一些，尤其是與上司相處時，更應如此。

宗吾認為，通常偉大的人都喜歡愚鈍的人。任何上司都有獲得威信、滿足自己虛榮心的需要，不希望部屬超過並取代自己。因此，在人事調動時，如果某個特別優秀，而且頗有實力的人被指派到自己手下，上司總會憂心忡忡，因為他擔心某一天對方會搶了自己的權位。反之，若是派一位平庸無奇的人到自己手下，反倒使他高枕無憂了。

厚黑處世之道認為，聰明的部屬在與上司相處時，就必須想方設法掩飾自己的實力，以假裝的愚笨來反襯上司的高明，力圖以此獲得上司的青睞與賞識。比如，當上司闡述某種觀點後，他會裝出恍然大悟的樣子，並且帶頭叫好；當他對某項工作有了好的可行的辦法後，不是直接闡發意見，而是在私下裡或用暗示等辦法及時告訴上司。同時，再拋出與之相左的甚至很「愚蠢」的意見，好主意一定要從上司嘴裡說出來。

雖然說人們口頭上總是在說「人盡其才」，但在很多情況下，上司往往提拔那些忠誠可靠但表現可能並不是那麼出眾的下屬，因為他認為這更有利於他的事業。可是，在現實生活中，許多人就是不明白這個道理。當你陪上司打乒乓球，玩電子遊戲、撲克牌、下棋時，巧妙地「心慈手軟」一點，不要拚盡全力把上司「殺」得一敗塗地，「打」得腳不沾地，丟盔卸甲。不妨多讚揚上司水準提高很快，暗中手下留情，這豈不兩全其美，皆大歡喜！

宗吾看來，你沒有必要恭維其愛好如何如何，這樣的話他必然聽得太多，如一陣風吹過耳邊，腦子裡留不下半點痕跡。這時，只要你虛心地向他討教，並且做出一副畢恭畢敬狀，他必定會耐心地向你傳授其中一二奧秘。上司炫耀技能的心理得到了滿足，就會在不知不覺中看著你順眼了。

【宗吾真言】人與人之間難免會產生一些隔閡或誤會，這時千萬不要圖一時痛快。最好的處理方式，就是臉皮厚一點，把面子留給對方。

俗話說：「打人莫打臉，揭人莫揭短。」如果一個人總是不顧別人的面子，總有一天會吃苦頭。可是，現實生活中如何給人留面子呢？

如果雙方的爭執屬於非原則性的爭論，而這場爭論又沒有必要再繼續下去。那麼不妨岔開話題，轉移爭論雙方的注意。南齊皇帝齊高帝蕭道成，有一次與當時的著名書法家王僧虔比試書法，君臣兩人都認真地寫了一副楷書。然後齊高帝傲然地問王僧虔：「你說說，誰第一，誰第二？」王僧虔不願貶低自己，但又不敢得罪皇帝，於是答道：「為臣之書法，人臣中第一；陛下之書法，皇帝中第一。」蕭道成聽後，只好一笑了之。

如果，你與一個朋友之間產生了一定的隔閡，但又不想與之斷交，這時就不妨請個第三者從中說和。此時，第三者的任務就是將雙方的歉意及想保持交往的願望準確真實地進行傳遞。當雙方為某件小事爭論不休，各執一詞，互不相讓，糾纏不休時，「和事佬」無論對哪一方進行褒貶過分的表態，都猶如火上澆油，甚至會引火焚身，不利於爭端的平息。因此，「和事佬」此時只能比較客觀地將事情的真相說清楚，而不加任何評論，讓雙方消除誤會，反省自己的缺點或引導他們各自多作自我批評，使衝突得到解決，達到平息爭執、增進友誼的目的。

假如爭論的問題有較大的異議而雙方又都有偏頗，雖然觀點愈來愈接近，但由於自尊心，雙方又都不肯服輸，那麼「和事佬」就應考慮雙方的面子，將雙方見解的精華歸納出來，也將雙方的錯誤整理出來，做出公正評論，闡述較為全面的雙方都能接受的意見。這樣，就把爭論引導到理論的探討、觀點的統一上來了。但千萬不能「各打五十大板」。

宗吾認為，厚黑處世中，千萬不要圖一時之快，大發雷霆，這樣只會將事情弄得更難以收拾。所以有時不妨面皮厚一點忍下來，如果不是這樣，也一定要善於利用好「仲介」，這樣不僅可以緩和氣氛，消除誤會，還有利於應付尷尬，打破僵局。

厚黑處世四十八 厚臉相迎，卑己尊人

■ 適時地貶低自己，就能相對地捧高對方。要想厚黑處世，就得厚著臉皮把一些低三下四的事都做出來，根本不用考慮世人的看法，即使面對別人的侮辱和嘲笑，也能以一顆平常心待之。

宗吾認為：世人無利不起早，追逐利益、眼光勢力絕非稀少現象。古今大量事例證明，一個人所得的利益大小與其臉皮厚黑的程度成正比。換句話說，有時厚著臉皮，降低自己的尊嚴，去逢迎在某些方面比自己「優越」者，哪怕被逢迎者對自己傲慢無禮也罷，都要厚臉相迎。在宗吾看來，這種「卑己尊人」正是厚黑處世中，能夠獲得豐厚回報的先期投資。

【宗吾真言】 厚黑得不夠的人，往往在他人一兩句話之下便臉紅心虛，俯首稱臣，自甘屈居人下。真正的厚黑高手，因為已厚到無形，所以不會臉紅；又因為心肝已黑得通體透亮，所以也不會心虛。

宗吾看來，要想厚黑處世，就得什麼低三下四的事都能做出來，根本不用考慮世人的看法，即使面

對別人的侮辱和嘲笑，也能以一顆平常心待之。

漢初劉邦死後，匈奴單于趁機欲侵吞漢朝疆土，還寫了一封信給呂后，信中說：「妳最近死了老公，我正好死了老婆，看妳人老珠黃也不俏了，妳就帶著江山來跟我過吧。」可是，呂后竟然回信說：「我老了，只怕不能侍候大可汗了，不過，我們宮中年輕貌美的人倒有。」於是，她送了一個宮女前往匈奴和番，一場對漢朝毀滅性的災難躲過去了。

當時呂后要是負氣動武，結果是可想而知的。因為，早在八年前，劉邦要發動對匈奴的戰爭，大臣們都同意，唯有劉敬反對，說國家剛建立政權，軍隊正要休整，沒有戰鬥力，老百姓也厭惡戰爭，國庫空虛更不能經受戰爭。劉邦不聽劉敬的勸阻，可是剛一遇上匈奴軍便知不是對手，大敗而逃，最後被圍困白登山，差點做了俘虜。

文人看起來清高，可是能巴結到統治者身邊的文人，絕對是拍馬屁的高手，而且要鞏固住御用的地位，無所不用其極上拍下踹，為獨領皇帝對他的恩幸，還不遺餘力地誅殺同類來邀寵討好。更有甚者，如「唐天后梁王武三思為張易之作傳，云是王子晉後身，並於緱氏山立祠」。還有一個叫崔湜的，他「美容儀，早有才名，與兄弟等並有才翰，列居清要，每私宴之際，自比王謝之家」。就這樣一個貴家子弟出身的文人，竟以自己的姿容，甘為男妓，去當太平公主的面首。這還不夠，為撈到一份官職，把老婆和兩個女兒，送到東宮，供太子尋歡作樂。

宗吾認為，厚黑處世者的「自甘墮落」，才能反襯出上司的高大。這是一種變相的吹捧，而且往往能取得意想不到的收穫。當然，變相吹捧所能取得成就的大小，完全取決於你臉皮的厚度。

【宗吾真言】 如何討上司的歡心？除了要會吹捧上司，給上司留面子的方法外，還有一個很有效的訣竅，就是「貶低自己」，說通俗點，就是自己別把自己當人看。

宗吾看來，適時地貶低自己，就能相對地捧高對方。即使是「不善言辭」或「不善於稱讚」的人，也能輕而易舉地使用這種方法，達到高捧他人的目的。

進一步說，因為你刺傷他的自尊心，他會自然而然地對你產生敵意。影響所及，你的人際關係必定一落千丈，連帶造成你事業發展的不順利。比如，當你參加某一店鋪的開幕慶祝儀式時，即使那是一家沒什麼特色的店鋪，你也可以說：「這店鋪看起來真不錯，室內的裝潢也很考究。不像我經營的那家店，唉，不說了！」這樣將對方和自己作具體的比較，並技巧性地批評自己略遜對方一籌，對方將因被人高捧而產生優越感。

相反地，如果以輕視的口吻對人說：「店鋪的櫃檯再寬一點會比較好。你們下次整修時可要記住啊！」將心比心，當對方在自己店鋪的開幕慶祝儀式上，聽到這樣毫不客氣的批評，一定會大感不悅，從此對你產生敵意。

再比如筆者非常熟悉的一位公司總經理，一個很有成就的企業家，儘管他擁有名校的碩士學位，卻經常對別人說：「我僅有小學畢業的學歷。」他之所以如此貶低自己，無非是要給予別人在心理上產生平衡感，讓別人覺得輕鬆。

宗吾認為，巧妙運用「貶低自己」的訣竅，來抬高對方的地位，達到給人面子的目標，肯定會成為受人歡迎的人。當然，下屬的臉皮也相應地要更厚一些，不僅對上司本人、家人要捧，就是上司家的一條狗，也不能輕看。在自己的心裡一定要默念幾遍：「上司家的狗比我高，上司家的狗就是比我高！」你如果能做到這一點，相信成功便離你不遠了。

為什麼我們這裡特意強調要看重上司家的狗呢？因為許多人對自己所養的寵物總是百般呵護，即使不是良種名犬也將之視為至寶。對待寵物就像在疼愛子女，滿懷耐心與愛心地為牠們洗澡，帶牠們出外遛達，這種情感不是外人所能體會出來的。

厚黑處世四十九 千穿萬穿，馬屁不穿

■這個世上，沒有人能對拍馬屁無動於衷，「逢迎拍馬」可謂厚黑處世的一種有力「武器」，運用得法，可以得到任何他想得到的東西。

在宗吾看來，「逢迎拍馬」直接針對了人性弱點，所以幾乎無往而不利，歷史故事中有很多根本沒什麼本事卻身居高位的官員，就因為他善對皇帝灌迷魂湯；很多其貌不揚的人娶的竟是如花似玉的美人，其中有的就因為會灌迷魂湯。因此，宗吾認為：厚黑處世中，會運用巧妙隱秘的方式「逢迎拍馬」，貪財的給金錢，貪色的給美女，不怕上司不聽你的話，就怕他什麼都不喜歡。

【宗吾真言】　在待人處世中，有許多人不善於對別人表露情感。滿懷謝意，卻不能大大方方地說出「謝謝你」，這樣就絕對不能把自己的謝意傳達給對方。

宗吾認為，別人幫了你的忙，就應該好好地表示謝意。試想，人家辛辛苦苦地費勁幫了你的忙，連你的一句「謝謝」都換不來，假若是你，心裡會作何感想？

有一位以樂於助人著稱的董事長。一天有位職員向他報告自己要結婚的事，董事長聽了之後非常高

興，馬上熱情地把自己一位從事房地產經營的朋友介紹給他。結果，那位職員不久便順利地找到一幢價格不高，又特別合適的公寓作為新房。

那位職員在喬遷後的第二天，前往董事長的辦公室想向他致謝。誰知，等見了董事長卻支吾了半天，怎麼也說不出「謝謝」兩個字來，最後好不容易才勉強說出「前幾天麻煩您，真是抱歉」之後，便急急忙忙地退出辦公室。董事長見到職員這種表現，感到非常沮喪。

看來要想把「謝謝」說出口還不是太容易的事。但你如果不將自己心中的謝意表達出來，對方永遠也不會知道。相反地，倘若清楚地把謝意告訴對方，不但會使對方感到愉悅，同時也是在尊崇對方。此外，在表示謝意時，還需要注意一點，如果周圍有人，而你的道謝態度又過於客氣，那將會適得其反，因為對方可能會感到不好意思。依據具體情況，決定道謝的言辭，這才是真正的掌握了厚黑處世的大法。其實，謝謝本身就是一種奉承的語言，可以讓對方更舒心，而且嘴邊經常掛著它是「拍馬逢迎」中最基本也是最常用的一種方式。

因而，在宗吾看來，很多人不僅說不出「謝謝」，甚至連一般事情都不能清楚地表達出來。說得嚴重一點，那些不能將事情清楚表達出來的人，根本不可能有什麼作為。

【宗吾真言】　任何人都不會拒絕別人「真誠」的馬屁。即使是對此非常反感的人亦是如此，比如，「您最不喜歡聽奉承話，您是真正英明的人啊！」這類話絕對會使他們感到自豪的。

宗吾認為，這個世上，沒有人能對拍馬屁無動於衷，只不過拍馬屁技巧高低而已。如何拍好馬屁，宗吾提出了八字真訣，即「逢人短命，遇貨添錢」。

在歷史上，善拍馬屁之人數之如麻，和珅、嚴嵩等，他們都是透過拍馬逢迎來獲得高官厚祿，只是無奈他們不懂得全面運用厚黑之術，不懂得長遠為自己打算。而元朝末期的哈麻可謂是這方面的絕頂高手。哈麻早年充當元順帝的宿衛。得到了元順帝的歡心，官運亨通，不斷被提拔，很快就當上了殿中侍御史，成了管理宮中事務的主要官員之一。

哈麻特別注意察言觀色和瞭解眾人的好惡，然後投其所好。比如，他見到元順帝喜歡玩雙陸遊戲，便苦心鑽研，學會了一套玩雙陸遊戲的本領，然後去接近順帝，與其展開對弈。哈麻與順帝玩雙陸遊戲也很有招法，他見到順帝不甚高興之時，就輸一盤，見到順帝高興時，就贏一次，當然也有旗鼓相當的時候。哈麻這樣做，既討了順帝的歡喜，又弄得順帝心裡癢癢的，越發願意找他一起玩雙陸遊戲。這樣一來，兩人便逐漸成了雙陸「棋友」。隨著雙陸遊戲的頻繁，哈麻所受順帝的寵信也逐步升級，很快就超過了順帝身邊的所有人。

宗吾認為，拍馬屁本質上是透過一種頗具處世藝術的語言，實現對方心理上的滿足，從而取得與對方的溝通。拍馬屁的方式是各種各樣的，而且是千變萬化的，在嬉笑怒罵間，常可收到出奇的效果。拍馬屁成功的一個訣竅，是只有諳熟了對方心理才能辨別其優缺，馬屁才能準確到位，並盡可能觸及其最美的那一部分。

對方在欣喜之餘，會視你為知己，繼續向你袒露心懷，使你不斷捕捉讚美的閃光點，你的讚美也才更加得體，遊刃有餘。在拍馬屁時，切忌用官話套話，因為讚美一個人，並不是作報告或談工作，要十分嚴肅。讚美貴在自然，它是在待人處世中，一定場景下的真情流露有感而發。任何僵硬、虛誇、做作的讚美，即使是出於真心實意，也會讓人反感提防。

厚黑處世五十　上善若水，以柔克剛

■　柔弱之水可為滔天巨浪，摧枯拉朽，吞噬一切，可鑿岩穿石，水滴洞穿。可見柔並不等於弱，剛也並不一定等於強，關鍵在於人怎樣去利用它，怎樣恰到好處地利用它。

宗吾一生最佩服老子，將他的著作視為「厚黑聖經」。「人之生也柔弱，其死也堅強。草木之生也柔脆，其死也枯槁。故堅強者死之徒，柔弱者生之徒。是以兵強則滅，木強則折。強大處下，柔弱處上。」「天下莫柔於水，而攻堅強者莫之能勝，以其無以易之。弱之勝強，柔之勝剛，天下莫不知，莫能行。」欲行厚黑者，一定要精研徹悟！

【宗吾真言】　水總是往下流，處在眾人最厭惡的地方，流入最卑微之處，站在卑下的地方支持一切。水沒有形狀，在圓形的器皿中，它是圓形；放入方形的容器，則是方形。但又擁有絕對的力量。

宗吾認為，在厚黑處世中，「柔」被弱者利用，可以博得人同情，很可能救弱者於危難之間。因此，

「柔」往往是弱者的護身符。

春秋魯文公六年（西元前六二一年），晉國君主晉襄公死了，太子年幼，諸大臣各自保薦不同的王子。其中，有兩個人勢力最為強大，競爭最為激烈。趙盾想立襄公的弟弟公子雍，而賈季則想立襄公的另一個弟弟公子樂。當時兩公子都不在晉國。賈季派人去陳國接公子樂回晉，他動作迅速，走在了趙盾前面。趙盾即派人悄悄在半路把公子樂截殺了。公子樂死了，趙盾從容不迫地派人前往秦國去迎接公子雍回晉。

公子樂已死，公子雍似乎已坐定晉國君位無疑。襄公夫人穆嬴作為一個軟弱婦人，只能看著年幼的太子就要失去繼承君位的權利，而且很有可能遭遇暗算。於是，她使出了哀兵之計，力圖以柔克剛。

每次群臣朝會議事，穆嬴就抱著小太子在朝堂痛哭，說：「先君到底在哪一點上有過失？年幼的太子有什麼罪？太子雖然還小，但總也還是先君親自冊立的，難道誰說廢就可以廢嗎？」她往往掩面長泣，太子年幼，見母后傷心流涕，也跟著放聲大哭。到傷心處，母子抱成一團，泣聲如訴，場面甚是淒涼感人。群臣即使不以為然，但次數多了竟也開始逐漸地有了做賊心虛的感覺。

穆嬴還經常在散朝後抱著太子去趙盾家裡，以情動之，說：「先君倚重您，臨終之前抱著這個孩子把他託付於您。先君的殷殷叮囑，無盡的信賴，擔心而又滿懷希望的目光，妾身都還清清楚楚地記得，您難道就忘了嗎？先君擔心太子年幼，但因為您那麼懇切地答應照顧太子，他也就放心地去了。而今您卻要廢黜太子，您難道不想一想先君對您的厚待和重託嗎？丈夫豈可不忠君？丈夫豈可不守信？百年之後，您打算如何去見先君呢？而且，太子何辜啊！」

趙盾一面於情不忍，一面擔心這樣下去會鬧得人心惶惶，國內將不得安寧，而且會讓自己失去人心，自己擁立的新君也將失去人心，那樣豈不是得不償失。於是他與群臣商議，派軍隊去攔截秦國護送公子雍的軍隊，不讓公子雍進入晉境，仍然立太子夷皋為君，就是晉靈公。

宗吾看來，柔並不等於弱，剛也並不一定等於強，關鍵在於人怎樣去利用它，怎樣恰到好處地利用它。可是，不論在歷史中還是現實中，剛者居多，柔者居少，若能以柔為主，寓剛於柔，其表現方式往往就是「柔道」。然而，儘管「柔道」是治國治民、為人處世的最佳方法，卻由於貪婪、暴躁、逞一時之快、急功近利、目光短淺等人性中的弱點，人們一般不去施用，或是施行得不當。

【宗吾真言】　中國歷史上的許多以「柔道」處世，以「柔道」治國的成功事例，早已證明「柔道」比「剛道」更加行之有效，其事半功倍、為利久遠之特點，更是「剛道」所遠為不及的。

宗吾看來，在中國歷史上，能夠從始至終地貫徹「柔道」的人，當數東漢的光武帝劉秀，可以說他是以善用「柔道」而取得巨大成功的開國皇帝。

劉秀是漢高祖劉邦的九世孫。其父劉欽是南頓縣令，在劉秀九歲時病故，此後，劉秀與哥哥劉縯便被叔叔收養。兄長劉縯獨有大志，好養俠客，而劉秀卻好稼穡傭耕。

劉秀思慮謹密，言語不苟，與人相交，也不記小怨，喜怒哀樂不形於色。在他二十八歲的時候，因王莽的「新政」不得人心，加上天災人禍，各地的農民紛紛起義，尤其是綠林、赤眉兩支起義軍，聲勢浩大。在這種風起雲湧的形勢下，劉秀藉南陽一帶穀物歉收，與兄謀劃起義，得眾七、八千人。

劉秀起義後，逐漸與當地的其他起義軍會合，一度併入綠林軍。西元二三年二月，綠林軍為了號召天下，立劉秀的族兄劉玄為帝，年號更始，綠林軍的勢力得到了迅猛的發展，以致王莽「一日三驚」。

可是，昆陽之戰後，起義軍內部發生了分裂，劉秀的哥哥劉縯便被殺。因為劉秀兄弟的威名日盛，這就遭到另一派起義軍將領的嫉妒，加上劉秀的哥哥當初曾反對立劉玄為帝，正好藉此進讒。後來這些將領藉機殺了劉秀的哥哥。

劉秀當時正在父城，聽到哥哥被殺，十分悲痛，大哭了一場，立即動身來到宛城，見了劉玄，並不多說話，只講自己的過失。回到住處，逢人弔問，也絕口不提哥哥被殺的事。既不穿孝，飲食也照常，與平時一樣，毫無改變。劉玄見他如此，反覺得有些慚愧，從此更加信任劉秀，並拜為破虜大將軍，封武信侯。

其實劉秀因為兄長被殺而萬分悲痛，此後數年想起此事還經常流淚嘆息。但他知道當時尚無力與平林、新市兩股起義軍的力量抗衡，所以隱忍不發。

後來，劉玄定都洛陽以後，派劉秀以大司馬身分去安撫河北一帶。劉秀以寬柔的「德政」去收攬軍心，很少以刑殺立威，這一點，在收編銅馬起義軍將士時表現得最為突出。當時，銅馬起義軍投降了劉秀，劉秀就「封其渠帥為列侯」，但劉秀的漢軍將士對起義軍很不放心，認為他們曾遭攻打殺掠，恐怕不易歸心。銅馬義軍的將士也擔心不能得到漢軍的信任而被殺害。在這種情況下，劉秀竟令漢軍各自歸營，自己一個人騎馬來到銅馬軍營，幫他們一起操練軍士。銅馬將士議論說：「肖王（劉秀）如此推心置腹地相信我們，我們怎能不為他效命呢？」劉秀直到把軍士操練好，才把他們分到各營。銅馬義軍受到劉秀的如此信任，都親切地稱他為「銅馬帝」。

劉秀實行輕法緩刑、重賞輕罰的政策。他認為，「古之亡國，皆以無道，未嘗聞功臣地多滅亡者。」於是，他分封的食邑最多的竟達六縣之多。至於罰，非到不罰不足以毖後時才罰，絕不輕易殺戮將士。在中國歷史上，往往是「飛鳥盡，良弓藏；狡兔死，走狗烹；敵國滅，謀臣亡」，但東漢的開國功臣卻皆得善終。

宗吾看來，劉秀「柔道」興漢，少殺多仁，跟著這樣的主子，他的臣子們好像是佔了很大的便宜。可是，其實最大的受益者還是劉秀本人，在群雄逐鹿中，靠著這些人，擊敗所有對手，最後問鼎中原。劉秀「柔道」可以說，已經到了所謂厚而無形的境界！

第七篇　心如鐵石無後患

◆韓信，胯下之辱他能夠忍受，厚的程度不在劉邦之下。無奈對於黑字欠了研究。為齊王時，若能聽蒯通的話當然貴不可言，他偏偏繫念著劉邦解衣推食的恩惠，冒冒昧昧地說：「衣人之衣者，懷人之憂；食人之食者，死人之事。」後來長樂鐘室，身首異處，夷及九族，真是咎由自取。宗吾看來，只要能達到目的，他人亡身滅，賣兒貼婦，都不必顧忌；但有一層應當注意，凶字上面，定要蒙一層道德仁義。在中國的歷史上，統治者們為了自己的利益經常幹一些道德敗壞、殘忍無情的事，但是卻沒有一位君王敢公然扯起反對仁義道德的旗子，因為沒有誰不懼怕道德和正統的輿論力量。

厚黑處世五十一　以「惡」行世，暢通無阻

■從古至今，上至王公大臣，下至草莽凡夫，不厚不黑而能有所成就的，絕無僅有。如果想保住自己的權勢，就必須要厚下臉皮，學會如何做「壞事」。

不遵守道德，別人會說你「壞」；過分拘泥於道德，別人又覺得你「傻」。宗吾認為，在處世中，自己恪守道德規範，別人卻對此不屑一顧，那就如同玩遊戲時，你受規則約束，對方卻能隨心所欲，高下優劣自然不言而喻。一個立志以厚黑行世之人，如果想保住自己的權勢，就必須要厚下臉皮，學會如何做「壞事」，而且當學到這做壞事的本事之後，又要根據不同的情況，靈活地運用這種「做壞事」的本事。總而言之，既要做「壞事」，又要借助傳統的道德為自己樹立無可非議的道德形象。

【宗吾真言】　社會所宣揚的道德規範大部分只不過是為了維護社會架構不被侵害的一種理想而已。誰要是真按這種行為規範處世，到頭來肯定吃虧，甚至還會被人笑為傻氣。而且誰愈早明白這個道理，誰也就愈能在處世中成為贏家。

在宗吾看來，在歷史上，不論是吳起殺妻求官也好，還是李世民玄武門之殺兄弟後逼父親退位也罷，

都比不上武則天移屍嫁禍的「心子之黑」。她為了陷害皇后，竟不惜殺了自己親生女兒。

然而，宗吾卻覺得他們的「心子之黑」都不如曹操，「三國英雄，首推曹操，他的特長，全在心子黑：他殺呂伯奢，殺孔融，殺楊修，殺董承伏完，又殺皇后皇子，悍然不顧，並且明目張膽地說：『寧可我負天下人，不叫天下人負我。』心子之黑，真是達於極點了。有了這樣本事，當然稱為一世之雄。」

借人頭穩軍心，是當曹操知道軍中糧食匱乏，為了穩定軍心的一種手段。糧食緊缺，是因軍糧沒有及時運到，他也明知道典倉吏忠心耿耿。但曹操假裝不知，且利用典倉吏的忠心，誘他上當。不僅殺了他，而且還散佈他剋扣軍糧的謠言，嫁禍於人。借人頭，穩定軍心，消除不滿情緒，同時還為他自己樹立了威信。

曹操為保護自己，提防別人謀殺他，故意故佈迷陣，說他夢中會起來殺人，殺了人又故作驚訝，其實他根本就沒有睡。更有甚者，他說如有人謀害，他會有預感，心必顫動。為進一步使人堅信不疑，他假戲真做，讓一親信侍者按他的指示做，並許諾事後給他好處。其實曹操是存心要借親信侍者的人頭，保護自己，懾服部下，不惜讓親信侍者背黑鍋。這和前面借典倉吏的人頭，穩定軍心的事例是異曲同工。由此可見曹操心之黑世上有幾人能及！

宗吾認為，孫子曰：「戰勢不過奇正，奇正之變，不可勝窮也。」處世不外厚黑，厚黑之變，不可勝窮也。用兵是奇中有正，正中有奇，奇正相生，如循環之無端。處世是厚中有黑，黑中有厚，厚黑相生，如循環之無端。厚黑學，與孫子十三篇，二而一，一而二。不知兵而用兵，必致兵敗國亡。不懂厚黑哲理，而就實行厚黑，必致家破身亡。從《厚黑學》的角度考察歷史，從古至今，上至王公大臣，下至草莽凡夫，不厚不黑而能有所成就的，絕無僅有。梁啟超說：「一部二十四史，全是帝王家傳。」實際上，按照宗吾的觀點，不管是二十四史也好，稗官野史也罷，即使是在生活四周稍微留點心，你都會發現：臉不厚心不黑者難以成大事。

【宗吾真言】既然厚黑處世者為達目的可以不擇手段，栽贓陷害為何不能用。不過在運用時，必須注意拿捏好分寸，不然將適得其反，搬起石頭砸了自己的腳。所栽之贓，能讓人寧可信其有，不可信其無，讓對方百口莫辯，甚至愈描愈黑。

宗吾從對人性的分析中知道，世上之人大多數都有兩大弱點：對愛的專有權和對權的迷戀。人們在自己專寵的東西遭到侵害時，往往會失去理智，其結果也往往會不堪設想。這就為大行厚黑之道提供了廣闊的迴旋餘地。在厚黑之士看來，世上沒有什麼事是不該做的。那麼，如果你的對手並沒有差錯，就可以暗中設計下套，嫁禍於人。當然，表面上一定要不露聲色。

宗吾說過：「嚴世蕃是明朝的大奸臣，這是眾人知道的，後來皇上把他拿下，丟在獄中，眾臣合擬一奏摺，歷數其罪狀，如殺楊椒山、沈鍊之類，把稿子拿與宰相徐階看。階看了說道：『你們是想殺他？還是想放他？』眾人說：『當然想殺他。』徐階說：『你們這奏摺一上去，皇上立即把他放出來，何以故呢？世蕃殺這些人，都是巧取上意，使皇上自動要殺他，此折上去，皇上就會說：殺這些人明明是我的意思，怎麼誣到世蕃身上？豈不立即把他放出來嗎？』眾人請教如何辦。徐階說：『皇上最恨的是倭寇，說他私通倭寇就是了。』徐階關著門把摺子改了遞上去。世蕃在獄中探得眾人奏摺內容，對親信人說道：『你們不必擔憂，不幾天我就出來了。』後來摺子發下，說他私通倭寇，大驚道：『完了，完了！』最後果然頭被砍了。

春秋時期，晉獻公征服驪戎，驪戎獻出二女，年紀大的叫驪姬，年紀小的叫少姬。驪姬長得非常漂亮，多機智，把晉獻公給迷住了，不足一年，驪姬就生下一子，起名奚齊。

晉獻公因受惑於驪姬，愛妻及子，便想立奚齊為太子，並把此意對驪姬說了。驪姬聽後心裡很高興，又想到晉獻公已立申生為太子，而且太子與另外兩個兄弟重耳、夷吾又那樣友愛。今一旦無故變更，恐群臣不服。不僅自己的兒子當不成太子，還說不定會遭到不測之禍，乃跪在晉獻公面前哭起來：「太子申生並無大過，據說諸侯沒有一人說他的壞話，若是為了我母子而將他廢了，人家必說我迷惑於您，我寧可死了也不負這個罪名！」晉獻公聽她說得通情達理，大讚其賢淑美德。

驪姬表面上做得光明磊落，暗地裡卻日夜想著如何陷害申生兄弟，奪取太子之位。

天姿國色的她覺得世子申生假裝正經，便設計陷害。驪姬把一罐子蜂蜜塗在頭髮上，讓申生陪自己在花園散步。到外面一走，驪姬立刻被小蜜蜂發現了，很快大群蜜蜂追著驪姬腦袋跑。驪姬很害怕，請申生幫她趕蜜蜂，申生覺得驪姨娘的形狀也挺狼狽，就掄起袖子使勁替她趕。驪姬抱著腦袋跑，世子在後面追。正好，被老晉獻公看見了，老晉獻公一看，好比董卓看見了呂布戲貂蟬，氣得也差點拿大戟去刺世子申生。

就這樣，驪姬利用栽贓陷害的手法，逼得申生吊頸而死。接著，驪姬又故伎重施，嫁禍於重耳、夷吾，逼他們逃往他方。

宗吾認為，驪姬和徐階都透過栽贓陷害的手法，讓對方百口莫辯，足見其厚黑手段之高！但是，兩者仍有區別，世人皆說驪姬陰毒，因為她的目的是一步步將親生兒子奚齊推到晉國太子的寶座。而世蕃罪大惡極，本來該殺，獨莫有私通倭寇，可謂死非其罪，徐階設此毒計，其心不為不黑，然而後人都稱他有智謀，不說他的陰毒，何以故？為國家除害故。

厚黑處世五十二 殺雞儆猴，以殺立威

■厚黑者的目的性極強，他們絕不是僅僅為了殺猴而殺猴，他們近乎瘋狂的背後隱藏著清醒和理智。

佛家勸人向善，不可殺生，儒家教化要施行仁政，愛民如子。然而，歷史上不少成就一番事業的人，卻往往為了立威而殺人，為了「建功」而殺人。因為在他們的成功字典裡，始終銘刻著這樣一句統馭箴言：「不殺不足以立威，建功必要殺人。」當然，對於君王來說，為了翦除阻礙實現目的當然需要殺人，但是殺人之前必冠以名目，殺之有名，使被殺者無怨言，使旁觀者無謗言，這樣才做到殺之有道，但不一定殺之有理。

【宗吾真言】「愣的怕橫的，橫的怕不要命的。」用近於瘋狂的行為，使對手嚇破了膽，這時就算對手仍有實力、有機會一搏，也會束手就擒。眼睜睜看著危險逼近，卻不會有激烈的反抗，自認倒楣。

宗吾看來，要成為領袖者，必須有不怒自威的氣勢。這種氣勢就是用鐵腕得來的。

西元九二六年七月，遼太祖耶律阿保機駕崩於扶餘城，國家大政一下子落到了皇后述律平的肩上。阿保機的死，使剛烈的述律平似乎有些精神變態。據《契丹國志》記載：阿保機死後，傷心過度的述律平「召諸酋長妻，謂曰：『我今寡居，汝不可不效我。』又集其夫，立問曰：『汝思先帝乎？』對曰：『受先帝恩，豈得不思！』後曰：『果願之，宜往見之。』遂殺之。」述律平陷入了一種殘忍血腥的瘋狂中，一口氣便殺了百餘大將，人為地製造出了百餘與她一樣的新寡婦，這種陰暗變態的瘋狂舉措，教人毛骨悚然。

最後，當殺到干州人趙思溫時，聰明的趙思溫死活不肯去阿保機的墓前送死，述律皇后說：「你與先帝曾非常親近，為什麼不去？」

趙思溫回答說：「要說與先帝最親近的，誰能與皇后相比？如果皇后在前面先行，那麼為臣的也不敢有所推辭了。」

述律皇后說：「我並非不想隨先帝於地下，只不過因為當今皇嗣幼弱，國家無主，不能即此甩手，置國家社稷於不顧。」於是砍下自己一隻手腕，置於阿保機的墓中，趙思溫也因此得以倖免。

述律皇后的屠殺，在其失去理智瘋狂殺戮的表象下面，實際掩藏著一種教人瞠目心駭的明確目的、步驟縝密的理智與冷靜。這種屠殺，實際上是述律平日後弄權、廢立太子的一個必要的鋪墊。述律平所殺者盡是些當年隨太祖久經沙場，手握重兵，日後足以對述律平構成威脅的戰將。

在宗吾看來，述律平所為，的確達到了「以殺立威」目的。在隨後述律平棄太子突欲，扶立次子德光為帝時，沒有多少敢反對她的意見了。而遼太宗耶律德光果然不負母親的殷望，即位後，繼續對外進行了一系列卓有成效的外交、戰略攻勢，將契丹國又領上了一個新的強盛發展的台階。

【宗吾真言】 在運用「以殺立威」這一厚黑處世之道時，有「假殺」和「真殺」之分。所謂「假殺」就是殺雞儆猴，透過嚇唬的手段使人順從；所謂「真殺」就不同了，它是真的透過殺戮來除去競爭對手。

宗吾認為，如果為了消除對自己的威脅，而使用「殺」的手段，就一定要斬草除根，否則後患無窮。

金代的海陵王完顏亮是遼王完顏宗幹的次子。由於是庶子，經常遭受正室徒單氏的歧視，不得不委曲求全以求自保。這種青少年時期的經歷，造就了他既早熟持重，遇事謹慎而又猜忌殘忍、城府莫測的性格。

西元一一四年（金天春三年），完顏亮十八歲，由於父親的庇護，被熙宗封為奉國上將軍，其後官職屢得升遷。而自小養成了善於察言觀色和見風轉舵的性格，也使他能左右逢源，得心應手。因此，完顏亮的官位不斷上升，最後成了金熙宗時期首屈一指的大權臣。

完顏亮雖大權在握，但並不能掌握自己的命運，因為金熙宗既昏庸猜疑，又殘忍好殺，弄得完顏亮大有如臨深淵、如履薄冰之感。這種朝不保夕的宦海生涯促使完顏亮早下決心除掉熙宗。西元一一四九年十二月九日，完顏亮透過內應，帶人闖入熙宗的寢宮，殺死了熙宗。完顏亮就在金熙宗的血泊中即位。

為了消滅異己力量，完顏亮嚴密封鎖消息，詐傳熙宗聖旨，以召集眾大臣們到朝商議。眾人絲毫不明就裡，匆忙到來，完顏亮便埋伏武士，在朝堂之上捉住了曹國王宗敏、右丞相宗賢，立刻處死。

完顏亮奪權後的第一件事就是誅殺熙宗一支的宗室，以穩定自己的權力。完顏亮先與宗本的好友中書令蕭玉聯繫，授意他誣告宗本謀反。完顏亮拿到了這一「證據」，便派人前去宣召宗本，說是皇上要開一次打馬球的盛會，要各地精於馬球的貴族大臣前往參加，宗本並未料到完顏亮會加害於自己，便與宗室其他成員一起前來參加盛會。完顏亮將他們立即處死。在除掉了這兩個最有權勢的熙宗宗室之後，又殺了東京留守宗懿、北京留守可喜、益都尹畢王宗哲等人，同時還派唐括辨殺死了秉德，甚至連最為老實無能的東京留守宗雅也不放過，他們的家屬亦被全部殺死。由此，太宗子孫有七十餘人被殺，宗翰子孫有三十餘人被殺，兩支宗室無一倖存。

在宗吾看來，在現實生活中，透過殺戮的手段，打擊對手已經行不通。不過從上面的例子可以看出，打擊敵人一定要徹底，人在悲憤時所爆發出來的力量是無限的，如果你的打擊讓對手產生悲憤後還留給他報復的機會，那麼你就將自己送入危險的漩渦之中。

所以宗吾認為，對於自己的對手，要嘛不動聲色不做出反擊，如果要反擊就以雷霆萬鈞之勢剝奪他所有報復的機會。如果做不到這一點，那麼還是厚著臉皮忍氣吞聲保全自己為妙。這是「以殺立威」中的一個準則。

【宗吾真言】　厚黑處世者應學會喜怒無常。這裡的喜怒無常，有兩層意思：一是指翻臉不認人，昨天把你當作朋友，今天就可能把你作為敵人；一是指不可捉摸，讓對方揣摩不透。

宗吾看來，喜怒無常常被人形容為無道昏君的典型性格。事實上，這正是君主高明之處。他們有時把刺殺過他們的仇人任為高官，有時把自己最親密的朋友殘酷殺害，有時你吹捧他他會很高興，有時你讚美他卻可能被殺頭。君主這種「神秘叵測」的特性，源於對皇權壟斷的特別佔有欲，及對這種極端權力所產生的高度的恐懼感。在封建社會君臣關係已完全為利害、血淚、仇殺關係所籠罩時，制度化的力量，道德倫理的制約作用，已變得微乎其微，只有依賴這種殘酷、無常的皇權來控制了。

對於做大事的人來講，寧讓人憎惡而恐懼，也不讓人誇獎而輕視。他們將臣屬視為草芥，順我者昌，逆我者亡，難以容忍臣屬擁有自己的獨立人格和個人主見。對於喜怒無常的君主來說，臣屬更是他們濫施淫威、肆意凌辱的對象，臣屬動輒得咎，戰戰兢兢，如履薄冰。

朱元璋到了晚年，更是亂開殺戒，將廷杖之刑引入朝堂，經常有朝臣被杖斃在朝廷之上，使得滿朝文武極度恐懼。上朝時，如果朱元璋將玉帶掀到肚皮底，就是要大開殺戒的信號，滿朝官員人人都嚇得面無人色，發抖不已；如果玉帶高貼在胸前，就表示今天不會多殺人。朝官每天上朝離家前，都事先和妻子訣別，吩咐後事，這天如果活著回來，便闔家慶賀，算是又多活了一天。

朱元璋有個嗜好，喜歡在詩文中吹毛求疵、斷章取義，尤其是從諧音字、同音字中發現「特大的政治陰謀」，從而製造冤獄，殺害無辜。朱元璋做過和尚，髮禿如瓢，光亮得很，那麼「光」、「亮」、「生」（同「僧」）、「禿」諸字絕不許用；朱元璋是農民軍造反出身，不許提「賊」字，甚至「則」與賊同音，也是忌諱、禁止之列，違者格殺勿論。

杭州學府教授徐一夔上書頌揚朱元璋，說朱皇帝實乃人倫表率、眾生天生的領袖、千古一帝，其中有一句賦文，說「光天之下，天生聖人，為世作則」。這一下馬屁拍到了腿上，捅了馬蜂窩，「光」諷指光頭、「生」譏我當過和尚，「作則」是挖苦我曾經作賊，如此亂臣賊子，竟敢直言咒罵皇上，殺！於是徐一夔被莫名其妙地殺掉了。

中書詹希原，有一次奉朱元璋詔令，要他在太學門前寫一個匾額「集賢門」。或許詹希原是個書法家，想在這人才濟濟的地方露一手，就在「門」字上玩了一個花樣，左邊一直微微鉤起。朱元璋一見，看到了另外的「大陰謀」，怒斥道：「我是要招賢才治國，你這不是想閉門，阻塞我招賢的門路嗎？」於是，詹希原成為刀下鬼，這筆血腥的一「鉤」改用白粉除掉。

他這看似無理的行徑，其實自有更深層的考慮，他寧可讓人們認為他喜怒無常而懼怕他，也不讓人們揣摩透他的心思而為所欲為。

宗吾看來，厚黑的上司行使權力的過程，絕不會讓下屬事先能夠有所猜測。他們的運籌策劃和行權處事，就是要有意識地使下屬無法捉摸揣摩。反過來，如果下屬的厚黑能力超過了上司，很可能權力易手。

厚黑處世五十三 抓住要害，拴羊吃草

■一切明爭暗鬥的焦點，無非就是利益兩字。但天下沒有不散的宴席，建立在一定利益基礎之上的「同舟」，總有各奔東西的一天。

宗吾認為，世人各為自己打算，真心的合作是非常難的。要想對方死心塌地與你合作，最好的辦法就是一根繩子拴兩隻螞蚱，跑不了我，也蹦不了你。將兩個人的利益緊緊地綁在一起。這恰如孫子所說的：「夫吳人與越人相惡也，當其同舟共濟，遇風，其相救也，如左右手。」這就是「拴羊吃草」的內涵。如何拴住「羊」呢？方法就是「斷其下翎」。「夫馴鳥者斷其下翎焉。斷其下翎，則必恃人而食，焉得不馴乎？夫明主畜臣亦然，令臣不得不利君之祿，不得無服上之名。夫利君之祿，服上之名，焉得不服？」

【宗吾真言】同舟之人未必共濟，在任何時候都要多長點心眼，即使睡覺也要睜一隻眼睛。否則，很可能對你造成最大傷害之人，就是曾經與你「同舟」者。

「夫妻本是同林鳥，大難臨頭各自飛。」被人譽為一生風雨同行的夫婦尚且如此，更何況其他與你生死無關痛癢的人，在利益面前又怎能保證不出賣你。所以宗吾看來，「同舟共濟」的意義是指在困難面前，彼此能夠互相救援，同心協力。而通常情況下，同舟共濟之人可以齊心協力。但天下沒有不散的宴席，建立在一定利益基礎之上的「同舟」，總有各奔東西的一天。所以，厚黑處世之道認為，必須對此有清醒的認知。

王安石在變法的過程中，視呂惠卿為自己最得力的助手和最知心的朋友，一再向神宗皇帝推薦，並予以重用，朝中之事，無論鉅細，全都與呂惠卿商量之後才實施。

然而，呂惠卿積極地投身於變法，不過是想透過變法來為自己撈取個人的好處罷了。對於這一點，司馬光曾當面對宋神宗說：「呂惠卿可算不了什麼人才，將來使王安石遭到天下人反對的，一定都是呂惠卿做的！」

後來，司馬光被呂惠卿排擠出朝廷，臨離京前，一連數次給王安石寫信，提醒說：「呂惠卿之類的諂諛小人，現在都依附於你，想藉變法為名，作為自己向上爬的資本，在你當政之時，他們對你自然百依百順。一旦你失勢，他們必然又會以出賣你而作為新的晉身之階。」

呂惠卿的厚臉果然是大見其效，王安石對這些話半點也聽不進去，他已完全把呂惠卿當成了同舟共濟、志同道合的變法同伴，甚至在呂惠卿暗中搗鬼被迫辭去宰相職務時，王安石仍然大力推薦呂惠卿擔任副宰相職務。

王安石一失勢，呂惠卿厚臉掩蓋下的「黑心」馬上浮上台面，不僅立刻背叛了王安石，而且為了取王安石的宰相之位而代之，擔心王安石還會重新還朝執政，便立即對王安石進行打擊陷害，先是將王安石的兩個弟弟貶至偏遠的外郡，然後便將攻擊的矛頭直接指向了王安石。

宗吾看來，世上不乏這樣的人：當你得勢時，他恭維你、追隨你，信誓旦旦願意為你赴湯蹈火；但同時也在暗中窺伺你、算計你，搜尋和累積著你的失言、失行，作為有朝一日打擊你、陷害你並取而代之的秘密武器。公開的、明顯的對手，你可以防備他，像這種以心腹、密友的面目出現的對手，實在令人防不勝防。

【宗吾真言】「沒有永久的朋友，也沒有永久的敵人，只有永久的利益。」這句話既是國家關係相處的準則，更是處世中，人與人之間打交道時必須要時刻注意把握的基線。

宗吾看來，一切明爭暗鬥的焦點，無非就是利益兩字。因為如果離開了利益，人們還會爭什麼呢？為此，厚黑處世者與對方建立合作關係，能否成敗的核心就是利益。戰國時的蘇秦之所以能夠憑藉一張嘴，將互不相屬的六國聯合在一起，共同對付強大的秦國，就是讓各國認清了「合縱」與自己國家的利害息息相關。

戰國中期，著名縱橫家蘇秦，開始時企圖推行連橫政策，鼓動秦惠王用武力兼併天下。由於秦國尚處在養精蓄銳時期，秦惠王沒有接受他的建議。蘇秦懷著憤恨和不滿，轉而到關東六國組織合縱反秦。

周顯王三十六年（西元前三三三年），蘇秦到達燕國，向燕文公獻策說：「燕國之所以長期不受別的諸侯侵犯，能夠避免戰爭災害的原因，是因為有趙國在南面遮蔽著。秦國當然是不敢攻打燕國的，因為秦國若向燕國出兵，要到千里之外作戰。但是，如果趙國要襲擊燕國，那就是百里之內的事，這是十分令人擔心的。大王現在似乎害怕千里之外的秦國，而不擔心百里之內的趙國，這是很不明智的。因此，我建議大王趕快與趙國結盟，改善關係，並進而與關東各諸侯國團結一心，燕國就可以真正長治久安了！」燕文公採納了蘇秦的意見，配給蘇秦一批車馬，送他到趙國遊說。就這樣，蘇秦又先後到了趙國、韓國、魏國、齊國、楚國，以他們切身的利益，從不同的角度，打動了他們，建立起來「六國聯盟」。關東六國聯盟建立以後，蘇秦擔任了合縱集團的主持人，同時接受了六國國相的封號。

宗吾看來，蘇秦並非有三頭六臂之能，只是他真正懂得了「抓住要害，拴羊吃草」的厚黑真諦，所以，才能把六國玩得溜溜轉。

【宗吾真言】 運用「拴羊吃草」最簡單的方法，就是給別人工作，別讓他們閒著。這樣，他們就沒有工夫去琢磨對你不利的事情了。

宗吾看來，在歷史上，以這種手段運用「拴羊吃草」之術的帝王是宋太宗趙匡義。

北宋太平興國年間，原先五代十國歸降宋朝的數位君主紛紛不明不白死去。那些跟隨君主而降的舊臣常有人議論紛紛，口出怨言，對朝廷統治說三道四。於是，宋太宗把亡國故臣、失意之人紛紛網羅來，安置在館閣裡任職。宋制設昭文館、史館、集賢院三館，另增設秘閣、龍圖閣、天章閣等，分別掌管圖書經籍及編國史等事務。這些人吃著皇家的錢糧俸祿，整天忙著修纂各種書籍。這些書本身卷帙浩繁，其性質都是雜採古代經卷，分門別類加以纂訂編彙。翻檢查閱圖書的工作量比寫下來的文字量更不知大多少倍。

《宋稗類鈔・君範》說：「役其心，後多老死於文字之間。」一道破了宋太宗網羅舊文人的目的與他們的結局。這種手法雖消極，但更高明，雖不能充分利用文人舊士的思想為自己的統治服務，但可不用擔心這些人再有什麼不敬言論，每日的書就夠他們翻了。他們被牢牢拴住，宋太宗也因此贏得「尊知重教」的美名。

明代的《永樂大典》、清代的《四庫全書》，當屬此類。

朱棣做了皇帝後，曾經組織大批文人，編纂了一部卷帙浩繁的類書《永樂大典》，他之所以進行這一活動，也是為了鞏固統治，平息朝野上下，尤其文人學士對他篡位的不滿，對文人們加以籠絡，使他們為其所用。

宗吾認為，這些皇帝藉此一方面炫耀了文治武功，一方面又拖住了飽學之士的精力，禁錮了他們的是非之口，真是高明的「抓住要害，拴羊吃草」之法。

【宗吾真言】 如果你沒有那麼多工作給下屬做，用什麼方法「拴」住他們呢？厚黑處世之道認為，另一個簡便可行的方法，就是抓住他們「小辮子」。

宗吾認為，如果對方有把柄在你手裡，他必然會對你俯首聽命。

楚漢相爭之時，項羽率楚軍再次進攻漢王劉邦，在破滎陽後，進逼成皋。劉邦棄成皋而去。率領著夏侯嬰等人打算到北面的修武縣和韓信、張耳會合。原來，韓信、張耳為趙地未平，暫時擱置了伐齊的計畫，率軍駐紮在修武。這天早晨，天剛亮，劉邦便拉著夏侯嬰直奔韓信、張耳的軍營而來。營門口的哨兵不認得劉邦，不敢放他進去。劉邦隨口就說是漢王使臣，有急事要找韓信。劉邦也不多說，拔腿就往內帳而來。那些韓信身邊的人都認得劉邦，慌忙向前行禮。劉邦讓他們不要聲張，自己卻走進了韓信的臥室。

韓信還大夢未醒，劉邦悄悄走到臥榻邊，見案上放著將印、兵符，當即拿在手裡，便出了帳門，令軍吏召集眾將。眾將以為韓信點兵，立即前來，沒想到眼前站著的不是大將韓信，卻是漢王劉邦，個個都十分驚愕，趕緊行跪拜禮。

待劉邦把各位將軍的職責分派完畢，只見韓信、張耳慌慌張張地出來了。他倆一見劉邦，立即伏地請罪：「臣等不知大王駕到，有失遠迎，罪該萬死。」

劉邦微微一笑：「這也沒什麼死罪，不過軍營裡應該嚴加防備，才能以防不測。況且天已大亮，更應早起。睡得這麼沉，連將印、兵符都會丟失，假如真有敵人突然前來，怎麼抵禦？若有刺客混進來，恐怕腦袋都會被人割去，豈不是危險萬分？」

韓、張兩人羞愧滿面，無言以對。劉邦轉了個話題，問起怎麼還未攻齊。韓信把趙地未平等情況向劉邦作了彙報，並提出讓劉邦坐鎮軍中，韓信自己率軍伐齊，然後趁勝再與劉邦會合後前往擊楚。此計正合劉邦心意，遂按此辦理。

宗吾認為，韓信每次取勝，都是靠計謀，很少把治軍放在心上。對於這一點，劉邦一定是心裡有數。

所以，劉邦才來一次「突然襲擊」。這樣一來，既抓到了韓信的薄弱環節，又提高了自己的威嚴。同時，為今後更有效地控制韓信找到了口實。

厚黑處世五十四 去婦人心，除後顧憂

■在厚黑處世中，「婦人之仁」有時會成為一個人很大的負擔，甚至是致命傷！最好的辦法就是把自己的臉皮磨厚，將「婦人心」換上一顆兇狠的「黑心」。

宗吾認為，在厚黑處世中，「婦人之仁」有時會成為一個人很大的負擔，甚至是致命傷！比如面對不懷好意的借債者，由於你的「婦人心」而在他的哀求之後借給他錢，結果卻一毛錢也要不回來；一個人的惡行因為你的「婦人之仁」而獲得了寬容。有時你的「婦人之仁」不但沒有感化他，反而讓他重新有機會犯下惡行，對別人造成傷害。此外，你的「婦人之仁」會成為你的弱點，成為人人想利用的目標，在眼淚、溫情、請求、孩子似的無辜與可憐之下，你將成為最大的受害者！

【宗吾真言】對於一些明顯的要得罪人或必將遭人罵的事，千萬不要赤膊上陣，把自己放在風口浪尖上，而是假手他人借助外力，或立牌坊以避惡名，或名正言順欺世盜名。

宗吾認為，讓別人在前面衝鋒陷陣擋「槍子」，等衝在前面的人死得差不多，你輕鬆自得地把功勞搶到自己手裡，何樂而不為呢？不用管別人會怎麼說怎麼想。

東漢大將軍梁冀是東漢所有掌權者中最惡毒、最張狂、控制朝廷時間最久的一位。《後漢書》中概括梁冀「在位二十餘年，窮極滿盛，威行內外，百僚側目，莫敢違命，天子恭己而不得親豫」。那麼，作為東漢很有名的忠臣、梁冀的父親梁商在臨終之前，為什麼會把大將軍之職交給了並無德才，而且從小就為所欲為的兒子梁冀呢？

青年時期的梁冀受到父親的庇護，仕途一直十分順當。他由黃門侍郎開始，永和元年（西元一三六年）又出任河南府尹。這期間梁商已拜為大將軍，父與女在內，子在外，梁氏一門，炙手可熱。然而，梁冀與父親的為人正好相反，不僅行事無法無天，而且還非常貪婪，他用卑鄙的手段塞人之口，因此他所做的許多害人勾當，梁商都不知道。梁商有一好友，名叫呂放，時任洛陽令，曾多次向梁商說起梁冀的過錯，梁商為此責問梁冀，梁冀矢口否認，並派人將呂放刺死，許多人都明白呂放的死因，只是瞞著梁商一人。梁冀為了騙過父親，決定嫁禍於人。他聲言呂放被仇人所殺，向朝廷請求，由呂放的弟弟呂禹接任洛陽令，以表示對殉難大臣的優恤，然後授意呂禹捕殺兇手。呂禹對梁冀感恩不盡，毫不懷疑梁冀的用心，加上為兄報仇心切，結果使與呂放有仇怨的人及其宗族、親朋一百多無辜者慘遭屠戮。

史書中說梁商「性慎弱無威斷」，以他的性格，溺愛偏信在所難免。梁冀正是看準了父親的弱點，肆意為非作歹，事後巧加掩飾，以致愈來愈無所忌憚。梁冀憑著家族的聲望和他本人的陰險，爬上了公卿的顯位。梁商剛死，「未及安葬，順帝乃拜冀為大將軍」，其弟侍中梁不穎接替了河南府尹的職務。儘管背後戳梁冀脊樑骨的人的確不少，但梁冀卻靠自己的厚臉和黑心，把大權緊緊地掌握在自己手裡，將皇帝玩弄於股掌之間。

宗吾看來，像梁商這樣小心謹慎對朝廷忠心耿耿的人，為什麼會犯這麼大的錯誤呢？主要就是因為梁冀的臉皮實在太厚，心腸黑得過人，用謊言和假象掩蓋了自己的劣跡。

【宗吾真言】　社會是現實的，競爭是殘酷的，對自己的對手心慈手軟，就是對自己的殘忍；宗吾《厚黑學》中的厚字是對內而言的，愈厚愈好，而黑字則是對外的，愈黑愈佳。

宗吾說：「我發明厚黑學，一般人未免拿來用反了，對列強用厚字，搖尾乞憐，無所不用其極，對國人用黑字，排擠傾軋，無所不用其極，以致把中國鬧得這樣糟。我主張翻過來用，對國人用厚字，事事讓步，任何氣都受，任何舊帳都不算，對列強用黑字，一點氣都不受，一切舊帳，非算清不可。」

齊桓公死後，宋襄公自視爵高位顯，趁齊國內亂，讓太子昭當上了齊國的國君。這下子他竟不自量力地擺起了霸主的架子。然而，在那一切憑實力說話的時代，眾諸侯哪裡可能買他的帳。宋襄公便想借助楚、齊的威力壓服眾諸侯，然後再藉諸侯之力壓強楚。宋襄公派人重賄楚國，約定次年春會盟於位於齊國的盂上之地，齊孝公因為是靠宋襄公的幫助上台的，只好答應按時到會。

會盟期到，宋襄公的弟弟目夷建議宋襄公帶些軍隊前往，不要對強楚掉以輕心。宋襄公為了表示自己很講「信義」，不僅不聽目夷的話，他怕目夷在他走後暗地派兵前往護駕，便帶著目夷一同赴會。令宋襄公萬萬想不到的是，早就有圖霸之心的楚國竟然兵圍盟壇，俘虜了宋襄公，並且挾宋襄公向宋國攻來。

好在目夷已趁亂從盂上之地逃回宋國，並且掌握時間進行了部署，睢陽城已做好了抗楚的準備。當楚軍大兵壓境之時，目夷繼任宋國國君。楚王大為光火，下令攻城，結果連攻了三天，也沒攻下來，只好撤兵放人。

按說，由於宋襄公的愚蠢，使得宋國差點被毀，特別是當宋襄公身陷囹圄、國勢危難之時，目夷毅然挑起捍國衛土的重任，就任國君之位，以他出色的才智和勇敢，粉碎了楚國吞併宋國的陰謀，就應該心安理得地把這個國君當下去，但才智出眾的目夷臉不厚心不黑，當聽說宋襄公被釋放後，馬上派人把宋襄公接回宋國，仍舊讓宋襄公當宋國的國君，自己重居臣位。

在宗吾看來，目夷的這種做法並不可取，因為目夷當國君對宋國來說，比宋襄公要有利得多，但他竟然為了自己的「名聲」和面子，而不顧國家之利，讓一個滿口空講「仁義道德」的傢伙，重新執掌國家大權，這就是典型的「婦人之仁」。

宗吾認為，心慈手軟對政治家、軍事家來說，都應該算是致命的弱點。他們面對的是你死我活、你上我下的鬥爭，對敵人的仁慈就是對自己的殘忍，這個道理是顯而易見的。比如楚漢之爭，本來是你死我活的事情，項羽在關鍵時刻，卻來個「婦人之仁」，放劉邦一馬，「放」的結果是虎歸山、龍入海，結局只能是「霸王別姬」。

【宗吾真言】　作為君主，要經常修剪樹木，不使樹枝繁茂；如果樹枝繁茂，將會堵塞官府的大門，充實私門，蒙蔽包圍君主。經常修剪樹木，不讓樹枝向外伸展；如果樹枝向外伸展，將要危及君主。

宗吾對於這句韓非的話，非常贊同。「不要使別人太富有，弄得自己向他借貸；不要使別人太顯貴，弄得自己反受逼迫；不要太寵信一個人，弄得自己丟了都城和國家。小腿粗於大腿，不能快走。君主失去神明變化，就會有老虎跟隨在後。」

例如，韓信既有戰略眼光又具有實現戰略目標的行動能力。也就是說，他能制定戰略規劃，更能把戰略規劃變成現實。因此，韓信應該是帝王之才，這就是劉邦對韓信不放心的原因，劉邦對韓信是既用之，又防之。

韓信初為大將時，漢軍兵不滿十萬，地不出巴蜀。劉邦採用了韓信的「出關中，定三秦」的戰略計畫和「明修棧道，暗度陳倉」的戰術措施才得以立足中原與項羽對壘。

漢軍在彭城與楚軍爭戰不利，原已歸漢的魏、趙等國又叛漢歸楚。這給漢軍造成很大壓力。韓信受命北擊魏、趙。他兵臨黃河時，一方面將所有船隻徵集渡口，擺下強渡奪關的架勢，誘魏軍主力齊集臨晉。一方面用大腹小口陶瓶繫於木板上作筏，暗度黃河攻克魏軍老窩安邑（在今山西運城東），從後邊殺向魏軍，生擒了魏王豹。接著引兵三萬擊趙，但等候與他決戰的是比他多五、六倍的二十萬趙軍。韓信一方面派兩千漢兵各持漢旗埋伏在趙營旁邊，一方面又在河邊背水列陣，然後親自陣前叫戰。趙王見韓信親來，急命全軍傾巢出動決戰。韓信卻佯敗回陣。漢軍見趙軍傾巢撲來，想後退無路，只有全力殊死戰鬥抵抗趙軍。趙軍不勝，待回營時，營壘已被伏兵趁虛佔領，遍樹漢旗兩千，趙軍弄不清有多少漢軍，頓時大亂。韓信又帶兵追來，前後夾擊。打得趙軍一敗塗地，又生擒了趙王歇。

在攻下魏、趙之後，韓信又攻下齊國。形成了對趙軍的戰略包圍。項羽大驚，忙派大將龍且率精兵二十萬來爭齊地，韓信又消滅了楚軍殺了龍且。項羽失去了這二十萬精兵，再難與漢軍抗衡了。最後垓下一戰，韓信等齊力奮戰，終於逼使項羽自刎而死。

他在拜將之前，就向劉邦提出「以天下城邑封功臣，何所不服」的建議，表明他是抱著建立功勳，裂土封王的願望來投奔劉邦。

劉邦坐穩了江山之後，看到韓信握有重權，並且深得軍心，不由得食不甘味，輾轉難眠。他宴請群臣，面對臣下的恭賀，也憂心忡忡。張良察言觀色，明白了是劉邦害怕功高之人今後難以駕馭，就私下對韓信說：「你是否記得勾踐殺文種的故事？自古以來，只可與君主共患難，而不可與其同享福。飛鳥盡，良弓藏；狡兔死，走狗烹。前車之鑑，後車之師啊！我們要好自為之。」於是張良急流勇退，他請求回鄉養老。

宗吾認為，韓信可能認為張良的話有道理，但是他對劉邦還是抱有幻想：自己當初曾捨命救過他，他不可能會修剪自己這棵樹木。可是，事實證明，張良是正確的，韓信最後仍然落得個「兔死狗烹」的下場。

厚黑處世五十五　落井下石，制敵死命

■當你將競爭對手打趴下，自己春風得意的時候，一定要防止對手東山再起，反咬一口。最好的辦法就是要心狠手辣，落井下石。

宗吾認為，對於厚黑處世者來說，如果對待敵人無法加以安撫，就得將他消滅。因為人們時常會為了小小的傷害而伺機報復，如果你能徹底地消滅他們，他們便回天無力了，因此我們必須不給他們留有可以報復的餘地。你的敵人時刻都在期盼著你厄運臨頭，他們最高興的莫過於消滅你。如果你在與他們的爭鬥過程中，出於仁慈或是希望和解之心而半途縮手，不僅會使你功虧一簣，更會讓你的對手加倍堅定。你唯一能夠期盼從敵人身上得到和平與安全的途徑，就是消滅他們。

【宗吾真言】　解決對手的最佳方案就是：不要手下留情，落井要下石，徹底殲滅你的敵人，就像他們對付你一樣。不讓你的敵人有選擇餘地，消滅他們，他們的一切就成了你的囊中之物。

宗吾認為，「厚黑之道，易而難，夫婦之愚，可以與知焉，及其至也，雖曹劉亦有所不知焉，夫婦之不肖，可以能行焉，及其至也，雖曹劉亦有所不能焉；厚黑之大，曹劉猶有所憾，而況世人乎」。可見，

厚黑學不行便罷，如果行施，就必須無所不用其極，必須不擇手段，即使對已經被你打趴下的「窮寇」，也不能心慈手軟，一定要再加把勁，直到對手永遠倒下為止。

二十世紀二、三十年代，在舊濟南的商埠上，有兩家老字號的藥店。他們同處一條街上，一家叫「濟善堂」，另一家叫「福壽堂」。三〇年代初，張之發繼承父業，做了福壽堂的老闆，他改變了父親那種保守的經商之道，從價格、品項等方面對濟世堂藥店展開了全面的攻勢，勢在一舉擊垮「濟善堂」。

生意世家出身的張老闆畢竟身手不俗，在「福壽堂」的強大攻勢下，「濟善堂」經營每況愈下，終於宣告停業。

張老闆大獲全勝，自然趾高氣揚，打算大幹一場。可是，「濟善堂」並未被徹底擊敗，憑實力，「濟善堂」也完全可以再與「福壽堂」較量一番。但「濟善堂」的老闆卻沒有那樣做。

不久，「濟善堂」在遠離「福壽堂」的一條街上重新開張了，但鋪面已比原來的門面遜色多了。昔日大藥店的氣派已蕩然無存。消息傳到「福壽堂」張老闆的耳朵裡，他不禁喜形於色：「濟善堂已經被我擊垮了，再也別想回到這條街上來與我抗衡、爭地盤、搶顧客了。」得意之餘的張老闆，心還不夠黑，放了「濟善堂」一馬。

過了一些日子，「濟善堂」的又一家分號開業了，自然是小鋪面，也仍然躲著「福壽堂」。有人把這一消息告訴張老闆：「老闆，『濟世堂』又開了一家分號，我看買賣不錯，說不定是想東山再起，我們不能不防啊！」

可是，張老闆不以為然：「怕什麼，那種小藥店成不了氣候，藥店靠的是信譽，大藥店才能讓顧客放心大膽地買藥，我看他們是在一個地方混不下去了，不得已而為之，不用怕。」

往後的很長一段時間內，「濟善堂」開了幾家類似的小藥店，而「福壽堂」的生意也差不多，兩者相安無事。不料，三年之後，「濟善堂」出人意料地宣佈，自己將在老店舊址重新開業。

經過一番裝潢，「濟善堂」在鞭炮聲中重新殺回了「福壽堂」的旁邊。「福壽堂」的張老闆聽到這一消息，驚駭不已，他沒想到被自己已經打趴下的「濟善堂」還會捲土重來，當初真是放虎歸山。

因此，宗吾認為，對於已經被「趕走」的競爭對手，並不能放任不管，也不能放虎歸山，而應該緊緊地尾隨其後，稍鬆一些，不過分緊逼罷了。而不緊逼的目的是為了「累其氣力，消其鬥志」，進而滅退其勢，達到最後消滅的目的。如果你對已經被「趕走」的競爭對手不能將之徹底打垮，就等於放虎歸山，後果將不堪設想，往往等對手喘過氣之後還會反咬你一口。

【宗吾真言】 下屬要想求得發展，必須時時抱住上司的大腿。但是，行厚黑者，千萬要記住，在抱粗腿的時候，可別假戲真做，把上司當成是偶像崇拜。一旦時機成熟，就要「落井下石」，扳倒上司，取而代之。

宗吾認為，孟子就是因為超越了孔子方有成就的。所以，厚黑處世者，對於自己的上司，應有取而代之的野心。那麼，如何取代上司呢？就是要抱持樹倒猢猻散、見風轉舵的心理，即使面對過去曾經有恩於自己的上司，在他倒楣時除了不能跟著跳火坑外，還要黑起心來「牆倒眾人推」，與別人一起助強欺弱、痛打落水狗。

在取代上司的過程中，不管好還是不好的上司，都可以成為我們的「肉」，我們的「血」，使我們成長壯大起來。在與上司相處中，並不是只有好的上司，才能使你進步。好的上司，如同是良師益友，這確實很重要。可惜現實社會中不可能都是良師益友，難免會有一些惡友。如果你在與惡友交往的過程中，能夠確保自己不被感染，那就儘管跟他交往。因為你有防惡友的能力，跟他交往後，你起碼可以瞭解惡的一面，將來才不會受騙。

壞的上司跟惡友一樣，雖然你覺得特別討厭，但你又避不開他，如果你具有不被壞上司踩倒的能力，相反的又具有踩倒對方的本事，對方一定會低頭認輸，並在你的面前服服帖帖。當然，在與壞上司打交道中，為了不給他有發揮壞的一面的機會，你的「壞」應該比他的「惡」更強才行。

在宗吾看來，不論你的上司是好還是壞，你都必須能夠超過他，取代他。就像孩子必須將父親所擁有的一切優點完全吸收，即使一滴都不放過的孩子，才能夠真正有能力向父母報恩。若只依靠父親，能力無法超越父親，這種孩子只是徒然增加父母更多的負擔。

古時候修煉武功的弟子，住在師父家裡，也要做與武功完全無關的清掃工作，再經過苦心慘澹的鍛鍊，拿起竹刀或木刀，接受師父嚴格的訓練，這樣才能慢慢地進步，學到種種武功。等功夫學成，師父會說：「我已經沒有什麼可以再教給你了，今後你到全國各地江湖上去歷練，與名人比試，多學習一些其他門派的上乘武功。」於是，弟子就出外旅行，此時的弟子，等於已經吃掉了師父，因為他已學會了師父所有的武功了。

宗吾認為，將上司所擁有的一切優點、特長，以及工作上的技能，完全接收過來，每天下功夫去研究，如此持續數年，上司就會覺得沒什麼可教你了，並委託你來接他的權杖。此刻，你才算是真正地吃掉了上司。但是值得強調的是，你心中要有超過他的打算，但是還沒超過他之前一定要善於偽裝。

【宗吾真言】　掘井之時，在沒有掘到水源之前，不管你挖得多深，終究也只能是一口廢井。與對手競爭的道理也同樣，不鬥則已，要鬥就鬥到底。

宗吾認為，當你將競爭對手打趴下，自已春風得意的時候，一定要防止對手東山再起，反咬一口。最好的辦法就是要心狠手辣，落井下石。比如，在空間上隔絕對手與上司之間的聯繫，使他們無法見面，使之根本沒有機會申辯。

漢元帝懦弱無能，寵信宦官石顯。朝中有個郎官，名京房，精通易學，擅長以自然災變附會人事興衰。鑑於石顯專權，吏治腐敗，京房制訂了一套考課吏法，以約束各級官吏。元帝對這套方法很欣賞，下令群臣與京房討論施行辦法。京房明白，不除掉石顯，腐敗的吏治不能改變。於是他藉一次元帝宴見的機會，向元帝一連提出七個問題，歷舉史實，提醒元帝認清石顯的面目，除掉身邊的奸賊。但事與願違，語重心長的勸諫並沒有使元帝醒悟，絲毫沒有動搖元帝對石顯的信任。

既然考核吏法不能普遍推行，元帝就令京房推薦熟知此法的弟子作試點。京房推薦了中郎任良、姚平兩人去任刺史，自己要求留在朝中坐鎮，代為奏事，以防石顯從中作梗。石顯早就把京房視為眼中釘，正尋找機會將他趕出朝廷。於是，趁機提出讓京房作郡守，以便推行考核吏法。元帝不知石顯用心，任京房為魏郡太守，在那裡試行考核吏法。郡守的官階雖然高於刺史，但沒有回朝奏事的權力，還要接受刺史監察。京房請魏郡太守不隸屬刺史監察之下和回京奏事的特權，元帝應允。京房還是不放心，在赴任途中三上密章，提醒元帝辨明忠奸，揭露石顯等人陰謀詭計，又一再請求回朝奏事的權力。元帝還是聽不進京房的苦心忠諫。一個多月後，石顯誣告京房與其岳父張博通謀，誹謗朝政，歸惡天子，並牽連諸侯王，京房無罪而被下獄處死。

宗吾認為，有些人是無法拉攏的，無論如何他們永遠是敵人，一定會伺機打擊報復你。給自己的敵人機會亮出手上的牌，是愚蠢的做法。因為你給他機會亮牌，等於你永遠不會處於安全的環境中，不知什麼時候會大難臨頭。因此，對對手的打擊一定不能中途罷手。

厚黑處世五十六　當斷則斷，免受其亂

■　兵法云：「三軍之害，猶豫為大。」俗話說：「機不可失，時不再來。」都是告訴我們行事絕不可拖泥帶水。

俗話說：「當斷不斷，反受其亂。」厚黑處世者，其行事作風不同於一般人。他們不僅心黑手辣，而且決斷迅速，行動速度驚人。或者說，就是由於他們心黑手辣，所以才行事乾脆俐落，不留後遺症。對於行事優柔寡斷者，只會坐失良機抱憾終生。

【宗吾真言】　任何競爭都是一種智慧的較量，需要策略，最終都會有一個高低勝負之分。在這個過程中有一個關鍵因素，就是「時機」。要想最終獲勝，就要求在客觀上存在有利的時機，而主觀上則要求我們抓住時機，當機立斷。

宗吾認為，對於旗鼓相當的對手，誰能抓住時機，先發制人，誰就可能是勝利者。唐太宗李世民就深知「先發制人」的重要性。在與太子、齊王爭奪繼承權的過程中，他首先假裝「不忍心兄弟殘殺」而放棄爭奪皇位，但是他雖然表面上無所作為，實際卻在暗中積蓄力量以奪皇位。當然這樣做另一方面是

為了行動的更加「秘密」性。反之，太子、齊王雖口口聲聲要「先發制人」，日日夜夜在不痛不癢地想謀害秦王李世民，然而行動遲緩，終為秦王所制！

唐高祖李淵的皇后生有四子。長子李建成，次子李世民，三子李元霸（早亡），四子李元吉。在這四個兒子中，長子李建成因居長被封為太子，為人也精明能幹，次子李世民被封為秦王，戰功最多也最有謀略，四子李元吉被封為齊王，也算勇武過人。

太子李建成常隨父親駐守長安，李建成在處理政務上已顯示出了才幹。李世民南征北戰，為爭得唐朝的天下，立下了赫赫的戰功，麾下雲集了一批文臣武將。由此，一場兄弟之間的爭位火拚就是勢不可免的了。

從當時表面的形勢看，太子李建成集團處於優勢地位，主要表現在三個方面：一、李建成是太子，是長子，名正而言順，繼承皇位是理所當然的事，社會輿論也多在他這一邊；二、李建成有李淵的支持，在權力和名義上有可靠的保障；三、李建成有文臣武將，有較秦王府強的私人武裝。李世民也有有利的條件，這就是李世民本人威望高，群眾基礎好，又有豐富戰鬥經驗，才略出眾，更主要的是他手下人既精明能幹又齊心合力，

兩兄弟勢成水火，李建成認為先下手為強，於是，他設計了數次害死李世民的陰謀，但都沒有成功。

種種跡象表明，兄弟火拚已迫在眉睫。於是，武德九年（西元六二六年）六月三日晚，李世民召集王府的人，召開緊急會議。在會議上，房玄齡先發言說：「太子和齊王已有兩次謀害秦王，秦王也差點被他們害死。目前，他們正在加緊策劃，準備再次加害大王。一旦事變，不僅大王性命危險，社稷也會

遭到災難。俗語說得好，『當斷不斷，自取其亂』，現在是箭在弦上，不得不發，在這生死存亡的關頭，大王應該以果斷的措施來消除禍亂。」

李世民說：「這樣勸我的人已經有很多了，但我總覺得過於殘酷，難道沒有其他的辦法嗎？」

尉遲恭對秦王說：「大王身邊的人愈來愈少，現在就剩我們幾個人了，太子還是不肯甘休，最近太子又在皇上面前耍陰謀，說我會打仗，要我率領精銳部隊跟他出征。如果我真的離開了大王，他就會馬上殺我的頭。先發制人，後發為人所制，請大王快下決心。」

正在這時，不早也不遲，衛士報告說東宮的官員王某求見。等秦王會見過王某，原來猶豫不決的心變得堅決了。他對大家說：「看來太子是決意要殺我了。剛才王某來報告，說太子已和齊王計議好，最近齊王要奉命出征，他們要藉替齊王餞行的機會在席間殺掉我。」

於是，這次會議，定下了發動「玄武門之變」的決心。就這樣，太子李建成和齊王李元吉的多次蓄謀化為泡影，在秦王李世民的有力一擊之下，身首異處，皇位也隨之灰飛煙滅了。

在宗吾看來，太子、齊王與秦王之間實力各有強弱，實際上誰先動手殺死對手，誰便是理所當然的是皇權執掌者。在這一點上，李世民與他的謀臣武士都十分清楚。就是太子、齊王也對此亦非常清楚，也想先發制人，爭取主動權。然而李世民的確比他們高明得多，只有他才真正地發揮出了「先發制人」之計的威力。

首先李世民把握了有利的時機，這裡所謂的有利時機是指輿論方面的時機。太子先設計殺秦王，手足相殘首先失去了人心。而秦王則以被害者的形象出現，再加上演技高明，自然博得眾人的同情與理解，得到了輿論的支持。其次是秦王善於找準機會，一旦動手，便經過精心策劃，置對手於死地，免留後患。做出這些事情來，恐怕沒有厚黑功力者難以成事。

【宗吾真言】 有的事情，可以一步一步地來，不可操之過急，以柔克剛，否則，欲速則不達。可是，有的事情，必須以硬對硬，一步到位。特別是對於一些機會難得的事情，過了這個村，就沒有這個店了。

宗吾認為，對於一些重大的事情，「開弓」就沒有「回頭箭」，必須乾淨徹底地把問題解決。

歷史上，武則天可以算是個強硬的女皇。她為了登上皇位，一直等待了三十多年。三十多年，對於任何一個人來說都是漫長的，更何況處於政治中心承受種種壓力的她，但是她還是熬了過來。同時她又是一個說一不二的人，在培植親信、排斥異己的過程中絕不手軟。在唐代皇帝中，她是誅殺大臣最多的一個，就連自己的親生兒女也敢殺敢罰，從不手軟；而對自己的宗戚親信，則往往給予提拔重用。

正是由於武則天的強硬和處理問題徹底，所以，李家宗戚顯得軟弱退讓，毫無反抗的勇氣和決心，結果屢屢成為刀下之鬼。武則天的兒子李顯、李旦，更是懦弱柔順，即使已登皇帝之位，也甘願讓出皇權由武則天執掌，也不敢出一聲為自己辯白。一批效忠於李唐的大臣們，其中雖也偶有幾個敢說敢為之人，然而在武則天的鐵腕和眾大臣的軟功夫之下，無不俯首。由此，武則天透過以硬制硬的手段，牢牢坐在龍椅之上，而且這一坐就是十五年，穩如泰山。

但是，與武則天這種強硬的對手對抗，那就更必須「用強以硬碰硬」，這樣才有取勝的可能，否則像李氏那樣，只能任人宰割。

武則天當權二十二年時（西元七〇五年），以宰相張柬之為首的強硬派，決定以強對強。

當時武則天生病甚重，張柬之以為時機已到。於是把同道桓彥範等都安插入御林軍中當將軍，直接控制保衛皇宮的禁軍。

諸事安排妥當，便率左右御林軍五百餘人，直入玄武門，並派人強行從東宮請來膽怯疑懼的太子李顯，一起斬關突入內殿。武則天寵男二張聽到消息後，慌忙從武則天房裡跑出來探聽情況，恰被張柬之碰上。張柬之毫不遲疑，即令就地處斬。然後直奔武則天的寢室長生殿。殿前侍衛環立拒進，張柬之鬚眉倒豎，大喝一聲「退下」，大踏步帶兵敲響了武則天臥室之門。

張柬之帶著太子擁兵趨至床前，道：「張易之、張昌宗謀反，臣等奉太子令，入誅二逆，恐致漏洩，故不敢與聞……」武則天仍以一貫的強硬態度，對太子怒目而吼：「汝敢為此嗎？但二子既誅，可速還東宮！」

張柬之等以硬對硬，大聲道：「太子不可再返東宮，以前天皇唐高宗以愛子託給陛下，現太子年齡已長，天意人心，久歸太子，臣等不忘太宗、天皇厚恩，故奉太子誅賊，願陛下即傳位太子，上順天心，下孚民望。」

武則天沒料到自己強硬，對手卻更加強硬，大有不成功便成仁之勢。就這樣，唐中宗李顯復位，真正掌握了國政。

在宗吾看來，顯然，對於像武則天這樣敢作敢為、言出不二的人，如採用軟弱退讓的手法，只能使她更加強硬，更加為所欲為。要打倒她這種人，那首先需要蓄勢，然後經過周密策劃用強硬的手段出擊，絕不手軟，從而一步到位，乾脆俐落，除惡務盡。

厚黑處世五十七　以黑制黑，以毒攻毒

■黑與毒，同根同源；不黑無以用毒，不毒無以顯黑。厚黑處世者，應以黑來發揮「毒」的致命威力。

以毒攻毒原指用毒藥來治療毒瘡。後被引申到謀略領域，表示用一種衝突來攻擊另一種事物的衝突，或用惡毒手段來對付另一種惡毒的手段。宗吾認為，這在厚黑處世中是常見的，也是非常有效的。因為，兩個奉行厚黑之道的對手競爭時，雙方都不是善男信女，只有你黑，我更黑；你毒，我更毒，才能擊敗對方。

【宗吾真言】　武則天藉酷吏之手，為她掃蕩了政敵，而今又藉用酷吏的頭，穩定了民心，清洗了自身。其以黑制黑、以毒攻毒的手段可謂到了爐火純青的境界了。

宗吾認為，聰明的處世者，一定善於從失敗中記取教訓。女皇武則天從徐敬業叛亂中記取了教訓。她為了使自己耳聰目明，及時掌握政敵的動向，掃蕩諸王勢力，鼓勵告密和任用酷吏。

武則天下令，無論什麼人，都可以到京城面見皇帝，告發機密，凡是告密之事，任何人不得盤查、

阻攔；外地來京告密者，官府供給駿馬，沿途享受五品官的待遇，到京後可住官家客館；告密屬實，破格提拔，授給官職，對捕風捉影無中生有者，亦不予追究。於是各地告密者蜂擁而至。武則天又從告密者中選拔一批新官，專門負責處理告密案件。這些人多出身無賴，狡詐殘忍，慣於陷害無辜，是一幫殺人不眨眼的劊子手。

武則天借助告密的方法，再利用酷吏掃蕩了李氏宗室的勢力。垂拱四年（西元六八八年），越王李貞、琅琊王李沖父子打起「匡復李唐王室」的旗號，自博州起兵討伐武則天，並聯絡諸王起兵相助。因諸王各懷鬼胎而沒有回應，結果李貞父子兵敗身死。武則天藉機派酷吏周興負責追查餘黨。周興羅織罪名，很快就把韓王李元嘉、魯王李靈夔、黃公譔、常樂長公主等拘捕至東都，逼令自盡。高宗之孫東莞公李融及霍王之子江都王李緒，被斬於市。霍王李元軌因有戰功而免死，囚入檻車，於流放途中死去。太宗第十子紀王李慎，也死在流放途中。永昌元年（西元六八九年），殺死蔣王李惲、道王李元慶、徐王李元禮、曹王李明。天授元年（西元六九〇年），酷吏周興密告澤王李上全、許王李素節謀反，致使二王及其親信全部被處死。同年又殺了豫王李查。接著又殺了南安王李穎等宗室子弟十二人，原太子李賢的兩個兒子也被打死。至此，唐宗室子弟幾乎被斬盡殺絕，還殺了李氏親戚、同黨數百家。道路已經掃平，武則天終於登上了皇帝的寶座，改國號為周，自立號為「聖神皇帝」。

在宗吾看來，武則天真正「以黑制黑，以毒攻毒」，還是體現在處置這些酷吏時。隨著告密和酷吏的橫行肆虐，造成了小人鑽營，世風敗壞，人心惶惶，冤獄遍地，怨聲載道。武則天意識到，這個權宜之計使命既已完成，該是收場的時候了。於是她示意下屬網織罪名給以前製造冤假錯案的酷吏，藉他們的腦袋來安定人心穩定政局。「請君入甕」這個成語便是這一時期有名典故。為了爭取民心，武則天還下了一道詔書，歷數酷吏的罪狀，將任用酷吏以來造成的災禍，統統歸於這些人身上。

【宗吾真言】 如果重罪輕判，人們會對法律置若罔聞，刑法就沒有存在的作用，最終為了防止禍亂四溢，就只有加大、加寬刑罰，刑罰的氾濫卻是因為重罪輕判的結果帶來的，這就是「以刑致刑」的道理。

韓非說：「行刑重其輕者，輕者不至，重者不來，此謂『以刑去刑』。罪重而刑輕，刑輕則事生，此謂『以刑致刑』。」輕罪重罰使人們不敢犯輕罪，自然更不敢犯重罪，沒有人敢於犯罪，重刑也就沒有存在的價值了。貪污腐敗是官僚政治的必然現象，但是作為統治者，要想鞏固自己的統治，就必須和貪污腐敗現象作抗爭，不除貪官，政權就不能穩固。在中國封建社會歷史上，在懲治貪官方面，明太祖朱元璋是一位十分突出的皇帝。

朱元璋有鑑唐、宋官僚黨爭之弊政，以極其殘酷的刑罰懲治奸黨。明律規定：若在朝官員，交結朋黨，紊亂朝政者，立斬，妻、子為奴，財產入官。同時還規定，為罪官巧言諫免者，斬；朝臣與宦官、近侍勾結交通者，斬；大臣專擅選用，壟斷晉選私自除授親戚官職者，斬；官吏上言奉承宰執者，斬。

朱元璋以酷刑懲治貪官污吏，前無古人。在明朝的「憲法」（大明律）中，對官吏貪贓受賄、額外多徵、冒支錢糧、監守自盜等，均以酷刑懲處，並不惜重新使用前朝已廢止的族誅、凌遲、挑筋等殘酷刑罰，更發明駭人聽聞的「剝皮實草」的嚴厲刑罰。

朱元璋規定，凡是犯贓滿六十兩的官吏，都要被捕至「皮場廟」剝皮。貪官污吏被剝皮後，皮革製成皮革袋，內充稻草，置於下任官吏「正大光明」後或官府公案旁，使後任官員「居職惴惴，唯恐不能奉法恤民。」

在明朝初期，此種酷法得到了嚴厲的執行。比如，鄭州知州康伯泰等十二人貪污救災錢糧，處死十一人；進士秦升等二百四十一人視察災情受賄，被殺十四人；戶部侍郎郭桓貪污鉅額糧食案，株連廣泛，被殺被懲辦的達數十萬人，天下吏治為之一清。

宗吾認為，「治亂世以重典」絕對是真理。後來明世宗的時候，有一個八十多歲的和尚，參與過編修《永樂典曲》。這位和尚感慨地說：「洪武時，秀才做官，吃了多少辛苦，受了多少驚駭，費了多少心力，辦成了多少事。結果小有過錯，輕的充軍，重的殺頭。如今倒好，秀才做官，盡情受用，皇恩是寬大的，可是又能做出多少成績來？」從這個和尚的感嘆裡，能夠看出朱元璋懲治貪吏效果還是非常明顯的。

厚黑處世五十八 黑風暗吹，黑之有道

■與厚黑之人相處，除了看雙方誰比對方更厚更黑之外，關鍵還要看雙方誰的厚黑手段運用得更隱蔽。

在宗吾看來，人與人之間的相處，自然免不了明爭暗鬥，然而最後獲勝的總是那些身懷厚黑絕技的高明之士。觀其所採取的招數，無非是巧用心計，聲東擊西，即假裝瞄準一個目標，煞有介事地佯攻一番，其實心底裡卻在看準對方不留心的靶子，然後伺機施以致命打擊。有時似乎不經意間流露出自己的心思，實際上這是在騙取他人的注意和信賴，目的在於適當時機來臨時，突然一反常態、出奇制勝。

【宗吾真言】當你在與同樣精通厚黑之道的人相處時，他們常常會放過你的第一意圖，而想法引出你的第二乃至第三意圖。此時，你不妨假裝看不出對方的招數，甚至以吐露某些真言來引對方上鉤。

宗吾認為，厚黑處世者，可以將推心置腹的坦誠態度用至極端，但骨子裡藏著的卻一定是奇黑無比的「黑心」，一旦有機會，絕對要毫不猶豫地背後下暗手。比如，一個很要好的同事，與你爭奪同一個職

位時，面對二選一的局面，你怎麼辦？或者一個同事各方面能力比你強得多，幾乎成了你仕途發展的攔路石，鬥又鬥不過，你又該怎麼辦？你唯一正確有效的選擇就是：明的不行來暗的，正的不行來邪的。絕對要狠下心來透過暗吹陰風，把對方搞垮，以為你的仕途發展掃清障礙。

例如，秦朝的沙丘政變後，趙高的陰謀一步一步地實現，剩下的最後一個，也是最大的障礙，就是沙丘政變的同謀者李斯。

李斯一直是趙高的一塊心病，因為他知道趙高的一切陰謀，而且他本來就是反對政變的。李斯是一個很有政治經驗、位居丞相之人，隨時都有可能除掉趙高。所以，必須先發制人，置李斯於死地。於是，趙高想出了暗吹陰風、借刀殺人的陰謀詭計。

一天，趙高詭詐地對李斯說：「關東群盜蜂起，但皇上根本不把這事放在心上，反而急於徵調役夫修築阿房宮，採辦聚斂那些狗呀馬呀之類無用的東西。我想勸諫他，可是人微言輕，恐怕發揮不了什麼作用。這些其實是您當丞相分內的事，您為什麼不去勸諫一下呢？」李斯不知是計，非常贊同趙高的意見，說：「本來我早就想進諫。可是現在皇上不上朝，居於深宮之中，很難找到進言的機會。」趙高見李斯上了圈套，就說：「如果您真想進諫的話，我給您留意著，等皇上一有空閒，我就來通知您。」

趙高在秦二世擁姬挽妾、燕樂正濃時派人通知李斯去奏事了，一連幾次都是這樣，惹得秦二世大怒，說：「我平常有很多空閒的日子，丞相卻不來奏事，偏偏當我玩得高興的時候，丞相就來奏事，莫非丞相以為我年輕好欺吧！」趙高趁機進讒言說：「丞相參與了沙丘之謀，現在陛下已做了皇帝，李斯的地位並沒有提高，他的意思是想裂土封王啊！另外，還有一件事，今天陛下不問，我一直沒敢說：丞相的長子李由為三川郡守，造反的陳勝、吳廣等都是丞相鄰縣的人，這正是楚地強盜橫行的緣由。陳勝的軍隊經過三川時，李由不肯出擊。我聽說他們之間還有文書往來，因為現在沒有拿到實證，所以一直沒敢奏聞。況且丞相在外邊的權力，比陛下還要大啊！」秦二世於是就派人去調查李由通賊之事。

李斯得知此事，這才如夢初醒，知道上了趙高的當，但為時已晚。不久，李斯便被定成死罪。秦二世二年（西元前二〇八年）七月，處決李斯，腰斬於咸陽，夷滅三族。臨刑前，李斯悽楚地對他的二兒子說：「我們再也不能牽著黃狗出上蔡東門去追逐狡兔了！」父子兩人抱頭痛哭。

宗吾認為，厚黑大師李斯死在了同為厚黑高手的趙高手上，原因就是李斯之「黑」是明的，趙高之「黑」卻是暗的，「明黑」是鬥不過「暗黑」的。

【宗吾真言】 在厚黑處世中，施行「凶」術，一定要防止對方用同樣的招數，最好的辦法是用比對方更高明的厚黑手段靜觀默察後加以阻截，審慎伏擊。

在宗吾看來，漢朝的袁盎與晁錯皆為厚黑之士，他們在相互爭鬥時，互相用「黑」，不死不休，這就是以厚黑之術競爭的一個特點。

晁錯為人峭直刻深，袁盎則為人比較圓滑含蓄。在漢文帝時，晁錯上書凡三十篇，涉及內外重大事務，文帝知其才能，不斷為其升遷，從太子舍人、太子門大夫到太常博士、太子家令，升到中大夫，雖尚不是什麼顯官，但已頗招人眼紅。袁盎雖沒有晁錯那樣的文筆，但身為侍從，向文帝進言的機會很多，常使文帝悅服，官運也很亨通，在文帝之時已官至吳國相。

景帝即位，晁錯先是升為中大夫，轉內史，很快又遷為御史大夫而身居副丞相之職。景帝的即位，對袁盎來說，卻並不是什麼好事，因為他身為吳國相，人在外地，難以進言，且景帝在為太子時，因與吳國太子下棋發生爭執，「引博局提吳太子，殺之。」與吳國結成深怨。袁盎出於避禍的心理，及時告歸。

晁錯曾與袁盎結怨，現大權在手，自然要想辦法置之於死地。他派遣官吏調查得知，袁盎曾私自接受吳王劉濞的錢財，並向景帝報告，景帝下詔免除了袁盎的官職，將其貶為庶人。袁盎因此對晁錯懷恨在心。

晁錯和景帝平時就有削藩的想法，一次抓住楚王劉戊過錯予以「削藩」。楚王被削之後，晁錯便搜羅趙王過失，把趙國的常山郡也給削了去，然後又查出膠西王劉卬私自賣官鬻爵，也削去了六縣。晁錯看到諸王沒有什麼抵制性，覺得削藩可行，就建議漢景帝向硬骨頭吳王劉濞下手。

吳王劉濞聽說楚、趙、膠西王均被削奪封地，恐怕自己也要遭到同樣的下場，便聯絡膠西王劉卬、楚王劉戊、趙王劉遂及膠東、淄州、濟南六國一起造反。

吳、楚等諸侯王發動叛亂，由於袁盎曾是吳王的相國，晁錯便趁機想置袁盎於死地。可是正當他猶豫不決時，有人把這件事告訴了袁盎。

然而，吳、楚七國起兵不久，吳王劉濞發現公開反叛竟不得人心，就提出了一個具有欺騙煽動性的口號，叫做「誅晁錯，清君側」。把攻擊的矛頭直接指向了堅決主張「削藩」的晁錯。

於是袁盎透過竇嬰向景帝說：「袁盎有平亂之策。」景帝立即召見了他。袁盎對景帝說：「陛下知道七國叛亂打出的是什麼旗號嗎？是『誅晁錯，清君側』。七國書信往來，無非說高帝子弟，裂土而王，互為依輔，沒有想到出了個晁錯，離間骨肉，挑撥是非。他們聯兵西來，無非是為了誅除奸臣，復得封土。陛下如能誅殺晁錯，赦免七國，賜還故土，他們必定罷兵而去，是與不是，全憑陛下一人做主。」

景帝畢竟年輕識淺，不能明辨是非。聽了袁盎這番話，馬上對袁盎說：「如果可以罷兵，我哪裡還在乎一個人？」

就這樣，晁錯腰斬於東市。然後，景帝又命人宣告晁錯的罪狀，把他的母親妻子和兒女等一概拿到長安。除晁錯之父已於半月前服毒而死外，餘者全部處斬。

宗吾認為，袁盎在晁錯的逼迫下，抓住機會，採取比晁錯更黑的招數，暗中下手，向景帝暗吹黑風，巧藉景帝這把刀，除掉了自己的大仇家晁錯，實在是手腕高超。

厚黑處世五十九　當眾擁抱，背後下絆

■政治人物有一手絕活，厚黑處世者不可不學，就是明明是非常憎恨的政敵，見了面仍然要寒暄擁抱。

宗吾認為，厚黑處世者，一定要當眾擁抱敵人，這樣才能佔據主動地位，「制人而不受制於人」。因為你公開作秀，不只迷惑了對方，使對方搞不清你對他的態度，也迷惑了第三者，搞不清楚你和對方到底是敵是友，甚至都有誤認你們已「化敵為友」的可能。而且，一定要在公開場合唱假戲，而且觀眾愈多愈好。如果私下「擁抱」，那不是雙方言歸於好，就是你向對方投降。「當眾」擁抱，表面上不把對方當「敵人」，但私底下怎麼想，是不是背後下絆子、捅刀子，誰又知道呢？

【宗吾真言】處世中當眾擁抱這種手段，可以使對方失去再對你攻擊的立場，若他不理你的擁抱而依舊攻擊你，那麼他必招致他人的譴責。運用這個厚黑處世之技巧，一定要善於抓住對方的心理弱點。

宗吾認為，每個人都有弱點，為了便於利用對手的弱點，你不妨設法使他的弱點擴大。比如說，對

手驕傲自大，你就多吹捧；對方疑心重，你就多擺迷魂陣。三國時呂蒙、陸遜對關羽，諸葛亮對司馬懿，莫不是如此。而其中，要數呂蒙、陸遜利用關羽的弱點最為精采。

關羽水淹七軍，降于禁，斬龐德，進圍樊城，大獲全勝後，被一時的勝利沖昏了頭腦，他一心只作著「取了樊城，即當長驅大進，徑到許都，剿滅操賊」的美夢，早把東吳的威脅拋到了腦後。而呂蒙和陸遜則利用關羽這種驕橫的弱點，一個託病辭職，另一個裝得極其謙卑，從而使關羽真以為東吳被自己給「震」住了，根本沒想到東吳敢在自己的背後下毒手。在兩面作戰的大形勢下，竟然採取了錯誤的「顧頭露尾」策略，毫無顧忌地「撤荊州大半兵赴樊城聽調」，從而造成「後院」空虛，荊州失防。這對東吳來說，出現了一個難得的可趁之機。

正在建業假裝養病的呂蒙看到條件成熟，便親自率領三萬精兵，選會水者扮商人，皆穿白衣，在船上搖櫓，卻將精兵伏於船艙之內，開始了奪取荊州的作戰行動。船隊晝夜兼行，溯江而上，徐徐靠近北岸。當江邊烽火台上守衛的軍士盤問時，東吳的軍士回答：「我等皆是客商，因江中遇到大風，到此躲避。」並將財物送給守衛的軍士，取得了他們的信任，從而得以將船隻停泊在江邊。到了晚上二更時分，倉內埋伏的三萬精兵一齊殺出，將烽火台上的守軍捆綁起來，然後長驅直入，向荊州攻來。快到荊州時，呂蒙讓被抓獲的官兵騙開城門，順利奪取了荊州。

宗吾認為，呂蒙成功的關鍵就在於，針對關羽的性格特點，大行「當眾擁抱，背後下絆」的厚黑之道，在對手毫無防備的情況下，一舉將對手打趴下！這足以證明，即使有像關羽這樣「萬人能敵」的通天本領，在厚黑大師面前，也是不堪一擊的。

【宗吾真言】 在厚黑處世中，當你面對的競爭對手本身就是一個精通厚黑之士時，就需要費一番腦筋了。「狹路相逢勇者勝，以厚對厚智者勝」！不妨以其人之道，還治其人之身。

宗吾認為，對付厚黑之人，就要用比他更厚黑的招數讓他吃不完兜著走。

例如，丁謂是北宋真宗時一個有名的奸相，真宗時官升三司使，加樞密直學士，他多才多藝，通曉詩、畫、博弈和音律。正因為有才，而被重才的宰相寇準推薦為參知政事，做了自己的副手。

真宗初年，權臣王欽若得勢時，丁謂專投王欽若所好。王欽若失勢被罷免宰相職後，他採取欺騙手段，騙取了寇準的信任。真宗大中祥符年間，他勸誘君臣封禪祀神，從事虛誕邪僻之行。丁謂迎合君意，對當時朝臣皆不多言的修建宮殿之事，極力慫恿。他對真宗說：「陛下富有天下，建一宮崇奉上帝，有何不可？」宋真宗隨即命他總管建宮之事，結果丁謂大肆鋪張，不惜擾民害命。儘管當時的朝臣紛紛上疏朝廷，要求殺丁謂以謝天下，但由於真宗的一意保護，丁謂都安然無恙。

當寇準任宰相的時候，丁謂為得到寇準的推薦和提攜，他對寇準顯得十分恭順。但有一次曾當眾給寇準擦拭鬍鬚，而遭到寇準的奚落，便懷恨在心。天禧四年（西元一〇二一年）宋真宗患病不能理政，皇后劉氏開始干預朝政。因寇準過去曾鐵面無私懲治了劉皇后的不法親戚，劉皇后現在執掌權柄，自然要趁機報復。丁謂見有機可趁，便串通劉皇后到真宗跟前誣告，說寇準想挾太子奪權，欲架空皇上。真宗即把寇準免職，並把丁謂升為宰相。

丁謂大權在握以後，便找個小事將寇準貶了官，發落到外地任職，而且要他遠離京師，永無還朝的希望。其實，當時宋真宗對寇準還是很器重的，想有朝一日再起用寇準，便讓丁謂把寇準安排到一個小的州去當知州，可是丁謂卻擅將聖旨改成「奉聖旨任寇準為遠小處知州」。致使寇準「月內三黜」，直至被遠貶為道州司馬。

此後，丁謂成了北宋朝廷隻手遮天的人物，他恃勢恣橫，為所欲為，一時朝臣為之側目。乾興元年（西元一〇二二年）二月，真宗病逝，仁宗趙禎即位。丁謂繼續把持朝政，上欺仁宗，下壓群臣，一手遮天，威勢赫赫，誰也不敢惹他。

丁謂本身就是一個厚黑之士，他的兩大絕招可謂將厚黑術發揮到了極致。一個絕招是把仁宗孤立起來。第二個絕招是排除異己。然而，就是這樣一個厚黑之士最終遭到了另一個道行更深的人的暗算。

參知政事王曾雖身居副宰相之位，卻整天裝作迷迷糊糊的憨厚樣子。在宰相丁謂面前總是唯唯諾諾，從不發表與丁謂不同的意見，凡朝中政事，只要丁謂所說，一切順從。日子久了，丁謂對他愈來愈放心，以致毫無戒備。

一天，王曾哭哭啼啼地向丁謂說：「我有一件家事不好辦，很傷心。」

丁謂關心地問他何事為難。他撒謊說：「我從小失去父母，全靠姐姐撫養，得以長大成人，恩情有如父母。老姐姐年已八十，只有一個獨生子，在軍隊裡當兵。身體弱，受不了當兵的苦，被軍校打過好幾次屁股。姐姐多次向我哭泣，求我設法免除外甥的兵役。」

丁謂說：「這事很容易辦吧！你朝會後單獨向皇上奏明，只要皇上一點頭，不就成了。」

王曾說：「我身居執政大臣之位，怎敢為私事去麻煩皇上呢？」

丁謂笑著說：「你別猶豫了，這有什麼不可以的。」

王曾裝作猶豫不決的樣子走了。過了幾天，丁謂見到王曾，問他為什麼不向皇上求情。王曾囁嚅地說：「我不便為外甥的小事而擅自留身……」丁謂這時不知是真起了同情心，還是想藉此施恩，竟一再勸說王曾明天朝會後單獨留下來。王曾遲疑了一陣，總算打起精神，答應明天面聖。

第二天大清早，散朝後，副宰相王曾請求留身，單獨向皇上奏事。宰相丁謂當即批准他的請求，把他帶到太后和仁宗面前，自己退了下去。不過，丁謂心裡還是有點不太放心，便守在閣門外不走，想打聽王曾究竟向皇上講了一些什麼話。

王曾一見太后和仁宗，便充分揭發丁謂的種種罪惡，力言丁謂為人「陰謀詭詐，多智數，變亂在頃刻。太后，陛下若不亟行，不唯臣身粉，恐社稷危矣」。一邊說，一邊從衣袖裡拿出一大疊書面資料，都是丁謂的罪證，王曾早就準備好了的，今天一件件當面呈給劉太后和宋仁宗。

太后和仁宗聽了王曾的揭發，大吃一驚。劉太后心想：「我對丁謂這麼好，丁謂反要算計我，真是忘恩負義的賊子，太可恨了！」她氣得三焦冒火，五臟生煙，下決心要除掉丁謂。至於仁宗，他早就記恨丁謂專權跋扈。只是丁謂深得太后的寵信，使他投鼠忌器，不敢出手。

於是，丁謂已根本沒有向皇上和太后辯解的機會，被仁宗一道旨意流放到了偏僻荒涼的崖州。

在宗吾看來，絕大部分人看到「敵人」都會有滅之而後快的衝動，若環境不允許或沒有能力消滅對方，至少也會保持一種冷淡的態度，這就使得「當眾擁抱」很容易迷惑住大多數人，從而極大地增加了「背後下絆」的威力了。

第八篇　好處該爭別客氣

◆千里來龍，此處結穴，厚黑處世，都是為一個「弄」字而設的。正所謂「天下熙熙皆為利來，天下攘攘皆為利往」。

此處「弄」即設法得到利之意。

但如何弄就要注意了，看公事上是否通得過。只有通得過才能成功。如果通不過，自己先墊點腰包也無妨；如果通得過，任他十萬八萬，也就不用客氣了。

在競爭激烈的社會裡，人人想爭利，慢一步就沒有機會了，因此面臨生存競爭，你應該放棄不好意思的想法，大膽地去爭取自己的利益。

厚黑處世六十　臉皮太薄，難以盡意

■為人處世，「不好意思」會讓人失去很多該有的權益及機會。因此，為了爭得屬於你的那份利益，千萬別不好意思。

宗吾看來，事實上，不好意思，都是自己想的。也就是說，這是一種個人的反應，其實有些事根本與道德、羞恥無關，別人也不認為你做了這事有什麼不妥，但有些人就是不敢做。關於自身權益的事，你千萬不可不好意思，應該大大方方地爭取，你如果因為不好意思而喪失權益，是不會得到別人的感激的。對於需要拒絕的事，也千萬不可不好意思，打腫臉充胖子，只會害了自己，想想多不划算。如果你能厚下臉皮，做到不會不好意思，不但會財源滾滾，還會為你的生活除去一些不必要的麻煩事。

【宗吾真言】俗話說：「臉皮厚，吃個夠；臉皮薄，吃不著。」臉皮厚不僅是一個人厚黑處世獲取成功的不傳之秘，對於一個人事業的成功更是管用。

宗吾認為，許多事難辦。難在哪裡？就是張不開嘴。所以辦來辦去，老是卡在那兒。深入分析來看，根子還是在臉皮薄，怕丟面子。所以，一定要敢於表現，並且在眾目睽睽之下，不怕出醜。

每個人都有要臉皮觀念，這關係到自己的尊嚴和地位。不過，每一個人在待人處世中，又都需要臉皮厚才能建立良好的人際關係，為自己的成功創造和諧的氛圍。

古往今來，有許多利用厚臉皮獲得成功的事例。他們之所以能夠成功，就是因為他們練就了刺不進穿不透的厚臉皮，保護著他們在與人打交道的過程中免遭旁人有可能的非難和自己良心的譴責。

從歷史上看，臉皮薄而成功者極其罕見，大凡那些獲得過人成功者，皆為厚臉皮者。最有名的莫過於越王勾踐，為了復仇竟然在眾目睽睽之下替夫差親口嘗大便的味道。然而，他最終以自己的厚臉皮換來了「三千越甲可吞吳」的輝煌。劉備出道以來整天惶惶不可終日，見人先哭後說話，依靠自己的厚臉皮忍辱負重才終於有了三分天下而有其一。韓信更不用說，乞食於漂母，受辱於胯下，鑄就了自己金戈鐵馬赫赫戰功的將軍生涯。

唐代王播無依無靠，寄居寺廟靠和尚施捨度日，和尚為了趕走他，有次故意在吃飯時不敲鐘，等到吃完飯才敲響開飯的鐘聲。這個讀書人跑去一看什麼都沒了。這個人可真算是厚臉皮了，在這樣的情況下他也沒有負氣出走，而是繼續死皮賴臉地「蹭飯」苦讀，終於換來金榜題名的一天。

在宗吾看來，厚臉皮其實是一種在待人處世中「勝固欣然敗亦喜」的平常心。愈挫愈奮、百折不撓的堅忍，抱負遠大、志在高遠的胸襟，還有志在必得的自信，這歸根結底就是心理素質好。「臉皮厚」，實乃處世中利用對方同情心或者是對方的道德觀念來獲得幫助，而不把自己的道德觀念置於與對方的同一水平線。每個人表現出來的道德高度，都是根據其自身的實力而定的，有實力的自然有能力將自己的道德表現得高尚一點，揮灑自如一點，但是對於沒有實力的人，要他表現得多高尚多灑脫那是不可能的。當你在落魄時或者需要幫助之日，也就是你實力不足之時，那麼此時能保存下去得到壯大就是你最大的目的。為了實現這個目的，得到別人的幫助，臉皮厚點也是明智之舉了。當然，這裡所說的實力只是相對而言，是相對於為達到目標要付出的行動而言。

【宗吾真言】 在厚黑處世中任何人都隨時有被對方出賣的可能，甚至這個對方也可能是你最好的朋友。最佳的應對辦法就是一方面黑到底，防範被人出賣，萬一被人出賣了也不必心灰意冷，抓住機會再把對方賣了。

宗吾認為，如果你整天以君子之心對小人之黑，早晚有一天被人賣了還津津樂道地替人數鈔票。最佳的方法是，在防範被人出賣的同時，為了自己的利益，也不妨徹底地「黑」一把，將對方給賣了。

李輔國自幼進宮當太監，起初做些最低賤的雜活。他極有心計，還粗通文墨，只是一直沒找到出頭的機會。後來巴結上了高力士，給他當了一陣子奴僕，到四十歲才撈了個馬廄管帳目的小官。李輔國極有耐心，他認真管理，不許養馬的太監報假帳，把馬養得很肥壯。因此被推薦給太子李亨。

在逃避「安史之亂」時，楊貴妃和楊國忠在馬嵬坡被殺，宦官李輔國看準時機，向太子李亨獻計，認為趁此時機可以要求唐玄宗分給他一部分兵馬，以反擊叛軍、收復兩京為名，另選落腳地。李輔國又勸說李亨即位，說是玄宗離逃，遠在四川，不足以聚攏人心平定叛亂。於是，李亨就在靈武即位，是為唐肅宗。唐肅宗自任天下兵馬大元帥，極其寵信李輔國，把他封為太子家令，判元帥府行軍司馬事，賜名護國。從此，李輔國發跡。

平定安史之亂後，唐玄宗當上太上皇，與唐肅宗之間不斷發生權力鬥爭。

有一次，唐玄宗在宮中巡視，剛到睿武門，李輔國事先部署好的五百名士兵拿著刀槍衝了出來。唐玄宗大驚失色，高力士卻挺身而出，厲聲喊道：「這裡是五十年的太平天子，李輔國你想如何？」他這一喊還真有威懾力，許多士兵不敢妄動。高力士一看情況穩住了，就又厲聲疾喝，命令李輔國離隊出列。李輔國沒想到會節外生枝，便見風轉舵。李輔國下馬離隊，來到唐玄宗面前。這時，高力士不失時機地大聲高喊，「太上皇向諸位士兵問好！」士兵們一聽，立刻放下心來，知道皇上不會問罪了，就都跪倒在路邊，大喊高呼：「太上皇萬歲，萬萬歲！」李輔國一看，自己若不見機行事，馬上就有被當作亂臣誅殺的可能，於是，棄車保帥，立即刺死身旁的小頭目，割下他的頭顱向唐玄宗請罪。

在宗吾看來，在性命攸關的時刻，李輔國正是以「棄車保帥」的厚黑方法，用小頭目的命，換來了自身的安全。這也是面厚心黑的好處之一吧！

【宗吾真言】　行厚黑不必拘小節，不必計較手段，不要為「面子」而束縛自己的手腳。「吹牛」通常是一個貶義詞。可是，愛「吹牛」者的臉皮就比一般人的厚，他們也不在乎別人怎麼看，他們要的就是一種神氣。

宗吾認為，中國歷史上最著名的「吹牛」者是「智聖東方朔」。他正是借用「吹牛」的手段，來使漢武帝劉徹發現並重用。

武帝劉徹即位之初，下詔徵求人才，準備破格錄用，東方朔藉此上書劉徹。東方朔吹噓說：

「我今年二十二歲，身長九尺，目若懸珠，齒若編貝……我從十歲開始讀書，只用了三個冬天，十六歲學會了《詩》、《書》，讀了二十二萬字的書……我勇若孟賁，能生擒活虎，生拔牛角；捷若慶忌，筋骨果勁，萬人莫敵，而身手矯捷如雷霆……我品德高尚，廉若鮑叔，寧樵拾橡維生而不貪非分之金銀；信若尾生，踐約守候友人不棄而寧願自死……以我的這一切，自可當得皇上的大臣了。」

漢武帝劉徹剛好是一個喜好「牛」者，而討厭「蔫」者的君王，他不但沒有責怪東方朔的「吹牛」，反而讚賞他有如此的勇氣，於是給他授了一個薪俸低廉的小官，讓他等待下一步的詔令。可是過了許久以後，再無下文，東方朔便想主意要見皇帝本人。剛好他看見一些在宮廷裡專事服侍的身材矮小的侏儒們，便嚇唬他們說：

「皇帝說你們這些侏儒，耕不得田，做不得官，打不得仗，一點用處都沒有，徒然耗費糧食，已決定把你們全部處死，你們還不去求皇帝饒命啊？」

侏儒們嚇得哭哭啼啼，紛紛跪在皇帝面前請求饒命。武帝劉徹問清了情由，便把東方朔叫去問道：

「你為何要嚇唬侏儒們？」

東方朔說：「皇上呀，你叫我活我要說，你叫我死我也要說，侏儒們只有三尺高，俸祿是一布袋穀子，兩百四十錢，我東方朔身有九尺高，也是俸祿一布袋穀子，兩百四十錢。侏儒們吃飽了撐得要死，我卻不夠吃餓得要死，這太不公平。我如果有用，皇上留下我，給我個大官；我如果沒用，皇上讓我走，免得在這裡浪費了長安的糧食。」

武帝劉徹一聽大笑說：「哈哈，你有真本事，是錐子終能脫穎而出，朕授你為常侍郎，薪六百石。」

在宗吾看來，東方朔的「吹牛」，說到底是一種厚黑自薦術。也就是透過「吹牛」引起上司的注意，從而得到重用。東方朔的表現正是「臉皮太薄，別想吃著」這一厚黑處世技巧的最佳註解。

厚黑處世六十一　見草便吃，方成肥馬

■ 李宗吾認為面子是無用的害人之物，因為為了面子餓死的「好馬」，就變成一錢不值的「死馬」，而不是一匹「肥壯之馬」了。

宗吾認為，如果真的有「志氣」，寧可當「死馬」也不當「活馬」，那麼該立碑紀念；但「志氣」和「意氣」你能分得清楚嗎？絕大多數人在面臨該不該回頭時，都把「意氣」當成「志氣」，或用「志氣」來包裝「意氣」，明知「回頭草」又鮮又嫩，卻怎麼也不肯回頭去吃！當然，人生有很多種可能，並不是不吃回頭草就必「餓死」。回不回頭是一種選擇，只是說沒有更好的選擇的時候，何妨在選擇時多一些彈性。而實際上，在有利可圖時，聰明的人應該思考的是我現在有沒有「草」可以吃？這「回頭草」值不值得去吃？

【宗吾真言】要想實現目標，必須能夠借助別人的力量，並且在借助別人力量的時候，最好「見草就吃」，腳踩兩隻船，不明顯依靠任何一方，以免在對方倒楣的時候跟著下火海。

宗吾認為，厚黑處世者要想獲得最大的利益，下策是誰也不靠，沒有靠山；中策是一心投靠某一方

做靠山，並與之同甘共苦；上策是腳踩兩隻船，讓兩方都將你視為心腹，吃了上家吃下家，從而保障自己獲得最大的利益。這種腳踩兩隻船的方法，就是厚黑處世「見草就吃」的典型運用。

正德元年（西元一五五年）四月，焦芳以阿諛投好、毀人譽己的厚黑招法，從皇帝那兒把吏部尚書撈到了自己的手裡。

武宗即位時，年齡僅有十五歲，對政事沒什麼興趣，只是喜歡騎射遊獵，又十分寵愛他在當太子時陪他玩樂的太監劉瑾。劉瑾等八宦官由此得寵，橫行自恣，人稱「八虎」或「八黨」。一向藉權勢為靠山的焦芳，早就準備「深結閹宦以自固」。這時眼見劉瑾日得恩寵，便「欲與瑾為好，中外附和，凡瑾所言，與芳同出一口，其所中傷，無不立應」。

當時，朝廷內外對於劉瑾等「置造巧偽，淫蕩上心」，致使朝政荒廢，早已議論紛紛，譴責「八虎」逆行。先是「託孤」重臣、內閣大學士劉健、謝遷、李東陽等人見武宗無心理政，整天和那幫太監嬉遊無度，就與司禮太監王岳、范亨和徐智等人聯合上疏規諫，接著戶部尚書韓文等各部大臣也聯合言官，上奏彈劾「八虎」，要求「縛送法司，以消禍萌」。

朱厚照見到奏章後，「驚泣不食」，便在正德元年十月派王岳、范亨、徐智等司禮監太監，一日三次「齊詣閣議」。朱厚照原想把劉瑾等遷居南京了事，但劉健等人則執意要殺掉劉瑾等人。閣議中，劉健推案痛哭，聲淚俱下，使性情剛直的王岳也受到感動，回奏說：「閣議此事！」朱厚照在群臣的壓力下，也「不得已而允之，待明日發旨，捕瑾等下獄」。

但是就在當天晚上，提前得到消息的焦芳便把此事偷偷告訴了劉瑾。結果，劉瑾等搶先一步，連夜趕到武宗面前，「環跪哭，以頭搶地。」劉瑾對武宗說：「陷害奴才的是王岳。皇帝外出，玩玩鷹犬，何損於國事呢？朝臣所以敢於反對，是因為司禮監不得人；若司禮監得人，任憑陛下做什麼，誰還敢有異議！」武宗一聽，怒火頓起，立即下令讓劉瑾接掌司禮監，兼提督京營，並責令馬永成掌東廠，谷大用掌西廠，讓「八虎」分居要職；還下令將王岳等三人貶逐南京，逼劉健、謝遷辭職，韓文也被革職。

在宗吾看來，焦芳在關鍵時刻向劉瑾通風報信，立了「大功」，自然得到了劉瑾等宦官的賞識，「遂引芳入閣，表裡為奸」。按明朝規制，吏部尚書是不得兼閣務的，這是朱元璋定下的祖宗成法之一。但是「自正德年間焦泌陽始」被破壞了。當然，不是劉瑾任用，焦芳自身是沒有這個能力的。這足見劉瑾一夥當時的威勢，同時也說明了焦芳受寵的程度。可見，焦芳的高官厚祿，正是他「有草就吃」、腳踩兩隻船，不擇手段一味向上爬的結果。

【宗吾真言】 爬升的階梯，往往超乎想像的狹窄，容不下兩人一同並進。可是，所有的人都一心想擠上這個階梯。在往上攀爬的過程中，有時會被別人扯住後腿，因為只有將別人擠下去，自己才有梯可攀。

宗吾看來，在殘酷的現實中，競爭對手之間因為有直接的利害衝突，往往相互之間都藏著一個心眼。諸如虛情假意，說話留半句，當面說好話，背後捅刀子，踩著對方往上爬，等等，大都發生在競爭對手之間。最佳的方法，就是運用厚黑術於無形，不動聲色地讓自己的上司替自己除掉競爭對手。

要在處世中，剷除異己，笨者行事，直截了當地白刀子進去，紅刀子出來；聰明者整人不需要自己動手，而是公開利用法律或假手他人去執行自己殺人的意圖。這樣，目的達到了，在仁義道德的面具上還可以多塗一層油彩。

戰國時，楚昭王即位，以囊瓦為相國，由伯圭宛、鄢將師、費無忌三人共同輔佐相國執掌國政。有一年，圭宛出征吳國，大獲全勝，繳獲大量戰利品。昭王大喜，將所獲戰利品的一半賜給他。囊瓦也慢慢地開始寵信圭宛。

費無忌心生妒忌，便對囊瓦說：「圭宛有意請客，託我來轉報。」

費無忌又去對圭宛說：「相國早有意在貴府飲杯酒，大家快樂一下，不知你是否願意做這個東道主？現託我來問一問。」

圭宛不知是計，答應說：「我是他的下屬，難得相國看得起我，真是榮幸之至！明天好了，我當設宴恭候，請你先去告知！」

費無忌又問：「既然相國前來，你準備送他什麼禮物呢？」

「這倒提醒我了，」圭宛說：「不知相國喜歡什麼？」

費無忌說，「據我所知，身為相國，女子財帛自是不稀罕了。唯有堅甲利兵，他最感興趣，平日也曾對我暗示過，他很羨慕你分得的一半吳國兵甲，要來你家赴宴，無非是想參觀一下你的戰利品罷了！」

圭宛隨即叫人拿出戰利品來，費無忌又幫忙挑選出一百件最堅固的兵器並告訴圭宛說：「這些夠了，到時，你把這些放在門邊，相國來的時候，必問及此事，一問，你就拿給他看，趁機獻給他，如果是別的東西，恐怕他是不會接受的。」

第二天，囊瓦正準備啟程赴宴，費無忌對他說：「圭宛近來的態度十分傲慢，此次設宴又不知其中緣故。人心不可測，待我先去探聽一下。」

費無忌出去在街上胡亂轉了個圈，回來氣急敗壞地說：「幾乎誤了大事！我已探聽明白了，圭宛這次請客，是不懷好意的，打算置相國於死地。我見他門內暗藏甲兵，殺氣騰騰的，相國若前去，一定中他的計。」

囊瓦還是不大相信，便另派心腹去打探個明白。那心腹回來報告，說是確有其事，門內果然伏有甲兵。囊瓦登時雷霆大發，當即奏請楚王，命人包圍了圭宛的家。圭宛含冤莫辯，拔劍自刎。

在宗吾看來，費無忌就是用了「見草就吃」的厚黑術，這才使囊瓦為其利用，卻對其充滿感激之情；使圭宛中計，卻欲訴無門，由此輕而易舉地除掉了行情看好的圭宛。

厚黑處世六十二 捨得孩子，以套灰狼

■ 俗話說：「捨不得孩子套不住狼。」敢於付出一切，然後才能有豐厚的回報。厚黑處世者要記得，有付出才有回報。

一件東西，總是緊緊地抓在手裡，不捨得放下，手裡就沒有多餘的空間來接其他的東西。「捨」與「得」是辯證關係，不投資，哪有回報！雖然人們都明白「凡事有捨才會有得」的道理，但許多人一遇到真事就犯渾，在處世中斤斤計較，生怕自己損失點什麼。屬於鐵公雞一個，一毛不拔。這種人根本不懂得風險存在於生活的各個角落，遍佈和貫穿人生的旅途。因此，宗吾認為，要想有大成，就一定要徹底杜絕猶豫不決、患得患失的毛病，不要總盯著鼻子跟前的蠅頭小利。為了獲大利，就不能計較一時一事的得失，因為真正笑到最後的人，往往就是拿到西瓜而不在乎丟掉一兩粒芝麻的厚黑之士。

【宗吾真言】富有經驗的處世高手都知道，有「捨」才會有得，而且所得的比所失的更加豐厚。在豐厚的回報之下，因而成大事者在關鍵的時候，要特別敢於「捨」。

宗吾認為，在厚黑處世中，為了得到最大的利益，在「捨」的方面，能做出令所有人想不到的非常

之舉，甚至「正人君子」不屑為之事或者鄙視的事。

例如，北齊天統四年，武成帝湛駕崩，時年三十二歲。在他彌留之際，「謂和士開有伊、霍之才，猶殷勤囑以後事」，臨崩握著和士開之手說：「勿捨我也！」言畢即逝。可見，和士開在當時的地位之尊。有一次，和士開患病，一個名叫鄒和泰的人前往探疾問候，正值醫生為和士開診病。醫生對和士開說：「大人的病極重，應服黃龍湯。」所謂「黃龍湯」，按陶弘景之說，乃「內糞包中，久年得汁，甚黑而苦。」對於吃慣了美味佳餚的和士開，喝這種糞汁，自然「有難色」。鄒和泰見狀說道：「此物最易服，大人不須疑，請為王嘗之。」居然「一舉而盡」。士開感其意，為之強服，遂得痊癒。這個鄒和泰敢於這樣自我付出，自然從和士開那兒得到了他想要的東西。

無獨有偶，豎刁是春秋時期齊國人，為了能親近齊桓公，閹割了自己進宮伺候齊桓公，深得齊桓公的寵愛，後來成為亂政禍國的奸臣。豎刁出身貧寒，入宮後，他就極力設法進內廷做近侍。可是，宮廷之路，甚為深遠，難以急成。於是，他便由外廷做起，時時小心，處處謹慎。加之他天資聰穎，手腳俐落，漸漸受到桓公的注意，不久就把他調為近侍。在桓公身邊，他處處留心觀察桓公的生活習性和內心活動。不久，他就把桓公的各種習性和嗜好摸得一清二楚。

他深知桓公有兩大嗜好，一是喜食美味、奇味；二是好女色。於是，豎刁就著力從這兩方面下手，投桓公之所好，以取悅於他。

宮中有一個叫易牙的人，精於烹調之技。豎刁就設法與他結為朋友。易牙也深羨豎刁顯赫之勢，不久，兩人遂成莫逆之交。有一天，豎刁向桓公舉薦易牙，桓公就隨口問易牙：「我對人間的鳥、獸、蟲、魚都吃膩了，只是沒吃過人肉，不知人肉味道如何？」言者無心，聞者有意，易牙便把這件事牢記心裡。幾天後的一次午膳上，桓公吃到了一盤嫩如乳羊、鮮美無比的菜。當桓公知道這是易牙兒子的肉時，雖然感到噁心，但又覺得：易牙殺子是為了自己，可見他愛我勝於愛他的親骨肉啊。

在宗吾看來，儘管豎刁、易牙和鄒和泰的行動過於極端，可是如果厚黑行事中，能像他們那麼「捨得」，同樣會取得別人意想不到的「收穫」，自己也會因此成為不可戰勝之厚黑高手！

但是，敢於捨棄這些東西時，一定要外表裝得非常之虔誠，最好還是少說幾句話，讓別人發現你背後的目的。其實，這並不是厚黑大師們應該效仿的，在這裡舉的例子只是說明用厚黑來實現目的的可行性。其實用厚黑來成就一件事情，只要你具備這種心態，總可以找到其他的辦法，而且其中不乏有付出小而收穫大的方法。

【宗吾真言】 厚黑高手，在「捨得」的過程中，同樣可以行厚黑。他們可能捨棄的並不是有形的東西，而只是一張面皮。

宗吾看來，在厚黑處世中，如果想攀附權貴，在運用「有捨有得」之術時就必須想到，用一般的物質去得到「權貴」，可能性不大。這時，就要使出厚黑的功夫，作秀使自己吸引別人的目光，把自己表現得鶴立雞群。特別是在講究「出身」和「門當戶對」的社會裡。

例如，秦始皇二十九年，三十歲的劉邦，已經把他在沛縣的關係網編織得有模有樣了。因蕭何的推薦，劉邦「試為吏，為泗水亭長」。

沛縣縣令有個好朋友名叫呂公，因在家鄉結了仇，帶著全家來到沛縣投靠縣令。沛縣衙內的官吏和社會名流，聽說縣令來了貴客，藉以討好縣令而紛紛趕來祝賀。縣令讓助手蕭何主持接待來賓等事宜。因為前來送賀禮的人太多，蕭何只好安排賀錢超過一千貫的人，坐在堂內，一千貫以下的在堂外就座。

劉邦自然不願放棄這一難得的良機，但他又實在拿不出錢，再加上他和縣衙的這幫官吏已混得很熟。所以，劉邦在聽到蕭何的宣佈後，不動聲色，邁步上前，拿起墨筆就在禮單上寫了「賀萬錢」三字。

呂公聽見「賀萬錢」後大吃一驚，親自到門口迎接，將劉邦引到堂內。劉邦也不客氣，徑直坐在上座。那位呂公卻會些相術，一見劉邦就覺得相貌不凡。在酒宴上，人們談興又起，圍繞著劉邦的「賀萬錢」，有人想起了那些關於劉邦非同凡人的傳說，於是交頭接耳，議論不止。

在席間竊竊的議論中，劉邦自覺春風得意，給呂公鶴立雞群的印象。劉邦見形勢對自己有利，便公開說明自己的不同之處，從「龍種」說到「龍顏」，一時說得四周的人驚疑不定。劉邦見大夥不太相信自己，一下子拉起褲管，向四下賓客展現自己腿上的七十二顆黑痣，並得意地說，這可是赤帝的標誌啊！

酒宴快要結束時，呂公示意劉邦酒宴後留下來，劉邦當然不肯放過這個機會了。酒宴結束後呂公和劉邦單獨交談，愈交談呂公愈認為劉邦是一個不可多得的人才。呂公說：「我從小鑽研相術，觀察不少人，但從沒有遇到你這樣有尊貴相貌者。望你好生努力，前程無可限量。如你不棄，我有一女兒，願意嫁你為妻。」

在宗吾看來，剛剛做上官吏的劉邦，就是由於敢於捨棄自己的一張「臉皮」，竟換來呂公將女兒下嫁給自己的意外收穫，從而大大提高了他在當地社會的聲望和知名度，使其成為風雲人物，為其成就霸業奠定了基礎。

厚黑處世六十三 以退為進，他日凌駕

■ 好漢有時候也要以「吃眼前虧」來換取其他的利益，或避免因為不吃眼前虧而蒙受巨大的損失或災難。

宗吾認為，是好漢就一定要敢於吃眼前虧！因為在有些情況下，眼前虧不吃，可能要吃更大的虧！當然對於眼前這個虧，你當然可以選擇不吃，如果你有把握說退他們，或是能打退他們，而且自己不受任何傷！如果你又不能打，那麼看來也只有吃眼前虧了。你說別人蠻橫無理，欺人太甚，可是，在人性社會裡，不少時候是不存在說理這個詞的！適者生存，哪有什麼理可說啊？

【宗吾真言】 在處事時，人們都習慣於首先衡量對方的實力和潛力，來確定與之交往的行為界限和方式。如果無視別人的實力和未來的發展，用不明智的言行來對待他，最後只能發出「早知今日，何必當初」的悔嘆。

宗吾認為，當一個人實力微弱、處境困難的時候，也就是最容易受到打擊和欺侮的時候。在這種情況下，自己的抗爭力最差，如果能避開大劫也算很幸運了。假如此時面對他人過分的「待遇」時，最好

是「退一步海闊天空」，先忍下一時之氣，立足於「留得青山在，不怕沒柴燒」，用「以退為進，他日凌駕」的策略作為忍耐與奮發的動力。

當然，這裡我們所說的「以退為進，他日凌駕」，應把握好行為界限。它的目的應該是為了度過難關，克服別人給你製造的麻煩，以免影響你的正事。同時，這種信念所針對的麻煩應是對抗性的矛盾和衝突，而不是那些雞毛蒜皮的小事。而且要著眼於遠大目標，致力於成就大事。而這種信念的價值就在於以暫時之忍耐換取長久的不受氣。

假設有這樣一個狀況：你開車和別的車擦撞，對方的車只是小傷，甚至可以說根本不算傷，你不想吃虧，準備和對方理論一番，可是對方車上下來四個彪形大漢，圍住你索賠，眼看四周荒僻，不可能指望有人對你伸出援手。請問，你要不要吃賠錢了事這個虧呢？

當然，「好漢要吃眼前虧」的目的是為了留得青山，如果把命都弄丟了，那還有什麼意義呢？前提是要具有足夠的厚臉皮，暫時放棄所謂的面子和尊嚴。漢朝開國名將韓信是好漢要吃眼前虧的最佳典型。鄉里惡少要他爬過他們的胯下，不爬就要揍他，韓信二話不說，爬了。如果不爬，韓信不死也要丟掉半條命，哪來日後的統領雄兵，叱吒風雲？

後來韓信投靠劉邦以後，將自己的軍事天賦發揮得淋漓盡致，建立了赫赫功名。在劉邦封他為齊王後，韓信率兵前來解了滎陽之圍。後來，劉邦與項羽對陣相持時，劉邦又命韓信、彭越率軍合力攻打項羽，但韓信、彭越又一次按兵不動，結果劉邦再遭慘敗。張良分析了原因，認為劉邦一沒有給他們封地，二沒有許諾勝利後共享成果，所以韓信、彭越按兵不動。他建議劉邦先把自陳地以東直至海邊的地方都封給韓信，自睢陽以北，直至阿城之地都封給彭越，然後再許諾將來與他倆共分天下。劉邦強忍著怒氣按張良的意見辦了。果然垓下一戰全殲楚軍。

宗吾認為，劉邦之所以能夠平蕩群雄，統一海內，正是由於他天資既高，學力又深，把流俗所傳君臣、父子、兄弟、夫婦、朋友五倫，一一打破，又把禮義廉恥掃除淨盡，運用起「好漢要吃眼前虧」之法，無半點心理障礙之故。

【宗吾真言】 人生會遇到很多「危機」，這些「危機」對於為人處世來講，就是一道道「坎」。面對這些「坎」，不管三七二十一，先跨過去再說。跨過去就有機會，跨不過去就是死路一條。

在宗吾看來，厚黑學的道理是放諸四海而皆準的，可是它的變化多端，妙用無窮。厚黑之用，可大可小，既然可以救國，當然也可以解企業之困境。按照厚黑處世者的說法，危機處理要訣不外乎先厚後黑而已。

西元一一二八年，金國大將粘罕率領數十萬大軍再次南犯，由於宋軍缺乏統一的領導，致使金兵進展順利，衝破了宋軍數道防線，並開始攻打高宗趙構的所在地揚州。

面對金兵的虎狼之師，趙構留下太子守城，自己帶著親信隨從狼狽而逃，從揚州到鎮江，從鎮江到常州，又從常州到杭州，二月二十三日在杭州落腳。到了杭州，昏庸的高宗繼續寵信王淵、康履等一批腐敗無能的官員。原來護送高宗到杭州的苗傅、劉正彥所部，多是北方幽、燕一帶的人，他們多次向高宗上書，要求收復河南、河北，高宗對此根本不理睬。

於是，苗傅、劉正彥趁百官上朝之機，在路上埋下伏兵，殺死了王淵，然後帶兵驅入宮中，殺了宦官百餘人，並要求見高宗，萬般無奈的高宗只得去見眾將士。

苗傅等在下厲聲說：「陛下偏聽宦官的話，賞罰不公，將士們流血流汗，不聞加賞；收買內侍，盡可得官。王淵遇賊不戰，首先搶著逃命，又結交仗勢欺人的內侍康履等人，反而升為樞密院事。現在我們已將王淵斬首，唯有康履仍在君側，乞請陛下將康履交與臣等，將他正法，以謝三軍。」

高宗看看將士們一個個逼視著他，只得命人綁了康履，送到樓下，苗傅手起刀落，一下將康履砍為兩截。

高宗命苗傅等人還營，眾將士仍不走，並且對高宗說：「陛下不應當立登皇位，二帝尚在金邦，一旦歸來，試問若何處置？」

高宗無言以對，許以苗、劉兩人高位，但兩人卻不肯甘休：「請太后聽政，陛下退位，禪位皇太子，道君皇帝已有先例。」

宰相朱勝非勸慰無效，只好稟奏高宗。高宗沉吟了好半天心想：「不答應的話，這批人殺入宮來，什麼事都做得出來，不如先解除目前的危險，再另想辦法處理。」一打定主意後，就對朱勝非說：「我應當退避，不過須有太后手詔，方可禪位。」

自太后聽政，國家大事都由宰相朱勝非處理。勝非每日引苗、劉兩人上殿，以免兩人對他產生懷疑。

半個月後，平江留守張浚等聯絡眾將，一起發兵討逆，向杭州進發。在大兵壓境的情況下，苗、劉二將慌作一團，只好去和朱勝非商議。朱勝非說：「我替你們著想，只有迅速改正，否則各路大軍將到城下，二公將置身何地？」苗、劉就聽從了朱勝非的建議，請高宗復位。高宗復位後不久，就派人追殺了苗、劉兩人。

宗吾看來，在形勢十分險惡的危機之時，高宗暫作退避，禪位於太子，保全了自家性命，最後在時機成熟時又重新登上了皇位，並殺了逼自己退位之人，可說是「知進知退」的典型。

厚黑處世六十四 盯住西瓜，不計芝麻

■水至清則無魚，人至察則無徒。與人相處不可過於界限分明，對好人、壞人、智者、愚者都要包容才行。

秦朝丞相李斯曾說過：「泰山不讓土壤，故能成其大；江海不擇細流，故能就其深；王者不卻眾庶，故能明其德。」

宗吾認為，厚黑處世應該有自己的原則，該堅持的不能讓步，該恪守的不要通融，但是在非原則的事情上就不能過分刻板教條，要有包容之心，要有寬恕之舉。不要過分要求別人，況且大多數時候是難於分出正誤的。不可過於自命清高，對於羞辱、委屈、譭謗、髒污都要容忍才行。事實上在工作中，我們身邊出現的芝麻總比西瓜多，鼠目寸光之人則容易困擾於小事而無視西瓜的存在，於是做出了錯事。

【宗吾真言】 厚黑處世者，就得要有水一樣的柔弱，能容百俗，納善惡，而且還要有水一樣的堅強，任何人或物都不能阻擋前進的道路。厚就是對自身的容忍，黑就是對他人、對外界的容忍，就如同水一樣。

宗吾認為，作為一個好的領導者，就應該具有水一樣的性格。這樣的性格才能夠做到值得下屬信任。

信任就意味著包容和排除外來的各種干擾，給人充分的權力，創造良好的工作條件，讓他充分地發揮自己的聰明才幹。

例如，戰國時期，魏國國君決定派大臣樂羊率軍去打中山國。但因為中山國的重臣樂舒恰恰是樂羊的兒子。朝中大臣均認為樂羊雖然善於帶兵打仗，但這次父子對陣，恐怕樂羊就不會全心全意為國效忠了。可是，魏文侯卻並未改變主意，而是依然派樂羊帶兵出征了。

樂羊在抵達中山國後，因為敵人太強，決定用圍而不攻的戰略攻城。魏文侯曾下令要求樂羊退兵。樂羊說：「將在外，君命有所不受。」仍堅持不撤兵。一連好幾個月過去，樂羊卻未曾動過一兵一卒。

朝中有些大臣再也忍耐不住，紛紛上書說：「樂羊有反心，他違抗君命就是鐵證，應該把他誅滅了。」

魏文侯說：「急什麼，再看看。」

朝中爭議愈來愈激烈，魏文侯依然不動聲色，反而派遣專使帶著酒食、禮品去慰問樂羊，犒勞他的軍隊。流言愈演愈烈，魏文侯一不做二不休，索性給樂羊建造了一座漂亮的府邸。最後，樂羊因為堅持作戰，終於按計劃攻克了中山國，大獲全勝，班師回朝。

魏文侯特意為樂羊舉行了一場盛大的慶功酒宴。宴罷，魏文侯賞給樂羊一個密封的錢箱。樂羊回到家後，打開一看，不是魏文侯賞給他的金銀珠寶，而是滿滿一箱他攻打中山國時朝中大臣彈劾他的奏章。樂羊對魏文侯的信任感動萬分。

與此同時，秦晉爭霸，正在關鍵時刻，晉國國君病逝，秦穆公想藉此機會假道晉國，消滅鄭國。於是，秦穆公派孟明視、西乞術、白乙丙三位大將率軍出征。而晉軍接到消息，知道攻打秦國的大好時機到了。秦軍一到，便受到晉軍狙擊，秦軍全軍覆沒，三位大將被活捉。

晉國為了羞辱秦國，沒有斬殺孟明視等三位大將，而是將他們放回秦國，請秦國國君自己處置。三位主將恨不能立即以死謝罪，但秦穆公卻身穿縞素，親自到郊外去迎接他們，並為未能生還的將士痛哭流涕，以示祭奠。接著，又向全國發佈了引咎自責的《秦誓》，他說：「孟明視等都是傑出的將領，皆因寡人做了錯誤的判斷，才招致如此大的慘敗，這與孟將軍無關。勝敗乃兵家常事，我想孟將軍他們一定會振作起來，為國雪恥。」

於是，孟明視等開始勤奮練兵，專伺時機到來，雪洗恥辱。一年之後，孟明視等率軍伐晉，但令人意想不到的是，這次伐晉又遭慘敗。一般

人都認為不能再任用孟明視等人了。然而秦穆公卻不顧大臣們的反對，仍然讓他們位列將相，並幫助他們整頓軍政。

孟明視等發誓要報此知遇之恩，一定要實現《秦誓》中的誓言，為國雪恥。他們厲兵秣馬，加緊訓練。三年後，都覺時機已到，於是三人再度率軍伐晉。這一次勢如破竹，大軍壓過全境，晉軍大敗，只得向秦國求和。

宗吾認為，做到用人不疑並不是很困難的事。除了能運用自己的權力為人才創造發揮才幹的條件外，就是要有寬廣的胸懷，高瞻遠矚的眼光，不要為眼前的蠅頭小利或道聽塗說所迷惑。

【宗吾真言】　在用人方面「盯住西瓜，不計芝麻」，實際是一句古語「水清無魚」的另一種說法。《漢書·東方朔傳》有言：「水至清則無魚，人至察則無徒。」「水清則魚無所容其身，以喻人明察過甚，不能容眾，眾亦將不安為其用也。」

在宗吾看來，這實際上說的是一種如何對待人的策略：要充分意識到人人都有私心，最好的辦法就是公私兼顧。比如，就拿貪錢這個特點來說吧。我們都知道，自古以來，金錢是商品交換的主要媒介，享樂是人之常情。為此，絕大多數人不會忽視金錢的獲得。一味強調奉獻的政策只能於某一特定時期實行，而無法持久。長期普遍實行清廉的政策，不僅會使官吏失去工作的積極性，導致社會經濟的停滯，而且不可避免地會導致更大更普遍的貪污腐敗之風。

宗吾認為，歷史事實充分表明：「水至清」的政策與「水至濁」的政策都不好，必須實行一種非清非濁、亦清亦濁、不清不濁的中和政策。

中國自古以來的成功帝王，從漢高祖劉邦，經唐太宗李世民，到三國的蜀國皇帝劉備，再到當皇帝達六十年以上的清朝康熙與乾隆，他們都有一個共同的特點，那就是「大事管緊」，「小事放開」，該管的不怕管死，該不管的裝聾作啞。比如，漢高祖劉邦就有句口頭禪說：「大事莫碰我，小事莫問我。」

閻錫山是山西省的現代軍閥，自一九一一年辛亥革命成功推翻滿清王朝，建立中華民國起，直到一九四九年國民黨政權被趕出大陸為止，將近四十年間，各省的軍政要員屢經更迭，唯有山西省，所有軍政大權都一直掌握在閻錫山手裡。這是什麼原因呢？實際上就是上面所說，既不推行「水至清」的嚴刑峻法，也不推行「水至濁」的糊塗政策。

一九一一年的辛亥革命起義於湖北武昌，以孫中山為代表的革命派，終於結束了數千年來的「皇帝制」，推行了民主共和的新政體。當時各省軍政府的最高長官就是都督，閻錫山就是山西省的第一任都督。當時山西省軍政府內人員構成十分複雜，存在新舊兩派，經常摩擦，爭鬥，弄得不可開交。

閻錫山本人屬於新派，但他並不堅持事事非按新派的意見行事不可。他一貫的面孔是「好好先生」，「你好我好大家好」，誰也不得罪，居中不偏袒，因而得到兩派人的共同支持。有人把閻錫山叫做混世魔王，他說好好好；有人把閻錫山叫做糊塗大漢，他說好好好；有人說他是個漢奸劊子手，他說好好好……總之他像一個糯米粽子，任你怎麼搓，怎麼捏，扭短了又拉長，拉長了又扭短，他始終不發脾氣……可是他就是不倒台，成為了近代中國歷史上一個麵團式的人物。

在宗吾看來，上述奉行「盯住西瓜，不計芝麻」的厚黑之人，看似不夠精明，或精明得不夠徹底，其實，比誰都聰明，比誰都心裡更明白。因此，作為主管，對待下屬不能求全責備。用其所長，容其所短。俗話說：「金無足赤，人無完人。」因此「完人」在實際上是不存在的。

厚黑處世六十五 留住青山，不怕沒柴

■當力量遠遜於對手時，與其悲壯地死去，不如巧用妥協術暫時苟且地活著。東隅已逝，桑榆非晚，相信自己總有東山再起的機會。

宗吾認為，雖然在與對手相爭中，妥協不是最好的方法，但在沒有實力置對方於死地之前，它卻是最有效的方法。因為，在勝利不可得，而資源消耗殆盡日漸成為可能時，甚至有可能把自己和自己的理想一起送入墳墓。而妥協可以立即停止消耗，得到喘息、整補的機會，這不是偃旗息鼓而是爭取機會重整旗鼓。也許你會認為，強者不需要妥協，因為他資源豐富，不怕消耗；問題是，當弱者以飛蛾撲火之勢咬住你時，強者縱然得勝，也是損失不小的慘勝。所以，強者在某些狀況下也需要妥協。

【宗吾真言】 在厚黑處世中，當暫時處於弱勢地位的你，如果能巧妙地妥協，終會守得雲開見月明，拉近距離用毒牙攻擊他。但這裡的關鍵，是注意用韜晦之術，掩蓋自己的「黑心」，把表面文章做足，做真。

宗吾看來，厚黑處世者，應「隨時做去，皆是厚黑」：有時厚，有時黑，有時厚黑兼備，用韜晦之「厚

臉」，掩蓋自己的「黑心」。

周靈王二十三年，齊國相國崔杼聯合慶封詐病殺了齊莊公，擁立齊景公。齊莊公手下「勇爵」一班人，有的為保齊莊公被崔杼殺掉，有的見大勢已去而自殺。

而「勇爵」之一盧蒲癸跑到了晉國。臨走前，他對兄弟盧蒲嫳說：「主公設立勇爵之位，就是為了自衛。現在主公被崔氏所害，我們要是再死了，對主公有什麼好處？所以我決定暫時躲避一時。我走後，你一定要想辦法接近慶封，並取得他的信任，然後再想法讓他召我回來。這樣，我們就有辦法替主公報仇了。」

於是，盧蒲嫳便投靠了慶封，對他處處逢迎，很快成為慶封的心腹。

再說那崔杼自殺了齊莊公後，獨秉朝政，慶封看在眼裡，氣在心中，有了要除崔杼之心。恰巧崔杼家中有了內亂，崔杼前妻的兩個兒子崔成、崔強因不滿父親寵信東郭堰、棠無咎和崔明，想將他們殺死。

盧蒲嫳看準時機，出謀要慶封趁機除去崔杼。崔成、崔強在慶封的撥弄下，殺了東郭堰、棠無咎，而慶封反過來又殺了崔成、崔強。崔杼見自家內亂，害得家破人亡，便自縊身亡。慶封從此獨攬齊國大權，對盧蒲嫳也更加信任。

慶封掌握大權後，日益驕淫自縱，盧蒲嫳讓妻子出來勸酒，慶封見其妻年輕美貌，便有心與她私通。盧蒲嫳也是睜隻眼，閉隻眼。

慶封將國政交給兒子慶舍，自己天天沉湎於酒色之中，還讓妻妾搬到盧蒲嫳家中去住，與盧蒲嫳來了個換妻大會。

有一天，盧蒲嫳趁慶封高興，就請求他把自己的哥哥召回來，慶封自然答應了。盧蒲癸回到齊國後，慶封就叫他去伺候兒子慶舍。

慶舍是個大力士，見盧蒲癸也能力舉千斤，就非常喜歡他，並把女兒嫁給盧蒲癸，從此兩人翁婿相稱，更加親熱。

慶舍常常帶著盧蒲癸出去打獵。盧蒲癸趁機顯露本事，慶舍誇獎他，他就趁機說：「這算什麼？我的朋友王何比我強多了。」慶舍立刻叫盧蒲癸把王何請回來。

盧蒲癸、王何終於又回到了齊國，並取得了慶封、慶舍父子的信任。後來，他們趁慶封外出打獵，聯合幾位大夫，殺了慶舍。慶封逃到吳國，後被楚靈王所殺。

在宗吾看來，齊莊公手下這班「勇爵」的所作所為，說明了鋒芒畢露，咄咄逼人，固然能從氣勢上壓倒對方，但韜光養晦，暫時隱藏實力，削弱對方對自己的提防與控制，特別是在自己處於劣勢時，討好矇騙敵手，發展壯大力量，伺機待發，也能取得同樣的效果。

厚黑處世六十六 追逐私利，控制私欲

■放任身心，容易流為狂妄自大；約束身心，容易流於枯槁死寂。厚黑處世者一定要在「利」與「欲」之間，保持平衡。

宗吾認為，凡事不如放心大膽去做，至於成功失敗一切聽憑天意。晁補之說過，凡事不可過於小心謹慎，一定要對自己的目標堅定不移。只有善於操縱自己的人，才能掌握事物的重點，達到收放自如的境界，也才能達到以我操縱事物的境地。李宗吾在《厚黑學》中指出，要想成就無憾的事業，就要在運用自己的厚黑中達到這種境界，善於把握運用的時機，該厚時一定不能退縮，該黑時一定不能心軟，知道什麼時候該用厚字訣，什麼時候該用黑字訣，還要把握好使用的度。

【宗吾真言】人的心理通常都是隱惡揚善的，所以他們會想盡辦法掩飾自己的缺點，宣揚自己的優點。因此，一旦有人明白地指出自己的缺點，反而會讓人覺得他很誠實而對他產生信賴感。

宗吾認為，在現實中，假若能將自己的缺點明白地表明出來，往往更能得到別人的信賴。但這並不是說要將自己的缺點一五一十的全都說出來，而是要用點厚黑的小手腕。

你可以透露自己的缺點，但不能太多，頂多透露一兩項無關緊要的小缺點就行了。因為完人給人一種高不可攀的感覺。有少許小缺點的人，反而給人的感覺是「雖然有缺點，但大體上很好」。這樣的人往往更能獲得別人的信賴。

據說，有一次一位著名教授演講。講座上他提出他做的老鼠實驗的結果。此時有一位學生突然舉手發問，提出了他的看法。並問這位教授假如用另一種方法來做，實驗結果將會如何？所有的聽眾全都看著這位教授，等著看他如何回答這個他根本就不可能做過的實驗。結果這位教授卻不慌不忙，直截了當地說：「我沒做過這個實驗，我不知道。」

在宗吾看來，一般人都有不想讓別人看出自己弱點的心理，因此很難開口說「不知道」。殊不知，有時承認不知道，反而可以增加人們對你的信任。因為直截了當地說不知道，會給人留下非常誠實的印象，並且敢於當眾說不知道，其勇氣足以讓人佩服。這樣，人們對你所說的其他觀點，會認為一定是千真萬確的才會說，因此對你也就會更加信任。

【宗吾真言】 一個人只有能夠控制住自己的私欲，才能幹大事。當然，控制享樂的本性並非是一件容易的事。人的私心，既然不能除去，我們就只好承認其私，容納這種私心，使之各遂其私，人人能夠自在生存，世界才能太平。

在宗吾看來，沉醉美色最能令人失去鬥志，紅顏禍水是人們對於過去歷史教訓的深刻總結。女人為禍一方面證實了女性的蠱惑力和引誘力，另一方面也在對那些總是對女人保持不了清醒理智的男子提出正面的質疑。如果世上的男人都懂得如何與女人安然相處，那麼她們也不可為禍了。由此可見，紅顏禍水的根源還在於男人不能節制自己的欲望。

例如，夏朝最後一個王桀，殘暴無比，卻又專寵美人。對她們言聽計從，結果亡了國，被商湯得了天下。商朝最後一個王紂，同樣是性情殘暴，寵愛美人妲己，將滿朝忠臣殺的殺，趕的趕，最後弄得眾叛親離，天怒人怨。武王大軍一到，四百多年王業就土崩瓦解了。

我國歷史上的第二位皇帝，秦始皇的兒子胡亥曾經這麼說過：「我們生活在這個美麗的世界上，生命有如朝霞般短暫。現在我如此地成功，有權勢，有地位，想做什麼事情都行，為什麼我不趁此寶貴時機盡情享受一下人間的豔福呢？」於是，大好一片江山被他迷迷糊糊地斷送了。

唐玄宗是一位很有作為和氣魄的皇帝。在他統治期間，封建王朝出現了最為鼎盛的階段——開元盛世。此期民心安定，國力強盛。後來玄宗年紀漸大，本有可能將這種良好情勢繼續發揚，誰知卻碰上了讓他魂牽夢縈的美人楊玉環。自此玄宗終日晝夜笙歌伴舞，把自己的江山社稷拋至九霄雲外。結果是四處藩鎮無人節制，野心日大，終於爆發了安史之亂。玄宗只能攜美女和群臣逃往四川。群臣早已痛恨楊玉環以美色蠱惑君王，引起藩鎮叛亂，趁此良機，紛紛規勸唐玄宗賜死楊玉環，玄宗起初還憐香惜玉，不肯這樣做，但見眾人意氣堅決，只恐會生變故，只能含淚賜美人一死。

楊玉環跪在玄宗馬前，哭訴一番，然後一幅白綾，自縊於馬嵬坡前。強盛的唐朝也自此走向了衰退的下坡路。

宗吾認為，一個男人如何善於控制私欲，不被美色控制，而是注重女人的內在美，很可能會因自己中意的女人而獲得事業上的成功。

宋朝時候，著名的抗金夫妻韓世忠和梁紅玉無人不知，無人不曉。殊不知年輕時的韓世忠卻是個有名的紈　子弟，終日只知流連於花街柳巷。他本是很有才幹的人，但就是抵禦不了美色的強大誘惑力。但後來幸運的是他碰上了一位名妓，她就是梁紅玉。兩人婚後，剛開始時韓世忠依舊惡習不改。梁紅玉本是位剛烈女子，不管韓世忠做些什麼，她都不流淚也不生氣。可是，過了不久，韓世忠卻突然改過自新，這究竟是什麼原因呢？原來，梁紅玉曾經為韓世忠不求上進不知流了多少眼淚，但她的性格讓她絕不在韓世忠面前裝腔作勢地哭泣。有一次，韓世忠出門忘了帶一件東西，便返回去取，意外地在窗外看見梁紅玉正在傷心地落淚。韓世忠看到這種情形，深受感動，進而反省自己，從此投入了抗金的行列，建立了許多功勳。

宗吾認為，人的欲望有很多種，絕不只情欲一種，控制不好都可能使你的事業毀於一旦。所以，要想成大事，一定要遏制與自己的遠大理想背道而馳的欲望。

厚黑處世六十七 到手之物，攥住別放

■ 創業難，守業更難。「能馬上得天下，不能馬上治天下。」但你絕對能夠以厚黑得天下，又能以厚黑治天下。

宗吾認為，一個人不可能把所有的好處都佔全，如果真要那樣的話，也就沒有人與你打交道了。不管是誰，雖都不滿足已取得的好處，但在志得意滿時要見好就收，先保住已有的戰果，不要先贏後輸。因為在生存競爭中，百戰百勝，不如最後一勝，唯有最後的勝利才是真正的勝利。例如，有人做生意，先是大賺，然後大賠，終於宣告倒閉；有的人一輩子得意，卻在老年落魄……這都是「先贏後輸」的典型，他們並沒有爭取到最後的勝利，雖然他們曾經輝煌過。

【宗吾真言】 如果你辛辛苦苦擊敗了對手，搶到了肥缺，坐上寶座之後，卻因志得意滿掉以輕心，結果很快就被其他的厚黑新秀趕下座來，豈不可笑？所以，成功之後仍須厚黑到底，保住已到手的江山。

宗吾認為，厚黑處世，一定要隨時睜大雙眼，時刻提防，就連睡覺時也要睜著一隻眼睛，防止小人

在背後下絆。因為，小人都是些人品低下、手段卑劣之輩。在與他們打交道的時候，一定要加一百二十個小心才是。否則，一旦你得罪或者激怒了小人則往往陷入絕境，因為小人做事向來是不擇手段的。

秦檜以「莫須有」的罪名置岳飛於死地，當時韓世忠爭辯說：「『莫須有』三字何以服天下！」可是，秦檜根本就不需要「服天下」，只要他捏造的罪名經由「最高上司」皇帝認可，他的目的也就達到了。

春秋時期，宋國即將與鄭國開戰。戰前，宋國的統帥華元殺羊犒賞三軍，可能是一時疏忽大意而沒有給他的駕車人羊斟吃肉。等到雙方交戰時，羊斟說：「前天殺羊犒軍的事，由你做主；今天駕車作戰的事，由我做主。」於是，他故意把車駛入鄭軍之中，致使華元被俘，造成了宋軍大敗。華元做夢也想不到，會因為這點小事，斷送了自己的事業。

戰國時期，齊國有個名叫夷射的大臣，有一天他受齊王之邀參加酒宴，因為已經喝得酩酊大醉，便到門外吹風。守門的是個曾受過刖刑的人，他走到夷射的身邊懇求道：「您的酒味道真好，可不可以賞我一杯呢？」

「像你這樣的囚犯還敢跟我要酒喝，真是大膽至極！」這時，天剛好下了一陣小雨，門前積了一片小便狀的水灘。第二天早晨，齊王出門時看到了這灘「小便」，厲聲問道：「是誰在這裡隨便小便？」

「我不是太清楚，但小的昨夜只看見大臣夷射一個人在這裡站了好一會兒，再沒看見其他人來過這裡。」守門人誠惶誠恐地稟報說。結果，齊王立即賜夷射毒酒而死。

在宗吾看來，一碗肉，一杯酒，本來不算什麼，華元和夷射卻在不經意間給自己留下了禍害，被很不起眼的小人物輕輕地送上了斷頭台。

據說楊貴妃有閉月羞花之貌，沉魚落雁之容，深得皇帝的寵愛。一個女人，特別是一個受到帝王寵愛的女人，總希望別人能讚美她，楊玉環自然也不例外。加之李隆基又是位出了名的風流天子，宮廷中當然不乏一流的樂隊，也有許多詞臣不斷地撰寫歌詞。在眾多的詞臣中，翰林學士李白無疑是最為傑出的一位。在一次宮廷酒宴中，李白曾於酒酣耳熱之際，作《清平調》三首，歌頌楊玉環的美貌與得寵。據說他在作這三首詩時醉態可掬，要楊貴妃親自為他磨墨，還命皇帝寵信的大太監高力士為他脫靴。李白要高力士當眾為他脫靴，高力士自然深以為恥，從此便種下了禍根。

一天，高力士又聽到楊玉環在吟誦李白的《清平調》，便以開玩笑的口吻問道：「我本來以為娘娘一定會為這幾首詩把李白恨入骨髓，沒料到您竟然喜歡到如此地步。」楊貴妃不解，高力士說：「難道娘娘沒注意？他把您比作趙飛燕。趙飛燕是什麼樣的女人，怎麼能與娘娘您相提並論？他豈不是把貴妃您看得和趙飛燕一樣淫賤嗎？」

在宗吾看來，在當時楊玉環早已是「後宮佳麗三千人，三千寵愛在一身」，她的哥哥、姐妹也都位高權重，聲勢顯赫。她唯一擔心的便是自己的地位是否穩固，絕不希望被人看作像趙飛燕那樣淫賤，更害怕也落到她那樣的下場。所以，高力士的小報告正好打在了楊玉環的痛處，也直接葬送了「詩仙」的大好前程。可見，在厚黑處世中，不得不與小人打交道時，一定要隨時提防小人在你背後下絆子！

【宗吾真言】在處世當中，如何保住既得利益，有時比重新爭奪更困難。當然，對於厚黑處世者，世上原本就沒有什麼困難之事，只要臉夠厚心夠黑，時刻提防別人，萬事皆不在話下。

宗吾認為，害人之心不可有，防人之心不可無。這句話是非常有道理的，待人處世中，任何時候都不可無防人之心。

比如，某機關招考進來一位名校畢業生，王局長是個非常愛才的人，便對他另眼相看，那大學生也對王局長極盡奉承巴結和討好。時間一長，兩人幾乎成了推心置腹的朋友。王局長什麼事都不瞞他，甚至連自己和副局長之間的不和也和盤托出。

後來王局長漸漸感到，副局長與自己的鴻溝日益加深，關係愈來愈僵，甚至時常當面出語頂撞，眼看兩人實在無法共事，上司只好把兩人調開完事。

本來，兩個人的衝突就是因工作而起，既然不在同一個部門工作了，衝突自然就少了許多。久而久之，兩人漸漸消除舊怨，重新搭話，王局長意外地發現副局長當初對他敵意陡增、態度突變，全是因為那個大學生在中間傳話搞的鬼。他把局長批評副局長的話全都一五一十地告訴了副局長，還附帶說了許多批評王局長的話。

王局長如夢初醒，大呼上當，憤然去找那位大學生。誰知，大學生卻說道：「我既沒有造謠，也沒有誹謗。我是人，總有表達我自己觀點的權利吧？你可以想想，我在你面前是否說過副局長的壞話，如果沒有，那就不是挑撥離間。」

痛定思痛，王局長發現自己犯了無防人之心的錯誤。當你在主管職位上時，別人對你總有幾分敬畏。你說話時，別人常會諾諾應聲，但千萬不能據此認為別人和你的想法是一致的。尤其是不該讓下屬知道的事，即使關係相當好，也絕不透露半個字。

宗吾認為，在這方面存一點防人之心，是怎麼也不算過分的。其實，又何止是當上司的需要有防人之心，任何人都不可失去防人之心。因為，在處世當中你需要打交道的很可能就是個厚黑高手，你需要防止被此類人所暗算。否則，說不定什麼時候，就會被對方「黑」一手。

三國時期，曹植與曹丕爭為太子。曹植才華橫溢，曹操也對他另眼相看，內心暗暗打算把王位傳給曹植。當曹植封侯的時候，曹丕在軍中還不過只混到郎官，比起曹植，太不起眼了。但精通厚黑之道的曹丕卻知道如何去打敗曹植。

曹操帶兵出征，曹丕與曹植去送行，曹植稱頌父王功德，出口成章，引人注目。曹丕則反其道而行，裝得很含蓄，假惺惺地哭拜在地上，曹操及他左右的人，都很感動，認為曹植有的只是華麗的辭藻，只有曹丕才是真正的忠誠厚道，是真實的情感。在這種情況下，曹植繼續其文人的作派，我行我素，不肯用心計，這樣正中曹丕下懷。曹丕進一步行使厚黑之道，掩飾真情。於是王宮中的人及曹操身邊人都為他說話，終於被立為太子。

在厚黑處世中，多點防人之心，可以避免遭遇不測。戰國時期著名的軍事家孫臏被魏惠王請出山，但他做夢也沒想到自己的老同學龐涓會害他，以致受到挖去兩個膝蓋骨的酷刑，差一點連小命都丟了。韓非的遭遇更慘，秦始皇讀了他的書，恨不得立刻見到他，派人把韓非請到咸陽，一席交談，相見恨晚，韓非的學業成功和將來的一番大事業似乎指日可待了。然而就在此時，韓非也斷然沒有想到，他的老同學李斯會在秦始皇面前進讒言，置他於死地。總之，宗吾一再提醒大家，現實社會是複雜的，在任何情況下都不能毫無防備地說話做事，雖然說人們不一定非得虛偽不可，但絕對需要防人。

厚黑處世六十八 弄面大旗，拉作虎皮

■ 只要你臉皮夠厚，心腸夠黑，就可以巧借他人影響。如在談話中很自然地常出現一些很有身分人的名字，別人就會覺得你不同尋常。

宗吾認為，借用他人的影響不失為一種提高自身形象的策略和技巧。毫無疑問，在與人交往中，借助他人的面子和威名可以抬高自己。但如何為我所借？雖然眾說不一，總不外乎厚黑二字。當自己無資格參加一個想參加的重大活動怎麼辦？當自己人微言輕，無法服眾怎麼辦？當自己的產品因知名度低賣不出去怎麼辦？按照厚黑處世「公」與「私」的辯證法，不妨放厚臉皮，或者租借一張「虎皮」披在身上，假借某位權威的頭銜，或者掛靠在某一棵大樹下面，當目的達到後，歸還原位也就是了。

【宗吾真言】 在厚黑處世中，「弄張大旗，拉作虎皮」的目的，不外乎讓別人產生一種敬畏之心。老虎是山中獸王，誰見了都怕。披虎皮，揚虎威，自然可以嚇退平庸之士。

在宗吾看來，在現實社會生活中的許多騙子，幾乎都懂得先要偽造一個身分才動手，如省長「秘書」、市府「顧問」、國防「委員」等，然後就憑著這些偽造的身分，到相關的單位、企業進行詐騙活動，於是

人們便怕他，敬他，崇拜他，遷就他，使他的行騙活動一帆風順，屢屢得逞。他們用的就是「弄張大旗，拉作虎皮」這一招。厚黑處世者不能像上述騙子那樣，幹違法亂紀的事，但同樣可以運用這一厚黑處世妙招。

「弄張大旗，拉作虎皮」的「騙」只是它的「形」，而其中的謀略和智慧才是它的「神」。諸葛亮是個被近乎神化了的智者，在歷史小說《三國演義》中，他草船借箭、借東風、七擒孟獲，等等，無不滲透著這一厚黑處世智慧。

蜀漢後主劉禪建興十二年，諸葛亮為打擊主要敵手司馬懿。是年，五十四歲的他率大軍出斜谷，首次以木牛流馬運送軍需物資，駐軍於五丈原。

諸葛亮病於軍中，自知不起，強支病體給後主劉禪寫了遺表，表達了自己「鞠躬盡瘁，死而後已」的一片忠誠。然後，將自己平生所著之書二十四篇，計十萬四千餘字，即包括用兵與從政之八務、七成、六恐、五懼之法，全部授予姜維，命其外出整軍，以求禦敵退敵。

然後，諸葛亮召丞相屬官長史楊儀進帳，囑咐說：「吾死之後，不可發喪。可做一大龕，將吾屍坐於龕中；以米七粒，放吾口內；腳下用明燈一盞；軍中安靜如常，切勿舉哀，則將星不墜。吾陰魂更自起鎮之。司馬懿見將星不墜，必然驚疑。吾軍可令後寨先行，然後一營一營緩緩而退。若司馬懿來追，汝可佈成陣勢，回旗返鼓。等他來到，卻將我先時所雕木像，安於車上，推出軍前。令大小將士，分列左右。司馬懿見之必驚走矣。」是夜諸葛亮逝世，時在建興十二年秋八月二十三日，壽年五十四歲。

司馬懿夜觀天文，見一大星，赤色，光芒有角，自東北方流與東南方，墜於蜀營內，三投再起，隱隱有聲。司馬懿驚喜曰：「孔明死矣！」即傳令起大兵追之。方出寨門，忽又疑慮曰：「孔明善會六丁六甲之法，今見我久不出戰，故以此術詐死，誘我出耳。今若追之，必中其計。」遂復勒馬回寨不出，只令夏侯霸暗引數十騎，往五丈原山僻哨探消息。

夏侯霸行軍至五丈原看時，不見一人，急回報司馬懿曰：「蜀兵盡退矣。」

司馬懿跌足嘆曰：「孔明真死矣！可速追之！」遂引兵同二子一齊殺奔五丈原來，搖旗吶喊，殺入蜀寨，內中果無一人。司馬懿對二子說：「汝急催兵趕來，吾先行軍前進。」於是司馬懿二子司馬師與司馬昭在後催軍，司馬懿自引軍當先追擊。

司馬懿引兵追到山腳下，望見蜀兵不遠，乃奮力追趕。忽然山後一聲砲響，喊聲大震，只見蜀兵俱回旗反鼓，樹影中飄出中軍大旗，上書一行大字曰：

「漢丞相武鄉侯諸葛亮！」

司馬懿大驚失色。定睛看時，只見軍中數十員上將，擁出一輛四輪車來，車上端坐孔明，綸巾羽扇，鶴氅皂絛。司馬懿大驚曰：「孔明尚在！吾輕入陣地，墮其計矣！」急勒馬回走。

背後姜維大叫：「賊將休走！你中我丞相之計也！」

司馬懿所率之魏兵魂飛魄散，棄甲丟盔，拋戈棄戟，各逃性命，自相踐踏，死者無數。

兩日後得到準確資訊：「諸葛亮確實已死，那天四輪馬車中所坐之諸葛亮，不過是一尊木雕坐像而已。」

在宗吾看來，蜀軍就是靠了諸葛亮這面「大旗」，拉來做虎皮嚇走了司馬仲達，不過不能將其稱為

「騙術」，而是一個厚黑謀略。

【宗吾真言】　將「弄張大旗，拉作虎皮」用在對手身上，是為了嚇退他們；可是對於「潛在」的幫手，就不能嚇退了之了。而在讓他們敬服，死心塌地幫自己。不過，這一招只有用在「勢利」之人身上才管用。

宗吾看來，很多人希望自己身邊最好沒有「勢利」之人，因為，「勢利」往往和「小人」聯繫在一起。可是，厚黑處世看法卻恰好相反，認為社交有資訊共用、情感溝通、相求相助和相互利用這四個基本目標，絕對不能只強調資訊共用、情感溝通而拒絕相求相助和相互利用。

因此，與人交往，首先要認清目標，接著找有相同需求的人，最後與之聯繫，建立關係。有人單靠直覺與人相交；有人則要努力不懈，才能拓展交往的圈子。前者往往難以預料結果如何；後者比較知曉拉關係的「天時地利」，極易有好結果。善於與人相交的「勢利」之人，都是厚黑處世高手。對這些「溝通大師」而言，人生就是一場歷險記，會議室、酒吧、街角、餐廳，甚至在澡堂裡，處處都可以「增廣見聞」。

在宗吾看來，既然與人交往要視其利用價值而定，但對方的「利用價值」有時是直接的，有時是間接的，所以，厚黑處世者可以透過結交有名望的人抬高自己的身分，或者掩蓋自己的不義之舉。

例如，蕭望之本是漢朝一位德高望重的老臣，又是當世名儒，因受奸臣石顯之排擠，心中積憤，自殺而死。於是，朝野上下，議論紛紛，都說蕭望之是石顯陷害致死。

時任中書令的石顯聽到這種議論，膽戰心驚，擔憂天下儒生群起而攻。於是，就想出一個計策，前去結交一位經學名家。此人名叫貢禹，以博通經義、品行高潔而聞名當世。宣帝時徵為博士，做過涼州刺史、河南令。元帝初即位，徵為諫大夫，多次向他詢問政事，虛心聽取他的意見。貢禹鑑於連年歉收，郡國貧困，朝政腐敗，曾幾次上書抨擊朝廷奢侈，建議元帝選賢任能，誅奸邪，罷倡樂，修節儉，輕賦役。這些建議多被元帝採納。朝臣多仰慕貢禹，樂於與他交往。

在宗吾看來，石顯結交貢禹，顯然不是因為貢禹提出的建議利國利民，而是要借助他的盛名，來掩蓋自己的罪責。石顯不斷登門拜訪貢禹，並多次在元帝面前稱讚貢禹的美德，又薦舉貢禹為光祿大夫。後值御史大夫陳萬年死，又薦舉貢禹繼任。於是，許多人都認為石顯能如此薦賢舉能，怎會嫉妒、讒毀蕭望之呢？而貢禹投桃報李，雖多次上書元帝建議誅除奸邪，但卻無一次涉及宦官、外戚。這足以說明，貢禹骨子裡也是一個「勢利」之人，這才可能被石顯利用。

宗吾認為，石顯藉薦舉貢禹的美名給自己塗上一層脂粉，隱藏起凶相，裝飾成善面，蒙蔽那些不知者或糊塗者的眼睛，以解脫害人的罪責。他運用「弄面大旗，拉作虎皮」之手法實在是高！

【宗吾真言】 「大旗」如何「弄」？「虎皮」如何「拉」？訣竅同樣就在於「厚黑」二字。比如，「上司」就是你的「大旗」和「虎皮」，所以，當上司把某些本來與你無關的事故責任推到你身上時，也必須以厚心忍之。

宗吾認為，在處世中很可能會出現這樣的情況，某件事情明明是上司耽誤了或處理不當，但在追究責任時，上面卻指責你。其實，在不影響大局的情況下，不妨替上司把黑鍋背起來。

比如，上司下達了一個關於某項檢查的通知後，要求下屬有關部門屆時提供必要的資料，準備報告，並安排必要的下屬基層檢查。某市某機關收到這份通知後，按慣例是先經過辦公室主任的手，再送交有關上司處理。這位辦公室主任看到此事比較急，當天便把通知送往主管的某上司辦公室。當時，這位上司正在接電話，看見主任進來後，只是用眼睛示意一下，讓他放在桌上即可。於是主任照辦了。然而，就在檢查小組即將到來的前一天，這位主管才記起這件事，氣沖沖地把辦公室主任叫來，一頓呵斥，批評他耽誤了事。在這種情況下，儘管辦公室主任深知自己並沒有耽誤事，但他一句反駁的話也沒有說，而是老老實實地接受批評。事過之後，他又立即到主管辦公室裡找出那份通知，連夜加班、打電話、催數據，忙了一個通宵總算把所需要的資料準備齊整。此事過後，那位主管領導越發看重這位忍辱負重的好主任了。

按宗吾的觀點，為什麼這位主任知道事情不是他的責任，而又悶著頭承擔這個罪名、背這個黑鍋呢？很重要的一點就在於，這位主任知道，必要的時候必須為上司背黑鍋。這樣，儘管眼下自己會受到一點損失，但以後所獲得的好處肯定遠大於損失。那麼，如何才能把上司這張「大旗」拉住？這裡有十七條成功的秘訣：

一是忠誠。讓上司覺得你忠誠，講義氣重感情，經常用行動表示你信賴也敬重他，便可得到上司的喜愛。二是精明能幹。一定要讓上司感到你聰明、機靈、有頭腦、有創造性，能出色地完成任務。三是謙遜。

讓上司感到你有自知之明，懂得尊重他人，有向上司討教學習的意向，「孺子可教」。四是關鍵時刻，要挺身而出。五是不要在上司面前太計較個人利害得失。六是與上司交談時，不可鋒芒畢露，咄咄逼人。七是提建議時不要急於否定上司原來的想法。八是主動找機會與上司交往。九是不要在背後議論上司的長短。十是多讚揚、欣賞上司。十一是上司批評你時，千萬不要一臉的不高興。十二是體諒上司的處境，理解其難處。十三是慎重對待上司的失誤。十四是掌握報告情況的技巧。十五是準確領會上司的意圖。十六是適當順從與認同。十七是瞭解上司的好惡。

宗吾認為，厚黑處世之道是靈活的，運用「弄面大旗，拉作虎皮」，絕不僅限上述幾招，只要用心鑽研，細心體會，在厚黑處世上必有大成。

厚黑處世六十九 克制私欲，降服心魔

■每個人在社會上奔走忙碌，都希望有一天能夠出人頭地，這種欲望可以成為成功的動力。但控制不當也可能使自己前功盡棄。

在宗吾看來，行走世間，追求私利是天經地義之事，完全沒有個人的欲望，不是消極避世的隱士，就是白癡，絕不是厚黑行世者。但是「人世沉浮公與私」這一處世技巧告訴我們，不但「私」與「公」是矛盾統一的，同時也要辯證地看待「私」本身。因為，過分「重其私」，反而無法「遂其私」。比如，人人都想出人頭地，可是，想出頭並不代表要「強出頭」。在時機不成熟時，不懂得克制欲念，欲念就會像洪水一樣沖決而出，失去控制，結果會離自己的人生目標愈來愈遠；反之，如果能降服自己的「心魔」，就可以降低自己的損失，可以和旁人維持和諧的關係，也可以透過冷靜的觀察，掌握大環境的脈動，等各方面的條件皆已成熟，自然便可脫穎而出，達成自己之「私」。

【宗吾真言】人在權勢、機會不如別人的時候，不得不低頭退讓。有志進取者，將此當作磨練自己的機會，藉此取得休養生息的時間，以圖將來東山再起，而絕不能一味地斤斤計較。

常言道：「在人屋簷下，不得不低頭。」宗吾認為，要是在別人的屋簷下，應要厚起臉皮低頭，不用別人來提醒，也不用撞到屋簷了才低頭。這是一種對客觀環境的理性認知，沒有絲毫勉強，所以根本不要有什麼不好意思和放不開面子。沒有這份「克制私欲，降服心魔」的厚黑功力，就不要奢談厚黑行世。

這樣起碼不會因為不情願低頭而碰破了頭，因為你很自然地就低下了頭，而不致成為明顯的目標，也不會因為沉不住氣而想把「屋簷」拆了。要知道，不管拆得掉拆不掉，你總要受傷的。

在中國歷史上，政治角力、軍事戰爭乃至權力鬥爭，極其複雜，有時更是瞬息萬變，忍受暫時的屈辱，厚臉低頭磨練自己的意志，尋找合適的機會，也就成了一個成功者所必不可少的心理素質。

更重要的是有意識地主動消隱一個階段，藉這一階段來瞭解各方面的情況，消除各方面的隱患，為將來的大舉行動做好前期的準備工作。隋朝的時候，隋煬帝十分殘暴，各地農民起義風起雲湧，隋朝的許多官員也紛紛倒戈，轉向農民起義軍。因此，隋煬帝的疑心很重，對朝中大臣，尤其是外藩重臣，更是易起疑心。

唐國公李淵（即唐高祖）曾多次擔任中央和地方官，所到之處，悉心結納當地的英雄豪傑，多方樹立恩德，因而聲望很高，許多人都來歸附。於是，大家都替他擔心，怕遭到隋煬帝的猜忌。正在這時，隋煬帝下詔讓李淵到他的行宮去晉見。李淵因病未能前往，隋煬帝很不高興。當時，李淵的外甥女王氏是隋煬帝的妃子，隋煬帝向她問起李淵未來朝見的原因，王氏回答說是因為病了，隋煬帝又問道：「會死嗎？」

王氏把這消息傳給了李淵，李淵更加謹慎起來，他知道遲早為隋煬帝所不容，但過早起事又力量不足，只好縮頭隱忍，等待時機。於是，他故意敗壞自己的名聲，整天沉湎於聲色犬馬之中，而且大肆張揚。隋煬帝果然放鬆了對他的警惕。

在宗吾看來，如果李淵不低頭，或者頭低得稍微有點勉強，很可能就被正猜疑他的隋煬帝楊廣送上了斷頭台，哪裡還會有後來的大唐帝國的建立。可見，在厚黑處世中，一定要讓自己與現實環境有和諧的關係，把二者的摩擦降至最低，以便保存自己的能量，好走更長遠的路，把不利的環境轉化成對你有利的力量。

【宗吾真言】很多人不願克制自己的私欲，也無法降服自己的心魔，原因在於過高估計了自己的實力。在自己與對手之間的實力對比並不是對自己非常有利時，就貿然行動。

宗吾認為，運用「克制私欲，降服心魔」之法一個重要方面，就是在任何時候都不能輕視自己的對手，即使在功成名就時也時刻保持清醒的頭腦，居安思危。因為他們知道，任何時候的輕敵都只會給自己帶來麻煩。

楚國令尹斗越椒，自恃先輩有功，治國有方，眾人臣服。因此，當楚莊王削弱了他的權力後，便懷恨在心。後來，楚莊王出征討伐陸渾，斗越椒便發動本族人起來反叛，與莊王交戰。斗越椒拉弓挺戟，來回馳騁，威風凜凜，楚兵見此面帶懼色，楚莊王只好決定智取。

第二天早晨，楚莊王率軍退去。斗越椒隨後率領眾人追趕。楚軍日夜兼程，斗越椒也跑了一天一夜兩百多里路，到了清河橋。楚軍在橋北埋鍋造飯，看到追兵來到，棄掉鍋灶慌忙逃走。斗越椒下令：「捉住楚王，才能吃早飯。」眾人只能忍飢挨餓，勉強前進，結果中了埋伏，而後路又被樂伯所率楚軍斷了。斗越椒大怒，下令隔河放箭。

這時，樂伯軍中有一小兵叫養繇基，軍中稱為神箭養叔，他在河口大喊：「聽說令尹善於射箭，我想和你比個高低，讓我們都立在橋墩上，各射三箭，死生由命！」斗越椒問：「你是什麼人？」養繇基回答道：「我是樂伯將軍部下的小卒養繇基。」斗越椒一聽是個無名小輩，便輕蔑地說：「你要與我比試，必須先讓我射三箭。」養繇基說：「別說射三箭，就是一百支箭我也不怕！躲閃的不算好漢！」於是，斗越椒拉弓先發一箭，養繇基用弓稍一撥拉，那支箭就落到水中。斗越椒又把第二支箭搭上弓弦，看準了，「嗖」地一聲射出去。養繇基把身子一蹲，那支箭從頭上飛了過去。斗越椒叫道：「你說不許躲閃，為什麼還蹲下來躲箭？不算大丈夫！」養繇基說：「你還有一箭，我現在不躲了，要是這箭也射不中，該我射了！」斗越椒心想：「他如果不躲閃，這支箭肯定能射中。」便取出第三支箭，端端正正地射去。只見養繇基竟然用嘴把箭咬住。斗越椒三箭都沒射中，心中早已慌了。只見，養繇基虛拉一弓，然後趁斗越椒躲閃之時，迅速射出一箭，直穿斗越椒的腦袋而過。

再說那臉皮最厚的劉備，可以稱得上是久經沙場的老將了，自從桃園三結義帶兵到彝陵佈列軍馬，前後經過大小戰役數百次，而且，彝陵佈軍更是他傾西蜀之兵，抱必勝之心來攻打吳國的，按說取勝應該沒有多大問題。然而，最後的結果卻是劉備大敗而歸，蜀國元氣大傷，他無奈地只能在白帝城託孤給諸葛亮後一命嗚呼了。分析起來看，把以厚立國的劉備害得如此慘的，也與斗越椒一樣，是輕敵二字。

劉備為報私仇，而不計後果鋌而走險，出兵伐吳，再加上驕傲輕敵，焉有不敗之理。

因此，宗吾才認為，「劉備身經百戰，矜驕極了，以為陸遜是個少年，根本不把他放在眼裡。不知陸遜能夠忍辱負重，是厚黑界後起之秀，猝然而起，出其不意，把這位老厚黑打得一敗塗地。」可見，「克制私欲，降服心魔」有多難，連厚黑大師劉備都可能在這個問題上「栽跟頭」。

厚黑處世七十　喜怒無形，厚臉守私

■ 在人人都在為自己盤算的環境裡，要守住既得利益，而不被人算計，心中就得時刻謹記「厚黑」二字，不可以把喜怒哀樂表現在臉上。

因為在競爭激烈的現實社會裡，人為了生存，會採用各種方法來結納力量、分享利益、打擊對手。所以，不僅你知道守住自己的利益，對手也一樣。這時，如果你喜怒形於色，而對手卻練就了察言觀色的本事，他就會根據你的喜怒哀樂來調整和你相處的方式，並進而順著你的喜怒哀樂來為自己謀取利益，並對你造成傷害。這是懂得「人世沉浮公與私」之「私」分量的厚黑處世者最不願意看到的。

【宗吾真言】　連自己的喜怒哀樂都不能自由表達，人活著還有什麼意思。不過，若因喜怒哀樂表達失當而招致利益受損，那豈不是更沒意思？因此，雖然沒有必要做一個喜怒哀樂見不著痕跡的人，但何妨把喜怒哀樂藏在口袋裡。

在宗吾看來，人畢竟是感情的動物，真正能做到始終保持自然的神態，喜怒不形於色的人，往往是厚黑術極高之人。當然，要真正做到喜怒不形於色，絕非易事，特別是對年輕人來說，更是極難做到。

但只要你想做，並不是不可能做到。

洛拉卡曾經說：「經營者是孤獨的。」其實豈止是經營者，本來人就是孤獨的，但卻離不開群體。因此在與他人相處時，一定要好好地修養自己，喜怒不形於色，否則肯定會成為他人前進道路上的墊腳石，只會活得更孤獨。

宗吾認為，任何人都靠不住，唯一能夠依靠的人是你自己。如你妄想別人無限量地幫助你，這種想法就未免太天真了。除了自己做自己的事之外，別無他法。既然別人幫不上忙，你也沒有必要為他們改變自己的心情。

自古以來，凡是成功者，很少有因外界事物而感喜憂的。當然，人有時會高興，有時不免憂愁，但千萬不要被情緒所左右。有高興的事，表現在臉上無妨，但悲哀的事就千萬不要表現出來。因為將一切都表現在臉上，更會促使情緒強烈化，而不能忍受悲哀。如把仇恨表現在臉上，恨也會加倍。

當你被大家認定是不會隨便改變臉色的人，你的上司可能早已在心裡對你敬畏三分。因為無論上司如何斥罵、嘲諷、冷淡待你，你都能默默承受，連眉頭都不皺一下，這種超級厚臉修養需要有相當的自信才可做到。在你失意和得意時，都能泰然自若，不表現出不悅之色及驕傲之情，旁人看來，也會覺得你很偉大。

《菜根譚》裡曾說到：「雁飛過潭，潭不留影。」意思就是說，雁飛過了潭，牠的影子也不會留在潭面上，只是在那一瞬間，牠的影子會留在潭面上，一旦飛走後，潭面又恢復到原狀。

宗吾認為喜怒不形於色，並不同於膽小怕事，它是對於真實感情的一種掩飾而不是扼殺，是為了保全自己的利益，它的「不形」是暫時的，只要時機一到，最終還是要大顯崢嶸的。

【宗吾真言】　作為一名下屬，如何運用「喜怒無形，厚臉守私」這一厚黑技巧呢？簡單地講，就是以表面的忠厚來掩蓋自己的真實企圖，並以一顆堅忍之心，持之以恆，即使對你有很大戒心的人，也會被你征服，將你視為心腹。

宗吾認為，在與上司交往中運用「喜怒無形，厚臉守私」，就必須做到：無論你的上司對你如何刻薄，你都要忍耐，無論上司多麼無能，你都要讚揚他處理問題手段的高明。

例如，清末黎元洪在湖北時，一直位於張彪之下，張彪是張之洞的心腹，娶了總督張之洞一個心愛的婢女。張彪雖然沒什麼本事，卻非常嫉賢妒能，對黎元洪十分反感，加之當時報紙亦讚揚黎元洪而貶低張彪，張彪更加不滿，便常在張之洞面前進讒言，詆毀黎元洪。

張彪在進讒言的同時，還以上司的身分，百般羞辱黎元洪，想讓黎元洪不能忍受恥辱而離開軍隊。張彪的手法非常惡劣，曾經在軍中將黎元洪罰跪，並當著士卒的面，將黎的帽子扔在地上。黎元洪忍受著百般欺辱，不動聲色，臉上毫無怒容，張彪也對他無可奈何。

後來，張之洞任命張彪為鎮統制官，但軍事編制和部署訓練卻要黎元洪協助張彪。黎元洪嘔心瀝血，為之訓練。成軍之日，張之洞見頗有條理，就當面稱讚黎元洪，黎元洪卻稱謝說：「凡此皆張統制之部署，某不過執鞭隨其後耳，何功之有？」

張彪聽了黎元洪這話，心中十分感激，從此兩人關係逐漸融洽。

張之洞任軍機大臣後，東三省將軍趙爾巽補授湖廣總督。趙爾巽看不起張彪，要以黎元洪取代張彪，黎元洪在表示堅決不同意的同時，又面見張彪，告知此事，建議他致電張之洞，讓張之洞為其設法度過難關。張彪一聽，心中大驚，立即讓其夫人進京「活動」，張之洞來函，才保全了他的職位。張彪對黎元洪十分感激，張之洞亦認為黎元洪頗有誠心。

在宗吾看來，作為下屬的黎元洪可以說把「面如鍋底，難辨喜怒」這一招運用到了爐火純青的境界，不但在嫉賢妒能的「草包」上司面前保住了自己的地位，還徹底征服了上司。

厚黑處世七十一　好人莫做，黑心護私

■「好人」是現實社會裡的「珍稀動物」，大家都喜歡「好人」。做好人值得肯定，但絕不能做「爛好人」，否則就真的只能「大公無私」了。

在宗吾看來，做一個沒有原則、沒有主見，什麼事都不能堅持的「好人」，絕不是厚黑處世所追求的。只知道有意以「好」去討別人的歡喜，有求必應，也不管該不該，這等於無償地奉送自己的利益；本來想堅持的事情，別人聲音一大，馬上就軟化下來，這等於輕易地放棄自己的利益。這種人有時也想「厚黑」一點，可是離「厚黑」還有一大段距離，自己就開始自責，檢討自己這樣做是不是不應該……這樣，如何達成自己的目的？如何保護自己的利益？

【宗吾真言】　在工作中，由於某些原因而得罪了自己的上司是很常見的事。有些上司往往會由此而在某些事情上給自己小鞋穿，在這種情況下，應該如何保護自己的利益？最佳的策略就是「好人莫做，黑心護私」！

宗吾認為，假如上司是在給你「合理」地穿小鞋，他的做法有理有據。在這種情況下，即使你去鬧，

他也可以用非常冠冕堂皇的話打發你，甚至以無理取鬧來批評你。所以，在這種情況下，只有以「厚臉」應之，任他怎麼對你，都無所謂。

可是，如果你的確有證據表明上司給你小鞋穿，而且，他的做法也表現得十分明顯。在這種情況下，就應該以「黑」對之，與其理論一番。在適當的場合，把事情給予充分地曝光。這樣做，一方面把事情公之於眾，把衝突公開化，讓群眾評理，另一方面也表明你的態度，從而給上司一種壓力，使他不敢輕易地給你小鞋穿。

在厚黑處世中，如果想徹底制服給你穿小鞋的上司，就得想方設法將他的把柄攥在自己的手心裡，在需要的時候隨時進行敲打。

比如說，你發現該上司的婚外情，並且掌握了確切的證據，不要公開揭發。而是採取含糊的語氣，用他能夠聽懂的言辭當眾指出。畢竟是做賊心虛，這位上司肯定會被嚇住的，不敢再排擠打擊你。你掌握了那個欺負你上司的把柄，又巧妙地點了出來，對他的震懾自然不用多說，很可能其他人也有同樣的問題，還以為你說的是他自己。這樣，也許不只一個人由於擔心自己的把柄被公開而不敢欺負你。

不過，在應用這一招時，除了要具備厚黑的基本功之外，還要特別注意保密。具體來說，就是對你抓住的把柄一定要保好密，而且最好僅限於你一人知道。千萬不能在眾人面前公開他那個把柄。

因為把柄之所以能為你所用，就在一個「隱」字上，一旦公開了，由「隱」變「明」，也就失去了利用的價值。或者你掌握的秘密被公開以後，他很可能會一不做二不休，反而毫無顧忌地對你進行報復，那就太划不來了。

總之，在宗吾看來，任何人都有不願讓人知道的隱秘，任何人都怕自己的隱秘暴露在光天化日之下，特別是不怎麼光彩的事，更是害怕他人知道。因此，制服對手的最好方法，莫過於「以黑制黑」，揪住對手的把柄，讓他的黑心不敢使，以你的厚黑維護了自己的利益。

【宗吾真言】「好人莫做，黑心護私」這一招同樣可以運用對付下屬中的「小人」。在厚黑處世中，不要指望身邊沒有小人。最現實的態度就是控制住小人，並讓小人為你服務；最有效的辦法就是抓住小人的把柄，並逼小人乖乖為你所用。

宗吾看來，小人在什麼時候都是小人，就像狗改不了吃屎一樣，一旦有機會他們就會興風作浪。因此，在不得不與小人打交道時，就要厚黑並用。

魯國有個人叫陽虎，他經常說：「君主如果聖明，當臣子的就會盡心效忠，不敢有二心；君主若是昏庸，臣子就敷衍應酬，甚至心懷鬼胎，但表面上虛與委蛇，然而暗中欺君而謀私利。」

陽虎這番話觸怒了魯君，他因此而被驅逐出境。陽虎跑到齊國，齊王對他不感興趣，他又逃到趙國，趙王十分賞識他的才能，就拜他為相。

近臣向趙王勸諫說：「聽說陽虎私心頗重，怎能用這種人掌理朝政？」

趙王答道：「陽虎或許會尋機謀私，但我會小心監視，防止他這樣做，只要我擁有不至於被臣子篡權的力量，他豈能得遂所願？」於是，在趙王控制下，陽虎不敢有所逾越，並在相位上全力施展自己的抱負和才能，終使趙國威震四方，稱霸於諸侯。

宗吾認為，每個人都有弱點，這些弱點利用得當便是很好的把柄。比如性格急躁者可用激將法。連對方的趣味、喜好也可以被用做打開其欲望之門的鑰匙，只要拿對方最喜歡或最忌諱的東西去誘惑或打擊他，他就必定上鉤無疑，授你以把柄。他人的隱私如緋聞、受賄、罪行等也可以使其受制於你。

漢代時，在長陵一帶，有個大戶人家出身名叫尚方禁的人，年輕時曾強姦鄰居人家的妻子，被人用刀砍傷了面頰。如此惡棍，本應重重懲治，只因他賄賂了官府的功曹，而沒有被革職查辦，最後還被調升為負責治安的守尉。

朱博上任後，有人向他告發了此事，朱博馬上把尚方禁找來。尚方禁只好硬著頭皮來見朱博。朱博左右退開，假裝十分關心地詢問他臉上疤痕的情況。尚方禁知道朱博已經瞭解了他的情況，就像小雞啄米似的給朱博叩頭，如實地講了事情的經過。一個勁地哀求道：「請大人恕罪，小人今後再也不幹那種傷天害理的事了。」

沒想到朱博大笑道，「男子漢大丈夫，難免會發生這種事情的。本官想為你雪恥，給你個立功的機會，你能好好幹嗎？」

於是，朱博就命令尚方禁有機會就記錄一些其他官員的言論，並且及時向朱博報告。從此之後，尚方禁成了朱博的親信和耳目。尚方禁對朱博的大恩大德時刻銘記在心，做起事來就特別地賣命。不久，就破獲了許多盜竊、殺人、強姦等犯罪活動，使地方治安情況大為改觀。朱博遂提升他為連守縣縣令。

又過了相當一段時期，朱博突然召見那個當年受了尚方禁賄賂的功曹，對他單獨進行了嚴厲訓斥，並拿出紙和筆，要那位功曹把自己受賄一個錢以上的事全部寫下來。

當朱博覺得功曹寫得大致差不多了，就拔出刀來。那功曹一見朱博拔刀，立時嚇得兩腿發軟脆在地下。可是，朱博只是將刀晃了一下，然後，一把抓起罪狀撕成了紙屑。自此以後，那位功曹整天如履薄冰，做起事來不敢有絲毫懈怠。

在宗吾看來，朱博收服尚方禁和功曹的成功，主要靠了厚黑兩手。雖然他心裡極為厭惡尚方禁，但表面上絲毫看不出，讓對方摸不清自己的底牌，這就是「厚」；按理說既然已經知道了尚方禁是個小人，肯定會將其「炒掉」，然而朱博卻在恩威兼施生效後，充分發揮小人的特長，讓小人暗中去監視自己的政治對手和下屬官員，及時向自己打「小報告」，反而將尚方禁收為親信，這就是「黑」。

【宗吾真言】在激烈競爭中要想使對手不敢冒犯你，固然可以與之進行「你死我活」的交手戰，不過，「殺敵一千，自損八百」，你勢必也要為此付出相當的代價。最簡單的方式，就是「好人莫做」，不妨做「惡人」，給對方以震懾，讓其知難而退。

宗吾在《厚黑叢話》中說：「有人說：老子云：『國之利器，不可以示人。』你把厚黑學公開講說，萬一國中的漢奸，把它翻譯成英法德俄日等外文，傳播世界，列強得著這種秘訣，用科學方法整理出來，還而施之於我，等於把我國發明的火藥，加以改良，還來轟我一般，如何得了？我說：唯恐其不翻譯，愈翻譯得多愈好。宋朝用司馬光為宰相，遼人聞之，戒其邊吏曰：『中國相司馬公矣，勿再生事。』列強聽見中國出了厚黑教主，還不聞風喪膽嗎？」

宗吾的這段論述，運用於厚黑處世，就是要以自己「惡」的形象，嚇退敵人，從而達到不戰而屈人之兵的目的。有人喜歡選擇做好人，但同樣也有人喜歡做惡人。做惡人同樣也有對自己好的或不好的地方。說到頭來，做好人還是做惡人都不過是處世技巧而已。那麼做惡人，對自己本身會有什麼好處呢？

首先，惡人雖然令人討厭，但卻有威勢。比如，一個上司「偏惡」會遠比他「偏善」更能令下屬為其效力辦事，黑口黑面不講人情的上司當然不受下屬愛戴，但卻更能令下屬不敢造次。其次，許多人不喜應酬，只想靜靜地做事，那麼惡人的形象便會產生適當的阻嚇作用，可以使你有選擇性地省去許多不必要的麻煩。最後，好人傾向於對人堆笑臉，以致巴結逢迎，惡人板著臉做人反而塑造出一個嚴肅、認真、令人肅然起敬畏之心的形象來，板著臉不但比堆笑臉威猛，也不那麼對自己委屈。

宗吾認為，一個惡人的「惡」可能是他的真性，也可能只是個假象，和好人的「好」一樣。不過，裝惡人遠比裝好人難。惡人無論是真惡人或假惡人，首先要有一個「惡」的表象。如果你是個天生的開心果，或者是那種病態的白面書生模樣，恐怕想惡也惡不出來。可是，對於厚黑處世者來講，這就不是什麼難事了。他們有「厚臉黑心」，什麼形象還裝不出來？

身心靈成長

01	心靈導師帶來的 36 堂靈性覺醒課	姜波	定價：300 元
02	內向革命 - 心靈導師 A.H. 阿瑪斯的心靈語錄	姜波	定價：280 元
03	生死講座——與智者一起聊生死	姜波	定價：280 元
04	圓滿人生不等待	姜波	定價：240 元
05	看得開放得下——本煥長老最後的啟示	淨因	定價：300 元
06	安頓身心 -- 喚醒內心最美好的感覺	麥克羅	定價：280 元
07	捨不得　捨得是一種用金錢買不到的獲得	檸檬公爵	定價：260 元
08	放不開 -- 你為什麼不想放過自己？	檸檬公爵	定價：260 元
09	快樂悲傷選邊站	方向乾	定價：280 元
09	夫妻禪話	果偉居士	定價：210 元

典藏中國：

01	三國志 -- 限量精裝版	秦漢唐	定價：199 元
02	三十六計 -- 限量精裝版	秦漢唐	定價：199 元
03	資治通鑑的故事 -- 限量精裝版	秦漢唐	定價：249 元
04-1	史記的故事	秦漢唐	定價：250 元
05	大話孫子兵法 -- 中國第一智慧書	黃樸民	定價：249 元
06	速讀二十四史 -- 上下	汪高鑫	定價：720 元
08	速讀資治通鑑	汪高鑫	定價：380 元
09	速讀中國古代文學名著	汪龍麟	定價：450 元
10	速讀世界文學名著	楊坤主編	定價：380 元
11	易經的人生 64 個感悟	魯衛賓	定價：280 元
12	心經心得	曾琦雲	定價：280 元
13	淺讀《金剛經》	夏春芬	定價：210 元
14	讀《三國演義》悟人生大智慧	王峰	定價：240 元
15	生命的箴言《菜根譚》	秦漢唐	定價：168 元
16	讀孔孟老莊悟人生智慧	張永生	定價：220 元
17	厚黑學全集【壹】絕處逢生	李宗吾	定價：300 元
18	厚黑學全集【貳】舌燦蓮花	李宗吾	定價：300 元
19	論語的人生 64 個感悟	馮麗莎	定價：280 元
20	老子的人生 64 個感悟	馮麗莎	定價：280 元
21	讀墨學法家悟人生智慧	張永生	定價：220 元

22	左傳的故事	秦漢唐	定價：240 元
23	歷代經典絕句三百首	張曉清	定價：260 元
24	商用生活版《現代 36 計》	耿文國	定價：240 元
25	禪話・禪音・禪心禪宗經典智慧故事全集	李偉楠	定價：280 元
26	老子看破沒有說破的智慧	麥迪	定價：320 元
27	莊子看破沒有說破的智慧	吳金衛	定價：320 元
28	菜根譚看破沒有說破的智慧	吳金衛	定價：320 元
29	孫子看破沒有說破的智慧	吳金衛	定價：320 元
30	小沙彌說解《心經》	禾慧居士	定價：250 元
31	每天讀點《道德經》	王福振	定價：320 元
32	推背圖和燒餅歌裡的歷史	邢群麟	定價：360 元
33	易經：現代生活的智慧	孫三寶	定價：280 元
34	《傳習錄》白話本	姜波	定價：330 元
35	《史記》故事導讀	姜波	定價：340 元
36	《資治通鑑》故事導讀	姜波	定價：300 元
37	厚黑學全集【參】厚黑心術	李宗吾	定價：300 元
38	《碧巖錄》中的 100 大智慧	于水音	定價：280 元
39	入骨相思知不知一醉倒在中國古代情詩裡	維小詞	定價：300 元
40	厚黑學全集【肆】厚黑之道	李宗吾	定價：300 元
41	一本書讀懂戰國史	秦漢唐	定價：420 元
42	厚黑學全集【伍】厚黑妙法	李宗吾	定價：300 元
43	讀諸子百家悟人生大智慧	秦漢唐	定價：320 元
44	厚黑學全集【壹】絕處逢生 -- 增訂版	李宗吾	定價：300 元

經典中的感悟

01	莊子的人生64個感悟	秦漢唐	定價：280元
02	孫子的人生64個感悟	秦漢唐	定價：280元
03	三國演義的人生64個感悟	秦漢唐	定價：280元
04	菜根譚的人生88個感悟	秦漢唐	定價：280元
05	心經的人生88個感悟	秦漢唐	定價：280元
06	易經的人生64個感悟	秦漢唐	定價：300元
07	道德經的人生64個感悟	秦漢唐	定價：300元
08	論語的人生64個感悟	秦漢唐	定價：300元

李宗吾 原著 定價：320元

李宗吾 原著 定價：300元

李宗吾 原著 定價：300元

李宗吾 原著 定價：300元

李宗吾 原著 定價：300元

世間學說，每每誤人，惟有厚黑學絕不會誤人，就是走到了山窮水盡，當乞丐的時候，討口，也比別人多討點飯。厚黑學這種學問，原則上很簡單，運用起來卻很神妙，小用小效，大用大效。知己而又知彼，既知病情，又知藥方。讀過中外古今書籍，而沒有讀過李宗吾「厚黑學」者實人生憾事也！

——林語堂

李宗吾 簡介

李宗吾(1880--1943)，四川富順人，自幼聰明好學，博覽群書。他思想獨立，崇尚自由，富有懷疑和批判精神，敢於質疑和顛覆已有的結論和定見。1912年，他在成都《公論日報》連載《厚黑學》，大膽揭穿中國歷史上英雄豪傑成功的秘密，語言諷刺辛辣，觀點驚世駭俗，讀者譁然，轟動四川乃至全國。1934年，《厚黑學》單行本在四川和北京同時出版，成為當時的暢銷書。

國家圖書館出版品預行編目資料

厚黑學全集. 壹. 絕處逢生 / 李宗吾 作--
一版. -- 臺北市：廣達文化, 2016.7
面 ; 公分. -- （典藏中國：44）（文經閣）
ISBN 978-957-713-581-0(平裝)
1.應用心理學 2.成功學

177　　　　　　　　　　105010216

書山有路勤為經
學海無涯苦作舟

厚黑學大全【壹】絕處逢生
--黃金增訂版--

作者：李宗吾
叢書別：典藏中國 44
文經閣
出版者：廣達文化事業有限公司
Quanta Association Cultural Enterprises Co. Ltd
編輯執行總監：秦漢唐
發行所：臺北市信義區中坡南路 287 號 4 樓
電話：27283588　傳真：27264126
E-mail：siraviko@seed.net.tw
本公司經臺北市政府核准登記.登記證為
局版北市業字第九三二號
製　版：卡樂製版有限公司
印　刷：大裕印刷排版公司
裝　訂：秉成裝訂有限公司
代理行銷：創智文化有限公司
23674 新北市土城區忠承路 89 號 6 樓
電話：02-2268-3489　傳真：02-2269-6560
CVS 代理：美璟文化有限公司
電話：02-27239968　傳真：27239668
二版一刷：2016 年 7 月
定　價：320 元

書山有路勤為徑
學海無崖苦作舟

文經閣

書山有路勤為徑
學海無崖苦作舟

文經閣